泰国南部完全旅行指南

COMPLETE TRAVEL GUIDE TO SOUTHERN THAILAND

《泰国南部完全旅行指南》编委会

人民交通出版社
China Communications Press

GLOBAL TRAVEL

神奇泰国
amazing
THAILAND
Amazing Value 惊人价值

亲爱的读者们:

泰国是中国的近邻，也是第一个对中国开放的旅游目的地国家。随着中国旅游业的迅速发展，越来越多的中国公民对出境旅游感兴趣。

泰国是中国游客最喜爱的旅游目的地国家，无可匹敌的自然风光、金碧辉煌的寺庙、闻名遐迩的友善好客、香浓辛辣的烹饪美食以及联合国世界文化遗产的古国王遗址，这一切完美的结合在一起，实在令人无法抵御。

今天，我高兴地看到这本《GLOBA TRAVEL泰国南部完全旅行指南》，希望它能成为中国旅游者开启泰国之旅的窗口。到清迈佛塔林立的群山中行走、去安达曼海青翠的喀斯特岛屿潜水，到曼谷人声鼎沸的靠山路小酌、去湄公河喧闹的水上市场一游，无论你是参团还是自助游，在泰国都会不虚此行。

我相信您一定会领略到，泰国悠久的历史，丰富的民俗与文化，优质的服务和热情好客的人民。

泰国欢迎您!

泰国国家旅游局北京办事处

首席代表 郑璧文

目录 CONTENTS

目录 CONTENTS

泰国南部旅游业与东盟国家旅游业发展现状的分析和比较

——专访：泰国国家旅游局北京办事处副处长陈冠智先生

旅游业被称为“无烟工业”。当今世界，旅游业迅猛发展，令人刮目相看。据联合国推荐的国民经济核算体系（SNA）进行的测算：近年世界各国旅游业总收入为29010亿美元，2007年为35000亿美元，旅游业已上升为世界上最大的产业，与此相适应，旅游业为全世界提供了许多新的就业机会。据统计，旅游业每隔2.5秒就创造一份工作，目前全球直接和间接依赖旅游业的就业人数达到2.12亿。因此在许多国家和地区的经济与社会发展中，旅游业的地位越来越重要。

近年来，东南亚各国重视发展旅游业，其中东盟各国的旅游业比较发达，印支三国和缅甸的旅游业也有所发展。泰国南部旅游业的发展在东南亚颇具典范，并为东盟旅游业再上新台阶提供了很多参考。我们非常荣幸地采访了泰国国家旅游局北京办事处副处长陈冠智先生，就泰国南部旅游产业与东南亚国家旅游业的发展现状进行了分析和比较。

※ 记者：东南亚有众多岛屿，印尼有1.3万个岛屿，菲律宾有7千多个岛屿，许多岛屿风景如画，名胜古迹众多，保留着地方独特的文化和风俗习惯，风光和民族风情交融，如巴厘岛已成为印尼最负盛名的游览胜地，到印尼的外国游客有1/4是到巴厘岛旅游的。您认为泰国南部旅游有什么优势？

※ 陈冠智先生：从旅游资源的比较来看，泰国南部的旅游资源非常丰富，从安达曼海的普吉岛到南中国海的苏梅岛在世界上都享有较高声誉并吸引着大批中外游人，泰国南部海岸线长达1800公里以上，有丰富的滨海旅游资源。除了大家熟悉的普吉岛、芭堤雅、苏梅岛以外，还有许多不为人知的海滩和岛屿。

比如，以碧海、沙滩、椰林的南国风光闻名于世的华欣，是泰国皇室最钟爱的避暑胜地。早在20世纪20年代，华欣就被设立为皇室度假地，在这里处处可见高级度假别墅。华欣历经了数代皇室的兴建，拥有着风格独具、优雅动人的度假气氛，当您从山顶的拷祷寺（WAT KHAO TAO）远眺这片雅致的城市景观时，您会更喜欢这个悠闲、无忧、安静的小城。还有通往泰国南部边境的门户——春蓬，220公里的海岸上有许多景色如画的海滩以及极具吸引力的岛屿，这里适合日光浴、游泳、帆船、滑翔、潜水和浮潜。

泰国南部的甲米，这是一个小城市，游客一般都径直前往奥南（Ao Nang）、莱雷（Rai Leh）等几个附近的海滩。甲米对于游客来说是个轻松愉悦的地方，您可以花费一到两晚在这里，这必将成为您在泰国不可多得的人生经历。我个人最喜欢的是董里府，这里有美味的烤猪、优雅的蓝楹花、水下珊瑚礁、迷人的沙滩、奇妙的瀑布和热情的人民，这里还是泰国橡胶树种植第一城。您还可以在这里参加水下婚礼，非常的浪漫。

※ 记者：东南亚有丰富的自然资源，每年吸引着大批游客。东南亚地区的植物和动物资源十分丰富，泰国、马来西亚、印尼、菲律宾的森林覆盖率在70%以上；这些资源在泰国是怎么保护的？泰国是怎么发展绿色、低碳的旅游产业的？

※ 陈冠智先生：泰国植物种类达数万种，拥有大量奇花异草，香蕉、菠萝、木瓜、榴莲等热带水果常年不断，而且价格非常便宜；东南亚约有4万种动物，其中大象、老虎、犀牛、巨蟒、鳄鱼等珍稀动物都有分布，泰国利用这些丰富的动植物资源建立了许多自然保护区、动物园、植物园、水族馆等，许多中国游客都喜欢将骑大象作为自己泰国美妙旅行体验的一部分。东南亚地处低纬地带，除缅甸北部地区外，基本都属热带气候，泰国全年无寒暑交替，终年都可开展旅游活动。在泰国您可以充分体验绿色、低碳的生活方式。

※ 记者：在人文旅游资源方面，东南亚地区拥有被称为“古代东方四大奇迹”的印

度尼西亚婆罗浮屠和柬埔寨的吴哥窟，缅甸的仰光大金塔据传也已有2500年的历史。东南亚各国拥有众多的古迹，如印度尼西亚的“爪哇猿人”遗址，越南的“和平文化”、“东山文化”遗址等。泰国在人文旅游资源方面有什么特色？

※ 陈冠智先生：东南亚国家都属多民族国家，各民族世代相传的习俗和民族特色增添了游人的极大兴趣。泰国各民族也有多姿多彩的文化传承，像泰国北部的兰纳文化，泰国南部普吉岛是我的家乡，在中国农历九月都会举行每年一度的盛事。像素食节，这是神明会给遵守教规的信徒带来好运气的节日。在节日期间，当地华人都严格遵守十天的素食来达到身心上的清净祥和。在中国寺庙祠堂还有一些表演，例如赤脚在热煤上行走，在刀梯的梯子上行走，这些表演的信徒这称做“Ma Song”。当然最受中国游客喜爱的是泼水节和水灯节，现在泼水节期间前往泰国的中国游客数量已经高过中国的春节了。

※ 记者：东南亚各国的旅游资源斑斓多彩。在自然旅游资源方面，东南亚国家（除了老挝这个唯一的内陆国外）都有漫长的海岸线，泰国的芭堤雅海滩，马来西亚的波德申海滩，菲律宾的马尼拉海滩是著名的海滨游览地，您给推荐一下还有什么独特的，一般人不知道的地点。

※ 陈冠智先生：其实在泰国，您进行深度旅行，您会有很多发现，我在普吉岛生活，泰国南部的旅游资源丰富多彩，比如泰国南部西海岸的董里府和沙敦府，面临安达曼海。沙敦府拥有一些风景如画的著名岛屿，Tarutao群岛，Adang-Rawi群岛和Phetra群岛，这些岛屿上有绿意盎然的森林、丘陵和山岭，如今这里已经成为国家公园。

另外，这两年，南部的苏梅岛也越来越受到中国游客的喜爱，这是泰国的第三大岛屿，它拥有丰富的自然资源，有白色的沙滩、珊瑚礁和椰子树，您可以去参加帕岸岛的满月舞会，还可以在涛岛潜水。这些地方并不是团队旅游的热门地点，但是绝对适合自助旅行。

※ 记者：随着一部电影《杜拉拉升职记》，现在越来越多的中国青年人开始喜欢泰国，他们愿意前往泰国自助旅行，享受面朝大海，春暖花开的浪漫人生，您能给介绍一下这方面的情况吗？

※ 陈冠智先生：《杜拉拉升职记》在泰国芭堤雅拍摄的外景，我也有幸参与了这部电影的拍摄。芭堤雅原是一个荒凉的渔村，由于泰国政府的积极开发，芭堤雅已成为世界有名的旅游度假中心，每年接待游客数量达200多万，收入占泰国全国旅游业收入的1/5，超过10亿美元。我们期待着更多的中国游客前往。当然，我也非常喜欢这部影片，我希望更多的中国年轻人走进电影院，观赏这部影片，感受泰国的浪漫，您也可以像杜拉拉一样旅行，泰国欢迎您。

跟着杜拉拉
再去一次泰国

自从《杜拉拉升职记》上映以后，泰国旅游就像这部原本已经拥有超高人气的职场小说一样，拥有了更高的关注度。很多人喜欢电影里的泰国，其实真实的泰国又何不让人心醉呢？当杜拉拉为了寻找爱情义无反顾的踏上芭堤雅海滩的时候，其实她寻找的不过是自己，或者说杜拉拉的泰国旅行是自我实现之旅。有些地方去一次就够了，但是泰国却不同。与其在家跟股市、楼市较劲，还不如直接奔泰国，最大感觉就是——旅行其实就是衬心情，别人都金融危机，您在芭堤雅大快朵颐，心里这个美啊！

《杜拉拉升职记》剧照

《杜拉拉升职记》剧照

公司的女孩问，到哪儿能买杜拉拉那个灯呀，这样吧，只要您想知道的关于杜拉拉在泰国的旅游攻略，您最好买个正版的光盘，仔细看看细节，正如我友所说，500强进不去，泰国去的了。先把这个灯的价钱告诉您，1000泰铢，在夜市您能讨价还价。

《杜拉拉升职记》剧照

贴士

芭堤雅主要市场如下：

※ Thepprasit市场

在Thepprasit 路与Sukhumvit 路连接处。星期五、星期六和星期天晚上都有营业。

※ Soi Buakhao市场

在南芭堤雅路和Soi Buakhao 的角落，一直到友谊超级市场。每周的白天、星期二和星期五的晚上营业。

※ Night Plazar

在2号路和Soi 10附近，每日08:00—23:00(尽管名字写的是夜市)营业 。

※ Pattaya市场

在2号路和Soi 5附近，不太热闹，但晚上有不少学生的音乐或舞蹈演出，包括1.2号路到Soi 2 附近，在Tiffany 路旁边。

《杜拉拉升职记》剧照

《杜拉拉升职记》剧组奔赴泰国，进行为期14天的外景拍摄。在芭堤雅这个度假胜地，却并不能像剧中人一样休闲度假的除了徐静蕾，还有全剧组。剧组每天少则四五个小时，多则通宵拍戏。而工作量最少的一天，是因为芭堤雅的市长邀请全剧组赴晚宴。在芭提雅一条小酒吧街上，一场徐静蕾老师和吴佩慈老师的过场戏在36℃的艳阳下频频拍摄。

贴士

※ 露天啤酒酒吧

在芭堤雅到处都是，其中最大和最佳的集中在Soi 7/Soi 8的街道附近，还有在2号路，海滩路，Soi Buakhao以及沿Naklua 路南部的末端和在Jomtien区。

※ gogo酒吧

主要集中在沿途的街道、三条Pattayaland 街道或在最普遍的啤酒酒吧区域附近；多数在20:00 前后开张，在01:00 和02:00 之间关门。观光的游人是受欢迎的，然而照相机不受欢迎。禁止摄影。

※ Soi 7 & Soi 8

在晚上大约有120家啤酒酒吧任您选择。在Songkran (泰国新年) 这里是最热闹的。“夜在”酒吧街(有10 个大室外酒吧，连接着Soi 7 和芭堤雅中央路)。这些地方有现场音乐(20:00–01:00) 。有几个大旅馆，Soi 8还有几家旅行社、便利商店等。这些构成了五颜六色的街道。

《杜拉拉升职记》剧照

※ Soi 6

大约有50个酒吧。这是单程的步行街道。在晚上您可以试着在这儿走一走，去体验一下。

※ 2号路

在Soi 2 & Soi 附近，中央节日中心对面，大约有35 个非常流行的啤酒酒吧。

剧中杜拉拉和王伟并肩奔跑的一场戏是在哪儿拍摄的呢？这是在芭堤雅的水上市场，Four Regions Floating Market，但是这里不是泰国最有名的丹能莎多水上市场，那里是真实的当地人生活的地方，这里是旅游景点，不过值得一游。这个市场上有各种各样的食品、时装、手工艺品、家居、家饰、玩具等等，很多年轻的艺术家在这里开自己的小店，卖新设计出来的东西。

这个是哪家商店，问题是，他们手里拿的是什么？我认为是Mr.p。这是泰国人值得自豪的设计之一，看见他们设

《杜拉拉升职记》剧照

计的那个光着身子的小男孩，您会感到一种由衷的快乐。他们把生活里很多痛苦的事变成一种乐趣。您还可以在曼谷购买更多的Mr.p。(4F Siam Discovery Centre Propagandastore)

关于泰餐，您要是以为就是冬阴功，芒果糯米饭和咖喱蟹的话，就好比您以为北京菜就是涮羊肉，烤鸭和卤煮火烧一样，杜拉拉不是泰国通，人家是会奖旅游加自由行，所以必须告诉您一些不是广告的好地方，看这张采访图片的背后餐馆是哪家？这里是泰国人的俏江南，Suttangrak ，中文的意思是当爱已成为往事，不知道杜拉拉知道不知道泰国方面的用心良苦，有时候泰国人那种内敛还真符合影片的内涵。

贴士

※ 泰式沙拉

属于创新的泰餐，不同于杜拉拉老师喜欢的芒果沙拉，那个要在街上吃，炎热的天气和小辣椒，能让您嘴里喷出火，泰国的沙拉卖的是调料和世俗的喧闹。

※ 冬阴宫汤

去泰国必须点冬阴宫汤，味道酸辣，在泰国，汤里会放一种味道类似清凉油一样的植物，其实也是像葱一样的调味品，这些中国没有，所以吃惯北上广深泰餐的人未必喜欢，原汁原味又有多少人能了解呢？

※ 泰国炒面

真正的泰国炒面，不同于马来西亚的福建炒面，量少虾足，在芭堤雅的餐馆里，价钱还不如国贸金湖茶餐厅贵，很值。

※ 燕鲍鱼肚

您知道燕鲍鱼肚吗？以前大户人家的饮食，您今天也许在广州的百年字号还看的见，但是那个肚是什么呢？其实是鱼鳔，也有称花胶，就跟江浙人喜欢吃"划水"一样，等于您吃的是鱼的精华，俺在耀华灿路必点之招牌菜。

《杜拉拉升职记》剧照

《杜拉拉升职记》剧照

快艇如箭一般地驶离芭堤雅海岸，迎着风浪在蔚蓝色的海水中掀起一道道白色的浪花，电影中有很多海滩和快艇的场景，这些都是在珊瑚岛拍摄的。珊瑚岛是芭堤雅近海最大的一个岛屿，面积约为10平方公里，是芭堤雅旅游观光景点中的首选。

珊瑚岛有“海底珊瑚森林”的美誉，这里的珊瑚虫、珊瑚藻、珊瑚礁……色彩斑斓，千姿百态，琳琅满目，令人眼花缭乱。您可以参加很多海滨的娱乐项目，如骑摩托艇、乘坐玻璃船，一个神奇的水下世界将极其清晰地呈现在众人眼前。低下头观赏海底下那一簇簇千奇百怪的珊瑚，仔细地辨认海水中那一群群五颜六色的游鱼，偶然间还可以见五星型的海星或带长刺的海胆在蠕动。实际上电影里是剪辑的画面，真实的去珊瑚岛还要有一段航程，在泰国像这样的小岛太多太多，对于玩家来说，找个不为人知的小岛才有成就感呢！估计这个要等到杜拉拉辞职记才能上演了。

贴士

※ 海岛

Ko Laan（或称Lan，Larn，珊瑚岛）长7.5公里，在芭堤雅西边。据说有5.6平方公里面积大小和六个著名的海滩，提供香蕉船、喷气艇滑水等等。在Ko Laan附近有各种各样的水下运动，比如水肺潜水、浮潜、海底散步和乘坐潜水艇；还有众多的餐馆和一个射击场。

※ 珊瑚岛一日游

轮渡从Bali Hai Pier到这儿花费20泰铢，需要30～45分钟（离开时间：从芭堤雅07:00，10:00，12:00，14:00，15:30，17:00，18:30；从Ko Laan 06:30，07:30，09:30，12:00，14:00，17:00，18:00）。快船可以到任何海滩，为1500～2500泰铢；或您能通过旅行代理点预定一日游，乘坐小巴需支付500～600泰铢，从您的旅馆接您，轮渡从Bali Hai Pier直接到各个海滩当中的一个(时间大约半小时)，包含午餐、软饮料。返回轮渡在16:00，然后小巴送您回旅馆。

杜拉拉升职记最让人难忘的也许是泰国芭堤雅那些聚会的场面，我个人非常喜欢公司聚会的酒店。在泰国南部，这样泰式风格的酒店很多，很多还是一岛一天堂形式的，不过，影片里的酒店作为芭堤雅的度假酒店绝对物有所值。这家酒店的全称叫Dor-Shada Resort By The Sea。最佳到访时间是泰国的泼水节。

※ Dor-shada Resort by The Sea 度假酒店

www.dor-shadaresort.com

如果一定有什么攻略的话，我想是您一定要参加一次泼水节，一定要吃一顿本地的泰餐，一定要去一个不为人知的小岛，一定要买一个正版的《杜拉拉升职记》光盘，一定要在通货膨胀来临之前走出影院，走出家门，走出办公室，您一定要再去一次泰国！

Wora Bura Hua Hin Resort & Spa

www.worabura.com Add:83/199 Soi Moo Baan Nonggare, T. Nonggare, Hua Hin, Prachuap Khiri Khan, Thailand 77110

华 欣 HUA HIN

华欣
HUA HIN

概况

泰国西海岸著名避暑胜地——华欣——是一座海滨度假城市，距离曼谷195公里，行车约2个半小时，深受泰国人欢迎。这里是曼谷居民非常流行的周末度假热点地区，也是外国人和退休人士的假日家园。这里有狭长的巨弓形海滩，细沙如雪、平坦清净，西边是苍翠的山峦，东边则是蔚蓝色的大海，海景壮阔，有“泰国迈阿密”之称。

历史

华欣位于泰国巴蜀府（Prachuap Khiri Khan），这里以碧海、沙滩、椰林的南国风光闻名于世，并且是泰国皇室最钟爱的避暑胜地。早在20世纪20年代，华欣就被Prajadhipok国王设立为皇室度假地，在这里处处可见高级度假别墅。最知名的华欣海滩是“Samore Riang”海滩。

由于度假人潮不如邻近芭堤雅、普吉岛等地，反而让这里呈现出少有的宁静与祥和。华欣历经了数代皇室的兴建，拥有着风格独具、优雅动人的度假气氛，当您从山顶的考佬寺（Wat Khao Lao）远眺这片雅致的城市景观时，您会更喜欢这个悠闲、无忧、安静的小城。

气候

华欣属热带季风气候，湿度高，降雨量较大。这儿的气候分为三个季节，3～5月为热季，6～10月为雨季，11～2月为凉季，年平均气温是在27～30℃之间，气候极为舒适宜人。华欣一年四季阳光普照，环境宁静舒适，每年11～1月是旅游的最佳季节，其次是4～10月。

节日

泰国国际风筝节

每年3月、4月和5月在泰国华欣举行。届时会有各式特技风筝、大风筝、小风筝、高科技风筝、传统泰国风筝、国际风筝等参展。另外参加风筝节的人们还可购物、观光。

华欣爵士音乐节

每年6月在华欣举行。这一流行盛事每年都会吸引不少来自泰国和世界各地的顶级爵士乐音乐家登台献艺。

华欣老爷车拉力赛

泰国旅游局、酒店经营者与泰国老爷车俱乐部每年12月共同举办隆重的“经典老爷车巡游”。老爷车巡游从曼谷中心的索菲特酒店一直到华欣中心的索菲特华欣度假村。汽车、驾驶员以及乘客都以20世纪20年代的装扮，进行225公里的巡游活动。

山中之城庆典 (Phra Nakhon Khiri Fair)

庆典每年2月在碧差汶里府举行。山中之城坐落在一座拥有数个庙宇及19世纪皇宫的山上，可眺望位于曼谷西南方的碧差汶里市。再现历史的声光秀演出，是当地最受欢迎的活动之一。

到达

华欣位于泰国35号公路指标第232公里处，距离曼谷195公里，行车约2个半小时，与七岩相距大约半个小时车程，是远离尘嚣的海边度假中心，更是传说中美丽的海滨天堂。

乘飞机

华欣机场仍然正在开发一些新的航线。Nok Air航空运营从曼谷素万纳普国际机场到华欣的航空服务，每日3班。票价各有不同，提供电话预约服务，泰国国内拨打1318、泰国境外预订电话：+66 2 900 9955。

www.nokair.com

您也可以从曼谷廊曼机场飞往华欣，乘坐暹罗通用航空（SGA）运营的塞斯纳飞机旅行，就如同乘坐自己的包机一样，非常惬意，飞机以较低的高度飞行还可欣赏沿途不错的风景。

暹罗通用航空（SGA）经营每日服务：
从曼谷离开的时间：
08：00, 11：30, 15：30, 18：30
从华欣离开的时间：
09：30, 13：00, 16：30, 20：00

目前往返航班的价格大约是6000泰铢，其中一些包括酒店接送。

乘火车

华欣的火车站就在市中心。曼谷到华欣的火车车票约40～50铢，需要4小时。每天有10趟列车穿梭于曼谷华南蓬火车站和Bang Sue火车站之间（07：45—22：50），大多数南部路线列车都会在华欣停靠。另外每逢周末，游客还可购买华欣往返套票，06：15由曼谷火车站出发，16：10离开华欣，20：20抵达曼谷，约75泰铢。另外还有两辆火车在Cha-am停靠（09：20和13：50）。

曼谷火车站订票电话：+66 2 204444
www.railway.co.th
www.thailandrailway.com

乘巴士

一等巴士服务最终连接华欣和素万纳普机场。乘坐巴士从曼谷到华欣需要3.5个小时，巴士从Sai Tai Mai终点站出发，每20分钟发一辆车。巴士价格（一等车）在200泰铢以下。巴士发车时段在16 ：00—22 ：20之间，欲知更多详情请联系华欣—班武里(Pran Buri)咨询处，电话: +66 2 8846191-2。

电话: +66 2 4355105, +66 2 8848895

巴士南部总站电话: +66 2 4351199, +66 2 4355605, +66 2 4347192

www.transport.co.th/

您前往华欣更方便快捷的方式——自曼谷市中心出发，乘坐在胜利纪念碑(Anusawari Chai)附近的迷你巴士。小巴区域紧挨着售票亭，桌子上摆放着英文标示牌“Cha Am、Hua Hin”，您可以购买到车票，票价为180泰铢。

乘出租车

从曼谷到华欣约200公里，人们可以乘坐出租车前往。从曼谷素万纳普机场出发，车费是2600泰铢。在曼谷机场内还有豪华轿车服务，但要比普通出租车昂贵。

www.limousine.in.th

乘小客车

在华欣游览有许多方法，乘坐当地的改装小客车(Sawngthaews)就是其中之一，全天乘坐仅需10泰铢。华欣有许多摩托车的士和三轮嘟嘟车，出租车很少。记得上车前一定要事先协商好价格。当然这里也可以找到人力车（Samlors)。来华欣的游客中有很多拥有较高的消费能力，因此价格有时也会上调。华欣的出租摩托车随处可见。因为华欣的道路通畅平坦，很适合骑自行车游览。但自行车租赁没有摩托车那么普遍。

自驾车

如果您认为在泰国驾驶很舒适，可以在华欣租一辆车进行自驾游览。

191 Avis in Thailand

地点：华欣机场/希尔顿酒店/凯悦酒店/索菲特酒店

电话: +66 32 531238, +66 32 512888,

+66 32 521234, +66 32 512021

E-Mail: res@evisthailand.com

景观

华欣区

华欣海滩

在华欣度假，少不了要享受阳光与海滩，好让身心松弛，华欣的迷人之处在于海滩美丽而人烟稀少，湛蓝的海水映照着碧蓝的天空，细白的沙滩，沙粒洁净柔软，躺卧其上，便有与世无争之乐。华欣的长滩特别优美，其间的岩岬划分出一个小渔港，旁边有长达三公里的沙滩，沙滩南端的峭崖上有几座佛寺。

华欣火车站

这里是泰国最美丽的火车站，当地人们以此为荣。火车站建于1911年，它的建立带动了华欣的发展，今日它以其历史地位和象征意义成为一个怀旧之地。华欣火车站古色古香，小巧朴实，充满秀气。当您一踏入这座红白相间的柚木火车站时，恍如时光倒流。其主体建筑，不管是门、窗，还是屋顶、山墙、售票窗口等，一切都是柚木建构，白色的木墙简单而有力地支撑着红屋顶，整体保养很好，洋溢浓浓的怀旧感，对比色彩也很协调，在阳光照耀下，显得活力充沛。

华欣工艺美术中心

中心设立在位于Naepkhehat路的一幢古老的房子内。这里展出了一系列当代泰国艺术家的作品，以及旧家具和许多华欣过去的老图片。中心每天11：00—18：30免费开放。电话：+66 32 511249。

夜间街道市场

这是一个倍受购物者喜爱的场所。游客在旅行中不仅能购物，还可以享受泰国本土海鲜排档，亲身经历当地居民的生活方式。

忘忧宫（Klai Kangwon）

修建于1962年，距离华欣只有3公里路程。这座海滨宫殿是纯白色的建筑造型，与一般富丽堂皇的金色泰国宫殿迥然不同，别有一番浪漫风情。游客只要从皇宫管理处申请许可证，即可入内参观。Klai Kangwon就是无忧无虑的意思。拉玛七世建立忘忧宫的目的，不外乎是想逃离俗世牵绊，忘却所有忧虑及烦恼。拉玛七世每年夏天都会带妻眷来避暑，而后来的泰国皇族们也延续了这项传统，选择在每年盛暑避居此地，华欣也因此逐渐成为泰国高层人士的消暑胜地。忘忧宫今日已成为华欣的必访景点之一，而位于忘忧宫附近的爱与希望之宫也是相当热门的旅游胜地，两座宫殿打造出华欣幽静与高贵的气氛，值得细细品味。

筷子山（Khao Takiap）

这座山，距离华欣城镇14公里；若想到达那里需要搭乘本地的迷你巴士。唯一的一条路可通向山上的寺庙，而附近的海滩则提供住宿。

Khao Hin Lek Fai

位于华欣区西3公里，又称燧石山，高度为162米。山顶有一个公园和一处观景点，从上面可以望到华欣和周围区域的美丽景色。

Khao Tao

位于华欣南13公里，有两个美丽的海滩Hat Sai Noi和Hat Sai Yai。

Namtok Pa La-u

这个11层景观瀑布，位于华欣西60公里处，森林中有各种鸟类。游客可以乘坐当地运输工具（songthaew）从华欣来到这个瀑布。参观瀑布最佳时间在每年11～4月。这里属Kaeng Krachan国家公园管辖。门票200泰铢。公园内可以露营，租用帐篷250泰铢/晚。欲知更多详情请拨打电话：+66 32 459293。

华欣城外

Sam Roi Yot国家公园

位于华欣城镇60公里处，占地98平方公里。这是著名的石灰岩山地、红树林沼泽、海滩，在凉爽的季节有一些本地候鸟。目前这里最受游客喜爱的是Khao Sam Roi Yot。游客可按指示标志进入公园。

公园内的景点

Hat Sam Phraya

位于公园办事处以北3.5公里处，拥有迷人的海滩和松树。可住宿。

Tham Kaeo

位于距离Pran Buri 23公里处(公园办事处以北15公里处)。洞穴内有丰富的钟乳石和石笋。如果想深入探索洞穴，可以在附近的村庄租用油灯。

Tham Sai

公园办事处以北9公里处，是一个可探索的洞穴。

Hat Laem Sala

一个位于公园办事处以北16公里处的海滩，可乘船到达或者步行从Bang Pu村翻山而入。著名的洞穴Tham Phraya Nakhon内有很多洞孔，太阳光可以透过这些洞孔照射进来，非常漂亮。

Phra Thi Nang Khuha Kharuhat

一座泰式亭榭，可以看到洞穴的景色。

Khao Daeng

一个观景点，距离公园办事处400公里，可以乘船游览和观赏野生鸟类。

Wa Ko

在历史上具有重大意义，国王Mongkut在位时，在这里观看了月全食。

Khao Hin Thoen

石园位于城镇西。有一条漂亮狭窄的道路通向山顶的大岩石景观台，在那里可以欣赏到整座城市的美景。

Koh Singto

狮子岛以岛的形状命名。这里的潜水和浮潜很受游客欢迎，您还可沿着海岸线探索华欣和德吉岛（Khao Takiab）。

活动

沙滩和大海，是华欣最吸引游客的地方。钓鱼和生态巡航，在华欣内陆和海上都可进行。风筝滑翔，是在华欣非常流行的娱乐消遣方式。一些学校可提供相关课程和器械租赁。水上运动在华欣包括游泳、乘坐香蕉船、滑水、喷气滑水、帆船、帆板、独木舟、潜水和浮潜。您还可以在华欣的沙滩上骑马驰骋。

大象营地和徒步旅行：在镇子以西有一个大象营地。散步和骑自行车在华欣很受欢迎，因为这里的道路非常的宁静。卡丁车可以在机场附近的卡丁车赛道上行进，赛道长700米。

健身和武术，在城镇周围体育馆或在高级酒店都可以找到相关场地。

华欣的艺术创作也很丰富，包括手工艺品、丝绸编织、刺绣、编篮子、陶器、木雕等，这些都非常受欢迎。

潜水

华欣的潜水通常会被安排到春蓬附近的涛岛。除此之外，华欣其本身的潜水地点能见度很差，没有什么太好的地方。

水疗

华欣提供各种温泉水疗，适合各种预算。这种水疗既包括传统的疗法也包括现代技术的疗法。华欣的温泉设施有时还包括一个按摩浴缸，可以享受蒸气浴。这些水疗中心每年都会有世界各地的贵宾光临。

泰国SPA目前可说是居于东南亚之冠，甚至超越了巴厘岛，华欣的每家高级度假饭店几乎都规划有各式不同的SPA疗程供客人选择。彷若人间仙境的空间设计，幽雅静谧的氛息，加上亲切的服务及合理的收费，已成为游客最爱的休闲天地。

华欣一直是皇室及贵宾的度假之都，于是Four Season、Hilton、Sofitel Central、Chiva-Som、Marriott、Anantara、The Evason等国际级连锁饭店或充满泰式风情的度假酒店纷纷进驻，提供给游客多样性的选择与享受。

在华欣的许多温泉还提供传统泰国医疗理疗。度假村提供了许多排毒理疗水疗方式。最流行的治疗方法是深度肌肤排毒和草药皮肤排毒。

华欣拥有世界一流的Chiva-Som国际医疗度假村，度假村着眼于更大的福祉和活力，提供了广泛的健身、水疗、美食服务和全面的医疗设施，以帮助您放松身心，恢复体质和振奋精神。

▣ 按摩

传统泰式按摩是流行于泰国的一种按摩方法，由中国的传统按摩手法演变而来。它能使您伸展肌肤，达到舒筋活络、滑利关节、消除疲劳、强身健体、美容健身的功效，能够促进血液循环和新陈代谢，起到防病保健的作用。

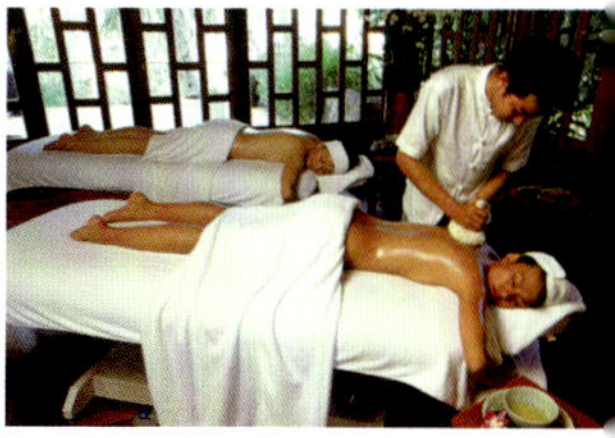

华欣有50多家泰式按摩店。通常，酒店会提供传统泰式按摩服务。在华欣Petchkasem路，紧挨着黄金宫殿和皇家宫殿，有很多不错的盲人按摩师。

▣ 夜市

在夜市的商店，您可以购买到T恤衫、古董等各种商品。衬衫大约300泰铢。在购物商场，里面有很多当代手工艺品、地方手工织制的印花棉布、丝绸面料、丝绸编织、刺绣、手编篮子、陶器、木雕、宝石和珠宝（包括蓝宝石和红宝石）等。和商家讨价还价还会获得一个比较低廉的价格。

请注意，这里有两个夜市。比较广为人知的是位于华欣中间、以旅游为导向的夜市。这里倍受泰国人的青睐，是知名的大市场之一，它的停车场在大饭店和圣保罗医院之间。夜市上的商品多样化而且非常有趣，但周一和周二不开放。华欣集市位于海滩以西100米处，有很多华欣本地的手工艺品。

皇家华欣高尔夫俱乐部附近是Pae市场，在这里您可以找到传统泰国市场的感觉，非常不错。

虽然城里没有大型购物中心，但在华欣也有一些著名的市场。毗邻Dechanuchit路的城镇中心、Phetkasem路以西是华欣夜市，这里是一个非常棒的吃饭地方。沿Dechanut路有很多旅游商店是专门针对游客的。

高尔夫球

华欣的高尔夫非常受欢迎，这里有几个高品质的国际标准场地，如杰克尼克劳斯（Jack Nicklaus）设计的球场。华欣以及周围地区是高尔夫球的天堂，至少有7个优质场地，驱车30分钟即可到达。另外这里还有两个新高尔夫球场正在建设中。

Dragon Hills Golf & Country Club

地址：192 Moo 2, Tambol Anghin, Amphur Paktho, Ratchaburi 70140, Thailand
电话: +66 32 228222, +66 32 228444
传真: +66 32 228308
www.dragonhillsgolf.com

Hua Hin Seoul Country Club

地址：174 Moo 1, Pranburi, Prachuab Khiri Khan 77120
电话: +66 32 572441
www.milford.co.th/golf_huahin.htm

The Imperial Lake View Hotel & Golf Club

地址：80 Moo 4, Hubkrapong-Pranburi Highway, Cha-am, phetchaburi 76120, Thailand
电话: +66 32 456233-40
传真: +66 32 456241
E-mail: lakeview@imperialhotels.com
www.imperialhotels.com/lakeview/

Majestic Creek Country Club

地址：164 Moo 4, Tubtai, Hua Hin, Prachuabkirikhan 77110
电话: +66 32 520162-6
传真: +66 32 520477

www.asiatours.net/golf/thailand/courses/hhq_majestic.html

■ Palm Hills Golf Club & Residence

Bangkok Office：（曼谷办事处）

地址：36/103-104P.S. Tower 32nd. Fl., Sukhumvit 21 Rd. (Asoke), Klongtoeynua, Wattana, Bangkok 10110

电话: +66 2 2613792-9, 2593726-7

传真: +66 2 2613791

www.palmhills-golf.com

E-mail: info@palmhills-golf.com

CHA-AM Office：（七岩办事处）

地址：1444 Petchkasem Rd., Cha-am, Petchburi 76120

电话: +66 32 520801-5

传真: +66 32 520820

■ Royal Hua Hin Golf Course

地址：Hua Hin Prachuab Khiri Khan. 77110，Thailand

电话: +66 32 512475

www.golfhuahin.com/royalhuahin.htm

■ Springfiled Royal Country Club

Bangkok Office（曼谷办事处）

地址：9M Floor, Thaniya Plaza Building, 52 Silom Rd., Bangkok 10500，Thailand

电话: +66 2 2312244

传真: +66 2 2312249

E-mail:golfbooking@springfieldresort.com

Cha-Am Office（七岩办事处）

地址：193 Moo 6, Huay-Sai Nua, Petchkasem Rd., Cha-Am, Petchburi 76120，Thailand

电话: +66 32 709222

传真: +66 32 709234

E-mail:playgolf@springfieldresort.com

www.springfieldresort.com

购物

华欣最负盛名的特产之一是印花棉布（pha phim khommaphat）。该印花棉布色彩鲜艳，可制成衬衫、手帕、甚至玩具，还有诸如枕头、箱包装饰、扇子等。电话：+66 32 511250，+66 32 513506。

这里有一个于1964年成立的Baan Khao Tao工艺品中心。该中心的手工编织棉布产品有不同类型，如浴巾、围裙、床单面料等。一些其他种类的棉制品也很多，如餐垫、桌布和枕套。

典型的华欣纪念品包括椰子壳、印花棉布、泰国传统图案印花面料、扫帚、剑麻纤维制造的用具、竹编制工艺品以及新鲜和腌制的食品。家常海鲜都可在华欣市场购买到，另外还有风干的海鲜、甜点或卡侬（Khanom）亦值得尝试一番，光凭眼睛观赏就足以令人垂涎三尺。

华欣的四周以及南部半岛，是著名的菠萝栽种区，由于当地的土壤以沙质为主，所以这里的菠萝肉质多汁香甜，吃了令人齿颊留香，并且由于产量丰盛，和甘蔗并为泰国的两大出口农作物。

华欣的商店

Art Gallery

地址：Thavorn Village 41/91 Mooban Noi Alley, Nongplub Rd. Hua Hin
电话：+66 32 516314

Gaw Gai Shop

经营陶瓷、木制古玩、灯等
地址：2/1 Dechanuchit Rd. Hua Hin

Hua Hin Arts & Crafts Center

主营绘画，雕塑，工艺品，仿古家具和历史图片等
地址：Naepkhehat Rd.

Hua Hin Gallery Orient

经营泰国工艺品、木制品和大量古董。
地址：7/14 Sra-Song Rd. Hua Hin

Phaiboon

经营各种手工艺品

地址：56/1-4 Dechanuchit Rd., Hua Hin

Sukkasart Institute

项目有传统泰式按摩、冥想及能源治疗愈合等。

地址: 20/48 Petchkasem Rd., Hua Hin

电话：+66 32 515725。

www.sukkasart.com

饮食

华欣及其周边有很多饮食可供选择。这些餐馆都紧挨着海滩和Khao Takiap区，您可以从Phetkasem路一直到Khao Takiap路找到一些不错的餐馆。华欣最著名的是新鲜的海鲜，其中大量都在夜市、酒楼和酒店餐馆供应。Naresdamri路有很多非常便宜的餐馆，服务良好，还可享受浪漫的海景。有些酒店提供海鲜烧烤自助餐，在开放式烹饪台前操作，还有泰国传统音乐和舞蹈的现场表演。

这一地区是华欣的渔港，清晨可以在这里购买淡水海产品。此外，这里还有不少西餐厅，印度餐厅和日本料理。

通常夜市会有便宜的饮食。低预算游客很喜欢特易购超市，以及符合现代快餐食品卫生的泰国风味街头小吃，价格在25～45泰铢之间，纯正的咖啡才10泰铢。

Ban Isara

主营海鲜

营业时间：周一至周五10：00—22：00，周六至周日11：30—22：00

地址：7 Naeb Khehat Rd., Hua Hin

电话: +66 32 530574, +66 32 511673, +66 32 514517

Brasserie de Paris
主营法国料理
地址：3 Naresdamri Rd.

Hagi Japanese Restaurant
主营日本料理
地址：1 Damnernkasem Rd.

Jay Khiao
主营海鲜
营业时间：10：00—22：00
地址：42 Nong Kae Ta Kiap Rd.
电话: +66 32 512233, +66 32 536899, +66 32 536900
传真: +66 32 514302

Korawik
主营面食，泰餐
营业时间：10：00—24：00
地址：Naeb Khehat Rd., Hua Hin
电话: +66 32 514516
传真: +66 32 514517

Let's Sea
主营泰餐和海鲜
营业时间：周日至周四11：00—23：00，周五至周六11：00—24：00
地址：83/155 Soi Tha-le, Khao Takiap-Hua Hin Road, Tambon Nong Kae
电话: +66 32 536022

Nern Chalet
主营泰餐和西餐
营业时间：07：00—22：00，需预订。
地址：144/7 Nongkae-Takiab Rd.
电话: +66 32 511288
传真: +66 32 536050

Sasi
主营泰餐、海鲜
营业时间：11：00—22：00，每周一、周三、周六下午7点还有泰国古典舞蹈表演。
地址：83/159 Nhongkae, Hua Hin, Prachuabkirikhan 77110，Thailand
电话: +66 32 512488, +66 32 536606
传真: +66 32 536987
www.sasi-restaurant.com

Supatra by the Sea
主营海鲜和泰餐
营业时间：11：00—23：00
地址：122/63 Soi.Mubaan Khao Ta Kiap, Tambon Nong Kae，
电话: +66 32 536561-2
传真: +66 32 536560
E-mail: info@supatrabythesea.com

酒吧

El Murphy's

这里有现场音乐，位于华欣的中心Selakam巷，距离希尔顿饭店20米。这家爱尔兰酒吧拥有华欣自己的Stonehead乐队，每晚都有演出。

Style

华欣最佳的夜总会，有嘻哈音乐。很受当地青少年喜爱。营业时间是下午6点至凌晨2点，但大多数人在晚上10点以后到。现场音乐非常好，是泰国音乐，经常人满为患。

Bluestation Country Pub

位于华欣的两间老车厂后，在Chomsin公路和铁路轨道相交处。这里非常受当地人喜爱，但很多游客还不知道这个地方。这儿还有优秀的乐队，会演奏很多泰国歌曲。

Satchmo Club

在索菲特华欣酒店一楼大堂中央，是华欣最顶极的优雅娱乐场所。这里拥有一个充满活力的菲律宾乐队。Satchmo Club新潮而现代，是人们在安静的华欣中得以放松的场所。

其他

Billy′s Bar & Restaurant　在华欣集市(酒吧和餐馆)

Blue Angel Cabaret　位于Bintaban巷，每周末20：00和21：45以及午夜有表演秀。

Crawford's Irish Bar　位于Poolsuk路(酒吧)

Hua Hin Brewing Company Bar　紧挨着希尔顿华欣水疗度假村 (Disco)

Johnnie Walkers Sports & Music Bar　位于Selakam路(酒吧)

Jungle Juice　位于Selakam路 (酒吧)

Octopussy　位于Selakam路(酒吧)

住宿

华欣，至少在中部地区是以旅游为主，因此大部分酒店都坐落于此，也有一些宾馆和汽车旅馆。中国游客最好选择那些五星级酒店，因为这里的价格同海南三亚比较起来，性价比还是非常高的。

低预算

21 Guesthouse

100～300泰铢的房间，有电视。

Sukwilai Hotel and Guesthouse

位于Bintabaht西，提供300泰铢/晚或350泰铢/晚带有线电视的房间。

Mod Guesthouse

21宾馆和希尔顿酒店附近。共7间房，200泰铢/晚。

Memory Guesthouse

在21宾馆附近，单人房200泰铢/晚，双人房300泰铢/晚。

中预算

Anantasila Resort

价格在2000～15000泰铢/晚之间
地址：33/15 Moo Bann Huadon, Petchkasem Rd.
www.anantasilaresort.com

Nern Chalet Hotel

酒店有私人海滩，提供优质的服务，让您享受轻松的氛围，还可以免费无线上网。房间价格为3000泰铢/晚。
E-mail：rsvn@nernchalet.com
www.nernchalet.com

Chom View Resort

非常好的度假村，房间价格便宜、环境干净整洁。价格2200泰铢/晚起。
电话：+66 32 511662
www.chomviewhotel.com

Preeburan Resort

独特设计的海滨别墅。房间价格2000泰铢/晚起。
电话：+66 32 570101
www.preeburan.com

The Hideaway Resort

房间价格在2500～3000 泰铢/晚之间。
地址：9 Petchakasem，Hua Hin
www.thehideawayhuahin.com

Thipurai City Hotel

位于华欣核心，房间价格1350泰铢/晚起。
地址：8/5-7 Soi Kanjanomai Poolsuk Rd.
电话：+66 32 533555
www.thipuraicityhotel.com

高预算

Asara Villa

五星级奢华酒店，挨着华欣海滩，价格在4000～18000泰铢/晚之间。
www.asaravilla.com

Hyatt Regency Hua Hin

共有204间客房和套房，酒店内还有著名的 The Barai Spa。
地址：91 Hua Hin - Khao Takiap Road, Hua Hin, 77110，Thailand
电话：+66 32 521234
www.huahin.regency.hyatt.com/hyatt/hotels/index.jsp

Dhevandara Resort and Spa

位于葡萄农场附近，距离华欣镇8公里。奢华精致的度假酒店带泳池。房间价格在2000～8000泰铢/晚之间。
地址：451 Hua Hin
www.dhevandararesort.com

Chiva-Som International Health Resort

一个泰国最好的温泉度假胜地，很私密。价格昂贵，但物有所值。

地址：73/4 Petchkasem Road, Hua Hin，Prachuab Khirikhan, 77110，Thailand
电话: +66 32 536536
传真: +66 32 511154
www.chivasom.com

■ Evason Hua Hin & Six Senses Spa

最好的泳池别墅，豪华/僻静的五星级酒店，有6个温泉。
地址：9 Moo 5 Paknampran Beach, Pranburi, Prachuap Khirikhan 77220, Thailand
电话: +66 32 632111
传真: +66 32 632112
www.sixsenses.com/Evason-Hua-Hin/

■ Le Bayburi – Pranburi

14幢海滨私人别墅，设施齐全包括泳池。
地址：Beach Front Rd., Pak Nam Pran Buri, Pranburi, Prachuab Kirikhan, Thailand
电话: +66 2 696 8239
传真: +66 2 696 8202
www.lebayburi.com

■ 华欣区

■ A & B Guesthouse

有6间客房，价格在500～700泰铢/晚之间。
地址: 113/16-17 Phetkasem Road
电话: +66 32 512711

■ All Nation

共11间客房，价格在100～500泰铢/晚之间。
地址：10/1 Dechanuchit Rd.

■ Anantara Resort and Spa Hua Hin

共181间客房,价格在4943～11299 泰铢/晚之间。
地址：43/1 Phetkasem Beach Road, Hua Hin, 77110, Thailand
电话: +66 32 520250-6
传真: +66 32 520259
www.huahin.anantara.com

Baan Bayan Beach Hotel

共21间客房，价格在4500～13000泰铢/晚之间。
地址：119 Petchkasem Road, Hua Hin, Prachuap Khirikhan 77110, Thailand
电话: +66 2 6366588（曼谷），+66 32 533544（华欣）
传真: +66 2 6366590（曼谷），+66 32 533545（华欣）
www.beachfronthotelhuahin.com

Ban Noen Tha-le

共18间客房，价格在1500～2500泰铢/晚之间。
地址：Khao Takiap Village 144/7 Baan Noen Thale
电话: +66 32 511288

Ban Phak Loong Daeng

5幢房子，价格在500～3000泰铢/晚之间，帐篷150～200泰铢/晚。
地址：15 Moo 1 Tambon
电话: 0 1943 9808, 0 1364 6593

Ban Phak Phoen

共12间客房，价格在150～500泰铢/晚之间。
地址：4 Soi Binthabat, Poon, Suk Rd.
电话: +66 32 532156
传真: +66 32 532156

Ban Busarin

共10间客房,价格为800泰铢/晚。
地址：8/8 Phunsuk Rd.
电话：+66 32 512076

Ban Floulay

共9间客房，价格为750泰铢/晚。
地址：110/1 Naret Damri Rd.
电话: +66 32 513670
传真: +66 32 530320

Ban Somboon

共13间客房，价格在400～800泰铢/晚之间。
地址：13/4 Damrikasem Rd., Hua Hin
电话: +66 32 511538
传真: +66 32 511538

Best L.D. Hotel

共37间客房,价格在200～500 泰铢/晚之间。
地址：236 Phetakasem Rd., Hua Hin
电话: +66 32 512429
传真: +66 32 513507

Bird Guesthouse

共10间客房,价格在350～600泰铢/晚之间。
地址：31/2 Naret Damri Rd., Hua Hin
电话: +66 32 511630
传真: +66 32 511630

Haven Huahin Resort

共46间客房和7间私人别墅。价格3350泰铢/晚起。
地址：1449 Chala Samut Rd., Hua Hin

Hat Khao Takiap (华欣以南14公里处)

Anantasila

有82 间客房，价格在1800～7500泰铢/晚之间。
地址：33/15 Nong Kae-Takiap Rd., Ban Hua Don
电话: +66 32 511879, +66 32 536364
传真: +66 32 515914
曼谷办事处电话: +66 2 2223788
www.anantasila.com

Baan Duangkaew Resort

共19间客房，价格在1800～3000泰铢/晚之间。
地址：83/158 Soi Moobaannongkae, Hua-Hin-Khao-Takiap Rd., Nongkae, Hua Hin, Prachuap Khiri Khan 77110, Thailand
电话: +66 32 515770
传真: +66 32 515532
www.baanduangkaewhuahin.com

Baan Talay Dao Resort Hua Hin

所有的客房都装饰优雅，包括迷你酒吧，有线电视，DVD播放机，空调和私人阳台。共38间客房，价格在2500～12000泰铢/晚之间。

地址：2/10 Soi Takiab Village, Phetchkasem Road, Nong-kae, Hua-Hin, Prachuap Khiri Khan 77110 Thailand
电话: +66 32 536024–30
传真: +66 32 536031
www.baantalaydao.com

■ Guesthouse Hua Hin

共19间客房，价格在400～1000泰铢/晚之间。
地址：1/30 Soi Khieng Tha-le, Takiap Rd.
电话: +66 32 515568, +66 32 515968
传真: +66 32 512746
www.huahinguesthouses.com

■ Sand Inn Hotel

价格在1650～2850泰铢/晚之间。
地址：38/1-4 Poolsuk Rd.
www.sandinnhotel.com

■ 酒店及水疗度假村

■ Anantara Hua Hin Resort & Spa

度假村座落在暹罗海湾，度假村流露出迷人的古城风格，共由七幢大楼构成。187间高级客房，都带有俯瞰花园的独立露台。
地址：43/1 Phetkasem Beach Road Hua Hin，77110，Thailand
电话: +66 32 520250
传真: +66 32 520259
www.huahin.anantara.com

■ Hilton Hua Hin Resort & Spa

地址：33/3 Naresdamri Rd., Hua Hin, Prachuab Khiri Khan 77110
电话: +66 32 512888
传真: +66 32 511135

■ Hua Hin Marriott Resort & Spa

地址：107/1 Petchakasem Rd., Hua Hin, Prachuab Khiri Khan 77110
电话: +66 32 511881
传真: +66 32 512422

Sofitel Central Hua Hin Resort

地址：1 Damnernkasem Rd., Hua Hin, Prachuab Khirikhan 77110

电话: +66 32 512021-38

传真: +66 32 511014

Springfield Village Spa

每个海滩的87个房间都可以饱览海洋全景。77套是豪华房间，分为豪华间、豪华大间、标准套房、豪华套房和家庭套房。每种房间都有单独的电话、个人控制的空调、电视、冰箱和电子保险箱等。每个阳台都可以看到令人惊叹的海景。房间价格5000泰铢/晚起。

地址：193 Moo 6 Phetchasakem Rd., Cha-am, Petchaburi 76120

电话: +66 32 593222

传真: +66 32 593260

www.springfieldresort.com

Wora Bura Resort & Spa

房价5800泰铢/晚起。

地址：83/199 Soi Moo Baan Nonggare, T.Nonggare, Hua Hin, Prachuap Khiri Khan, 77110

电话: +66 32 536999

传真: +66 32 536752

www.worabura.com

医疗

华欣医疗中心有很多，但如有严重问题建议还是到曼谷就诊。

Cha-am Hospital
电话: +66 32 471808

Hua Hin International Polyclinic
地址: Petchkasem Rd.
电话: +66 32 516424

Hua Hin Hospital
电话: +66 32 520401

Petcharat Hospital
电话: +66 32 417070-8

San Paulo Hospital(牙科治疗诊所)
地址: Petchkasem Rd.
电话: +66 32 532576-85

联系

固定电话，所有移动电话系统，高速上网业务（ADSL），邮政局和包裹服务在华欣都有提供。Petchkasem路和Damnerkasem路(76巷)可以找到很多旅游信息，非常接近火车站。这里还有英文的今日华欣报（Hua Hin Today）。

保持安全

这里有座国王的宫殿，因此华欣的安全措施非常完备，周围有很多警察。

旅游警察办事处　位于Damnoen Kasem路，正好位于海滩的主入口。电话：1155

华欣警察办事处　位于Damnoen Kasem路，CAT办事处和邮局对面。电话：+66 32 511027；紧急号码：191(警察),195(犯罪), 199(火警)

泰国国家旅游局办事处　成立于1960年，旨在促进泰国旅游业的发展。第一个办事处在清迈，目前在全国有22个地方办事处。

华欣入境事务办公室：+66 32 526556

离开

从华欣可以前往普吉岛、苏梅岛等南部岛屿。华欣是中途最佳的休息站。

春蓬 CHUMPHON

春 蓬 CHUMPHON

春蓬是位于泰国南部海岸线中央海湾的一座城市。如同素叻他尼一样，大多数人停留在这里只是为了过境到曼谷或泰国南部地区，包括泰国湾内的一些岛屿。

概况

春蓬位于泰国南部较上的位置，是通往泰国南部边境城镇的门户。春蓬220公里的海岸上有许多景色如画的海滩以及极具吸引力的岛屿，这里适合日光浴、游泳、帆船、滑翔、潜水和浮潜。春蓬仍然保留着自然的美丽，非常适合于那些希望在安静的自然环境中寻求放松的人。

历史上，春蓬也是暹罗的一个主要贸易中心。由于是边境城市，人们认为“春蓬”的名称源自“Chumnumphon”，“Chumnumphon”的意思是积聚武装力量，只要军队有任何动作，士兵就会聚集到这个府。人们认为“春蓬”名称起源的另一种说法是它源自当地的一种叫做“Maduea Chumphon”的植物，这种植物在这个地区随处可见。因此，这种植物自然而然地成为春蓬府的标志。

到达

乘飞机

安达曼航空每周星期一、星期三、星期五和星期天四次提供曼谷到春蓬的航班。

乘车

从曼谷出发选择Phutthamonthon-Nakhon，Pathom-Phetchaburi路线或Thonburi Pak Tho路线（35号高速公路），在Amphoe Pak Tho路段，换4号高速公路（Phetkasem），到达Pathom Phon交叉口，左转上4001高速公路进入春蓬城区，再行驶8公里即可到市中心。

乘火车

泰国国家铁路公司每天都有从曼谷的华南蓬火车站始发的特快列车前往春蓬。欲知详情请致电：1690、+66 2 2204334、+66 2 2204444；或致电春蓬火车站：+66 77 511103。Thonburi火车站（曼谷Noi站）每天都有普通和快速列车开往春蓬。欲知详情请致电：+66 2 4113102、+66 2 621 8701分机8285106，或登陆www.railway.co.th

乘巴士

公共巴士总站在城市中心以北，然而您会发现自己乘坐的许多列车停靠在位于城市西部的火车站。曼谷的南部巴士总站每天运营开往春蓬的空调巴士。欲知详情请致电：+66 2 4355605，+66 2 4351199。在春蓬，Chumphon-Sawi-Lang Suan线路的巴士每天06：00—18：00从春篷市场前面的Thanon Tha Taphao车站出发。欲知详情请致电：+66 77 502725、+66 77 511099 或登陆www.transport.co.th

游客可以在春蓬巴士总站的旧市场前乘坐出租车前往Lang Suan，Ranong 和Surat Thani。有些空调巴士由私营部门提供，如：

Chok Anant Tour Co.,Ltd.

电话：+66 2 4355027，+66 2 4357429
曼谷：+66 77 511480，+66 77 511757

Suwannathi Tour Co.,Ltd.

电话：+66 2 4355021，+66 2 4355030
曼谷：+66 77 511422，+66 77 501535

乘船

各种渡轮公司都运营前往春蓬的渡轮或进入到市中心的巴士服务。对于那些南部海岛，春蓬也许更加容易到达，另外您从春蓬到曼谷会比较方便。

游览

景点

春篷国家博物馆

博物馆在十字路口前的春蓬政府中心内。博物馆展示了春篷历史性文件，展品分为以下几部分：春篷历史；第二次世界大战时期的春篷；春篷的自然气候；春篷的历史图片和电影资料。博物馆，星期三到星期天09：00—16：00对公众开放，官方假期除外。外国游客门票 30 泰铢/人。

地址：Phetkasem，484公里路标处
电话：+66 77 504105/4246
www.thailandmuseum.com/

■ 春蓬森林公园（Khao Phang Forest Park）

园内有许多热带植物，前面是公园大门和春篷王子神殿，山顶陡峭的悬崖是欣赏春篷景色的最佳观景点。

地址：Amphoe Muang

■ 春蓬寺（Wat Chao Fa Sala Loi）

这座寺庙位于春蓬市政区约8公里的地方。这个寺庙曾居住着Luang Pho Song Chanthasaro，虽然这位著名的宗教导师已经去世将近100年，但他的遗体仍未干朽。春蓬府及附近省份的人民都非常尊崇他。

地址：Thung Wua Laen

■ 春蓬王子山（Prince Chumphon Monument）

王子山位于Hat Sai Ri 地区的山脚下。春篷王子是Rama V 国王的儿子，作为泰国现代海军的创始者，王子被认为是泰国海军之父，受到海军和人民的高度尊敬。他的照片被挂在许多人的家中。

■ 春蓬海湾（AoThung Makham）

风景优美的海湾地区由Thung Makham Nok和Thung Makham Nai 湾组成。可以分别沿4119号和4098号公路行驶27公里和31公里到Thung Makham Nok湾和Thung Makham Nai湾。他们是相邻的半圆海滩，由岩石隔开。南端的寺庙（Wat Suwan Khuha Khiri Wong）在椰子树的掩映下显得分外宁静。Wat Pong Pang寺庙面向大海，背后是超过80米高的悬崖。

■ 西立海滩（Hat Sai Ri）

西立海滩，此海滩距春篷大约20公里，风景旖旎，深受当地人喜爱。海滩广阔，沿海滩有许多旅店和餐厅，城市到海滩有巴士服务。

■ 西立山（Khao Chao Mueang）

此山沿海岸绵延2.5公里，紧挨着西立海滩。山顶有一个欣赏风景的亭子，从这里您可以远眺碧波荡漾的大海，更为壮观的是您可以看到那些隐藏在云雾中的泰国南部岛屿。

购物

水果

春蓬以盛产水果和咖啡著称。在春蓬（Paknam – Lang Suan公路）沿途上有各种各样的水果摊。受欢迎的水果有手指形状的香蕉、菠萝、榴莲、山竹、红毛丹及西瓜等。

新鲜咖啡豆

沿着Phetkasem路的加油站有售，价格便宜，值得购买。

海鲜

较著名的特产是辣椒酱、鱼露、牡蛎和鲶鱼。新鲜的海产品和腌制的海产品都有销售。

饮食

早市，从Pracha Uthit路一直到Poramin Manka路，您会看到熙熙攘攘的清晨市场，这里有卖咖喱的摊位，常常有轻型卡车在Pracha Uthit路外，车上堆满了如菠萝、红毛丹、榴莲等季节性水果。

昼夜市场，位于Thatapao路，由Farang酒吧右转，行进大概100米即到。这里有不错的午餐和水果让人选择。到了傍晚，当地人都来这里吃小吃和外卖。一些地方还有甜品，榴莲豆奶非常美味，您不妨来尝尝！

Krom Luang路的夜市（从火车站一直走，经过老式铁路机车，穿过交叉的十字路口即可见）有大量的当地食品可供选择。价格比其他市场便宜，而且也很有趣。季节性水果摊位都在右侧，尤其是美味的榴莲，50泰铢就能吃到饱。

Farang Bar，位于Thatapao路。提供西餐，价钱有一点昂贵。外国人常来这里品尝休闲食品。另外，那些隐藏在小街小巷的餐馆，大多数也非常不错。

住宿

Farang Bar

Farang Bar是一家简单的宾馆，房间价格在150～200泰铢/晚之间。房内有公用浴室。餐厅提供50泰铢330ml的啤酒、西餐以及泰餐。

地址：Thatapao 69/36

电话：+66 77 501003

Suda's Guesthouse

主人友好，有两张单人床、带风扇的双人房价格是250泰铢/晚，空调房间是350泰铢/晚。

地址：Thatapao 8

电话：+66 77 504366

Santavee New Rest House

家庭宾馆，主人热情好客，房间整洁、带有可爱的花园、提供自行车和摩托车租赁服务。宽敞的风扇房250泰铢/晚，其他的更便宜。

地址：Thatapao 4

电话：+66 77 502147

Suriwong Chumphon Hotel

看起来很干净的住宿地点，工作人员很年轻。风扇房260泰铢/晚起。
地址：125/30, Tumbon Thatapao, Amphoe Mueang

Suriya Hotel

廉价酒店，房间大，漂亮，亚洲式的卫生间，入住时可以得到一瓶免费的瓶装水。双人床单间190泰铢/晚，两张单人床的双人房280泰铢/晚（风扇）。

涛岛

涛岛，尽管是离岸的小岛，但是却因为美丽的沙滩和珊瑚礁而著名，从春篷乘快艇和驳船都很容易到达。

游客可以乘坐以下船只到达涛岛：

Tha Yang码头，游客可以租车从春篷到Tha Yang码头，大约7公里。从Tha Yang码头到涛岛的船每晚午夜出发，第二天06：00到达涛岛；回程船10：00从涛岛出发，15：00到达Tha Yang码头。电话：+66 77 553052-4

Songserm Rungrueang Co. Ltd.，船07：00从码头出发，10：00到达涛岛。回程15：00从涛岛出发，17：30到春篷。电话：+66 2 2807897，+66 77 456274

Ekkawin Tour，船只07：30从Tha Yang码头出发，09：30到达涛岛。回程10：30从涛岛出发，12：30到春篷。另外07：00从Ekkawin码头或Lom Lak码头出发的渡船，09：30到达涛岛，回程10：00从涛岛出发，15：00到达Ekkawin码头。

Military Youth Monument，从春篷出发，沿4119公路（Chumphon–Paknam）左边行驶5公里，纪念碑为了纪念第二次世界大战时对抗日本军队入侵的勇士。

Monthip Fish Park，从春篷出发，上4号公路，右拐到Ban Khun Krating，接着左拐到 Wat Tham Sing，右拐行驶一公里。此处为私人公园，鲜花遍地，前面有一片大池塘，里面有各种漂亮的鲤鱼游来游去。附近还有许多其他景点可供游览。

离开

Ao Thung Makham，这个地方被分为外Thung Makham湾及内Thung Makham湾。在海湾看起来像两个半圆线。Thung Makham湾内外分别距离春蓬市中心27公里和31公里。

Ko Samet，属于春蓬国家海洋公园群岛中的岛屿之一。岛屿位于Moo 1 Tambon Pak Nam，距离春蓬市8公里处。

Twinpalms Phuket

www.twinpalms-phuket.com

Add:106/46 Moo 3, Surin Beach Road, Cherng Talay, Phuket 83110, Thailand

普吉岛 PHUKET

普吉岛 PHUKET

普吉岛（ภูเก็ต），发音"Poo-get"，位于泰国南部，是泰国最大的海岛和第二大府，长48公里，宽21 公里。其西部面向安达曼海岸线，攀牙府南端架起的一座公路桥连接着大陆。

概况

普吉岛位于泰国曼谷以南的印度洋海岸线862公里水域处，环抱在温和的安达曼海之中。从前的普吉岛财富来源于锡和橡胶，有着悠久的历史。它曾是印度和中国的主要贸易航线之一，而且经常在外国商人的航海日志中提到。到了近代，普吉岛最大的收入来源是旅游业，这已使得其转变为泰国最富有的地区。普吉岛作为旅游目的地备受游客喜爱。大多数海滩在西海岸，普吉镇位于东南，机场在北边。

气候

普吉岛全年炎热潮湿。炎热的季节一般是在3月至5月上旬。夏季雨季则从5月持续到10月，上午和下午还阳光明媚，空气清新，但通常在晚上清澈的雨水就会开始从天而降。当地人认为11月到2月是“凉爽”的季节，这时的天气非常不错，可与佛罗里达州相媲美，温度在25～33℃之间。

文化

普吉岛是一个佛教徒、穆斯林、甚至海上吉普赛人的融合地。农村地区的大部分人口是穆斯林。省以外的城镇，民间说话带有厚重的方言，这种语言甚至让其他地方的泰国人也很难理解。过去10年普吉经济的蓬勃发展致使这里的年轻人生活得像曼谷一样。总而言之，市区内华裔泰国人的生活方式与曼谷人相似。

节日和活动

■ **普吉岛素食节**，是农历九月举行的盛事。据悉，素食节是神明会给遵守教规的信徒带来好运气的节日。在此期间，当地华人都严格遵守十天的素食来达到身心上的清净祥和。在中国寺庙祠堂还有一些表演，例如赤脚在热煤上行走，在刀梯的梯子上行走，这些做表演的信徒被称做“Ma Song”。www.phuketvegetarian.com/index_eg.htm

■ **Thao Thepkrasattri和Thao Sisunthon博览会**，每年3月13日举行，为了纪念曾率领Thalang人民抵抗缅甸侵略者的英雄。

■ **海鲜节**，每年5月左右举行，目的是宣传普吉美味的海鲜，以便在雨季吸引更多游客。活动包括：海洋巡游，海鲜档，区域美食和文化表演。

■ **普吉国王杯帆船赛**，在12月举行，由卡塔海滩度假村举办国际游艇比赛来争夺皇家奖杯。

■ **Phuket Raceweek**，在普吉东海岸附近举行为期4天的世界标准的专业级别帆船赛。www.phuketraceweek.com

■ **拉古娜岛铁人三项比赛**，在每年12月举行。铁人三项（1800米游泳，55公里自行车赛和12公里长跑）吸引了来自世界各地的世界级运动员。

■ **普吉岛旅游交易会**，从11月1日起，庆祝活动在芭通嘉年华举行。主要有丰富多彩的游行，体育活动，以及为外国游客举行的选美大赛。

■ **Chao Le（海上吉普赛人）划船节**，在每年阴历六月和十一月的中旬举行。在Rawai和Sapam的海上吉普赛人是13日举行庆典活动；在Ko Sire的是14日举行；Laem La（吉普桥南端的东部）是15日举行。与泰国的Loi Krathong节相同，庆典活动都是在小船上举行，在晚上举行的目的是为了赶走晦气带来好运。

■ **普吉国际游钓大赛**，每年的11月份会举办大型的钓鱼比赛，吸引了全世界的钓鱼爱好者。www.phuket-international-sportfishing-tournament.com

地域

普吉岛很少有城镇不在沙滩上。

普吉镇，该府的行政中心以及岛上的主要人口中心。拥有最便宜的住宿，但没有海滩。

查龙湾，位于东海岸，这里是普吉岛最受欢迎的游艇停泊地，是通往普吉周边海岛的主要门户。

海滩

普吉岛各主要海滩

芭通海滩，最大的海滩度假村，以其夜生活而著名

卡拉姆海滩（Kalim Beach），芭通北部的一系列小海滩

卡隆海滩（Karon Beach）和Karon Noi海滩，芭通之后第二大海滩

卡塔耶海滩（Kata Yai），繁忙、安静的旅游海滩，有不错的冲浪

卡塔诺伊海滩（Kata Noi Beach），比Kata Yai海滩更安静的姐妹海滩

拉古纳海滩（Bang Thao），漫长、宁静的海滩

Rawai，Mittraphap和Laem Ka，海滩上的食物很受当地人喜爱

Surin和Pansea海滩，刚刚崭露头角的高档旅游目的地

Ya Nui海滩，一个小海滩，很适合寻求安静的度假者
Cape Panwa，普吉岛水族馆的家园
Kamala海滩，芭通北部较为宁静的海滩
Laem Sing，小小的海湾却有着惊人的美景，位于Kamala海滩和Surin海滩之间
Mai Khao（Sai Kaeo），位于机场附近，非常安静
Nai Han和Ao Sen，位于南部的一个宁静的海滩，在Phromthep Cape景观附近
Nai Thon和 Nai Yang，是两个Sirinat国家公园安静的海滩

■ 普吉岛周边的岛屿

甲米和普吉岛之间有很多小海岛。以下小海岛有住宿设施：
Ko Yao群岛，两岛中途是甲米，有四个高档度假村。
Ko Racha（Ko Raya）群岛，由两个岛屿组成（Yai和Noi），这里很受浮潜者的喜爱，是一处休闲的潜水目的地。
Ko Bon，距Rawai 10分钟的路程，是一个进行浮潜一日游、令人放松的理想岛屿。
Ko Hae（珊瑚岛），从这里乘快艇到查龙湾仅需15分钟。
Ko Lon，以穆斯林为主的安静岛屿，岛上有几间平房。
Ko Mai Thon，华丽的小岛，岛上仅有一处可以住宿的地点（很昂贵）。
Ko Maphrao（椰子岛），位于普吉岛东海岸，渔村非常宁静。
Ko Sire（Ko Si Le），海上吉卜赛人的家园（Sea Gypsy colony），由围堤连接着大陆。

到达

乘飞机

普吉国际机场（IATA: HKT）（ICAO: VTSP）位于岛屿北部，是泰国第二大枢纽，仅次于曼谷。这里有非常频繁的航班来往于曼谷以及新加坡、吉隆坡、香港之间，旺季还有飞往欧洲和澳大利亚的包机航班。

国际航班

澳大利亚：V Australia和Jetstar运营直接来往于澳大利亚主要城市的直航航班。
马来西亚：亚航、飞萤航空和马来西亚航空公司有直飞吉隆坡的航班。
新加坡：SilkAir每周有32个航班。低廉的选择是Thai AirAsia和Tiger Airways。
德国：柏林航空有直飞柏林和慕尼黑的航班。
越南：亚航运营每天直飞胡志明市（西贡）的航班。
其他廉价的连接还包括香港、雅加达、澳门、首尔、棉兰和釜山。

包机

在旺季这里还有直飞欧洲和亚洲一些国家和地区的包机业务，其中包括瑞典、日本等，航空公司仅收取非常便宜的票价。

国内航班

一些国内的折扣航空公司也飞往这里，其中包括亚洲航空。如果当天从曼谷提前订购单程机票，费用不超过1000泰铢，或在2000泰铢左右（含税）。

曼谷的单程机票很便宜，您还可以得到世界闻名的泰航服务以及免费餐点，但不可改签或退票。

泰航（www.bangkokair.com）垄断从普吉岛到乌塔堡（芭堤雅/萨塔希普）和苏梅岛之间的直航。泰航每天有若干从曼谷的素万纳普机场飞往这里的航班，还有一班是来自清迈。（但相反的方向却没有直飞航班）。此外，泰航还出售往返于国内与世界各地，并把曼谷作为中转站的机票，这通常比订直飞机票更便宜（特别是国际航线）。

Destination Air Shuttle（www.bangkokair.com）提供从普吉岛到兰达岛、皮皮岛、甲米、Ranong, Trang和斯米兰群岛以及其他安达曼海岸线的热门目的地的水上飞机，但有些是季节性的。

机场交通

从机场到达目的地，有以下几种选择：

从机场出发的豪华出租车很贵，到芭通海滩要500～600泰铢，到普吉镇需要400泰铢。隐藏在机场后面的小棚车，相比之下比较便宜。虽然名字叫豪华车，但大部分是丰田凯美瑞，如果您够幸运的话您会打到一辆奔驰。

打表（黄色）出租车（当您离开机场大楼时，向右转，在尽头就可以看到）费用是300泰铢。您偶然可以碰到自由职业的出租车驾驶员，从机场到芭通会要您400泰铢。如果驾驶员高兴的话，您可以向他要电话号码以方便安排您的返程。同一个驾驶员载您从芭通到普吉镇只需要350～400泰铢。

小型公共汽车的费用约在150～250泰铢/位之间。每个旅行社都会为您提供多种返回机场的服务，您通常要为全部事宜支付100多泰铢。

城际间机场大巴（每天06：30—20：45运营，每60～90分钟一趟）到普吉镇公交站的费用为85泰铢。从这里到Ranong的当地公交运营到18：00左右，到各主要海滩的费用为25泰铢。往返于芭通和Kathu之间最好的中转站是Surakul体育场。下车后穿过马路等接下来的公交车。这个地点非常方便和舒适，没有招揽也没有欺诈，这里有足够的荫凉，也有卖甜点与饮料的小店。

www.airportbusphuket.com

离境税包含在机票里。机场分为1号和2号航站楼，有些低成本运营商用第二个，但这之间有几百米的距离。

乘火车

没有直达到普吉岛的火车。但从曼谷中心火车站开出的多条火车朝南到达新加坡。最舒服的是卧铺车（二等舱一个卧铺为685泰铢）。乘坐火车的旅行者要在素叻他尼府的Phun Phin火车站下车，然后再乘5小时的公交车到达普吉岛。在沙梅岛，当您看到公交车上有座位的时候您再去买票，如果车上没座位，您就等下一趟。更多信息可查看素叻他尼府网站。

乘公共汽车

乘坐BKS离开普吉岛的攀牙到达内陆地区，例如曼谷、春蓬、合艾、甲米、罗勇，沙敦和素叻他尼府。

从曼谷到达普吉岛最可靠的公交车是从南部公交站乘坐公共BKS巴士。旅程需要13小时，还有2家私人公交车公司。靠山路因偷窃事件时常发生而臭名在外，而且在素叻他尼府还要换乘小型公交车，所以要尽量避免。

从普吉岛到达您最终目的地有很多方式，例如可以乘坐摩托出租，嘟嘟车（Tuk-Tuk），打表出租车以及公交车。普吉镇的摩的为10～20泰铢，到达大部分海滩的费用为100～200泰铢（价格可议）。乘坐当地公交车去主要海滩的费用为15～30泰铢。在公交车站，有些嘟嘟车驾驶员会对刚到达的乘客说，公交车已经结束运营，即使事实并非如此。

如果您是徒步旅行者或背包客，想去芭通海滩的话就要到当地的公交车站坐车，需要20分钟。离开公交车站，在攀牙路右转，继续直行到Yaowarat左转。再走过几个楼梯，您就会看到一个转角，然后右转，您会看到Ranong路。再过100～200米，您会找到当地的公交车站。

在离开普吉岛车站时，可以在信息窗口拿一份免费普吉岛地图。地图是最有用的工具。

乘小汽车

公路桥（Thao Thepkasattri）把普吉岛和内陆地区连接起来。从曼谷，可以通过4号公路经过Nakhon Pathom, Prachuap Khiri Khan, Chumphon，然后又经过Ranong府的Kra Buri an、Kapoe区，攀牙府Takua Pa 和 Thai Muang区到达普吉岛。总共路程为862公里。

乘船

摆渡连接普吉镇的Rassada机场、皮皮岛和甲米，一天两趟，全程90分钟，单程为每人350泰铢，往返为650泰铢。一般情况下，乘船会很舒服，但在风大的天气会比较颠簸。

在顺风季节，到达Racha岛要2小时，斯米兰岛要3小时。在查龙湾，the Boot Lagoon, the Yacht Haven和 Royal Phuket Marina，可以使用小船和快艇。

您还可以选择通过豪华旅游船来参观普吉岛。（www.starcruises.com）

交通注意事项

普吉岛是最大的岛，您需要一些交通工具去游览。不幸的是公共交通比较有限，而出租车和嘟嘟车的要价有时会让您觉得非常荒谬（与泰国标准相比）。

酒店会提供普吉镇的公交服务，还有租车服务。在普吉主要海滩的各种商店都可以租到吉普车和摩托车。普吉镇里到处都是出租车。拨打电话+66 76 351347，+66 76 351349询问更多信息。

带婴儿的游客可以在当地租到婴儿设备，这可以免去在飞机上带像婴儿推车等一些婴儿设备的麻烦。普吉婴儿设施（www.phuketbabyrentals.com/english/）就是其中一家。

在城内，这里没有公共巴士，但是有小型公交车，只需告诉驾驶员您的目的地就可以。镇内乘坐的费用为20～30泰铢。

从城镇到海滩，在镇与旅游海滩之间有当地的公交车提供服务，Ranong路的市场晚上六点之前每半小时就会有一趟车。如果在晚上六点之后，您就必须打出租车了。公交的费用在25～35泰铢之间。

乘载客小货车或巴士

普吉的公共交通连接普吉镇与海滩，呈现为辐射状网络。有少量真正的公交车，大部分都是用货车改装后用来载客的。根据距离，费用一般在25～35泰铢之间，而且路程中没有设定好的站名，您可以随时随地上下车，当地公交服务运营截止时间是晚上六点左右。

去往主要海滩都会经过普吉镇公交站。主要线路连接到芭通、卡塔、卡隆、查龙湾、Rawai-Nai Han海滩、Panwa（水族馆）、Mai Khao和Surin-Kamala。只有少数的线路会在各沙滩间交叉，例如从Surin到芭通（出租车要15分钟）绕道路过普吉镇就需要花一个小时。

在您返回的路上，公交车一般不会在主要的大车站停，但会停在普吉镇中间的一些小公交站，有些嘟嘟车和出租车驾驶员会伺机抬高价格，游客一定要小心。

乘出租车

普吉岛有三种类型的出租车：小型面包车样式的叫嘟嘟车；一些传统轿式出租车（黄色和红色，上面有"TAXI-METER"的字样）；还有一些很难辩认的车辆作为非正式的出租车。

小型面包车通常会被称为嘟嘟车（虽然它们有四轮而不是三轮）。他们没有计价器，因此上车前一定要事先和驾驶员商量好价钱。镇内的短程费用不应该超过40泰铢，从芭通到普吉镇，费用不超过400泰铢。打表出租车相对来说是较好的选择，即舒服又安全，通常也要比嘟嘟车便宜。但是，这种出租车很难遇到，尤其是高峰时段，他们不打表而是要求一个统一价。您可以通过电话+66 76 232157来预订。

最后，许多海滩有少量的小棚子，上面有“出租车”标志，有时还有酒店提供非正式的快速交通工具，但价格较高。这些费用比嘟嘟车贵，一般费用会超过500泰铢，但比较舒适。

乘骑摩托出租车

也有摩托出租车，但您不能随便跳上别人的摩托车，摩的驾驶员一般穿亮色有数字的马甲，而且这通常也是最便宜的出行方式，但是这比嘟嘟车危险。显而易见，长途来看这既危险又不舒适，但如果您只是想在镇内游览一下，这还是一种不错的选择。

开车或骑自行车

租车或是租用摩托车来游览是种划算的方式，但是考虑到当地的开车习惯，还是要慎重考虑的。

由于该岛山路崎岖，再加上视野很差，普吉岛的事故发生率较高，受伤及死亡人数的统计数字也非常高。

首先要保守地驾驶，然后看当地人如何驾驶。当然，如果您习惯左侧驾驶，这对您非常有利，因为这有别于北美和欧洲的驾驶员。酒后驾车既危险也违法，尤其是在夜里酒后驾车更会增加事故发生的风险。

摩托车与小型摩托车的租赁价格一般为200泰铢/天左右，如果要租一周或更长的时间，会降到150泰铢/天。理论上头盔在驾驶中很重要，但在当地都被忽视，而不规范的骑车方式也会被警察处以300～500泰铢的税来以示警告。您必须随身带着驾驶证，要不然会被处以500泰铢的罚款。

如果您想租用丰田这种经济型车，租车的费用为1000～1200泰铢（不包括吉普车）。机场附近有几家租车公司。Avis位于机场内，Hertz, National and six在机场外，但都在走路可以到达的距离内（在路对面）。也可网上预订。

当地一些名誉较好的租车公司价格会便宜一点，这些公司名称如下：

Sutin Car Rentals（www.sutincarrentals.com）
Braun Car Rentals（www.braun-rentacar.com/）
Pure Car Rent（www.purecarrent.com）
Via Car Rentals（www.via-phuket.com）

您要小心检查所租车辆的保险，因为大多数当地公司会说其是全险，但事实上只是基础险。

乘船

对于少数岛来说，长尾船是一种好的方法。价格一般在每小时500泰铢或每天1800泰铢左右，但是可商议。

语言

普吉岛是来泰国旅客的首选之地，（基础的）英语可以使用，特别是在海滩区域。在普吉镇的非旅游区，说一点泰语会很实用的，而且也会换来微笑。

游览

普吉镇仍保留着一些中葡典型建筑，这表明该镇原来是重要的交易场所。

英雄纪念碑（Amphoe Thalang）

在普吉，Amphoe Thalang是为了纪念两位英雄，Thao Thepkasattri（Kunying Jan）和Thao Sisunthon（Mook），她们在1785年率领岛民击退缅甸入侵者。当时，普吉岛统治者刚逝世，其遗孀Thao Thepkasattri组织普吉岛人民反抗缅甸入侵。同时，她也在其妹妹的帮助下，集合了力量，然后巧妙地把当地妇女装扮成男兵，这样看上去增加了普吉的军力。在一个月的反攻下，缅甸人身心疲惫，失去信心然后撤退了。King Tama I 授予其皇室头衔Kunying Jan。

Thalang国家博物馆

这里靠近英雄纪念碑，在1985年，也就是Thalang战争200周年时建立了这个国家博物馆。博物馆陈列着古代普吉出土的生物标本，也有在与缅甸发生过战争的海边及矿区旁发现的人工制品。开放时间是08：30—16：30，票价为30泰铢。更多信息请致电+66 76 311426，+66 76 313397，+66 76 311206。
www.phuket-maps.com

Wat Phra Thong寺

这座寺庙坐落在Thalang区Thepkasattri路，离镇有２０公里。这是普吉历史悠久的地标，这座寺庙曾是1785年抵抗缅甸入侵时的堡垒。里面供奉三尊用锡做的最早最大的佛教神像。

帕泰奥野生动物保护及发展推广中心

它的主要职责是促进野生动物的发展。公园离市区22千米，占地22．28平方公里，保留着仅存的热带雨林，还有一些在快速发展的普吉已经灭绝的物种。这也是环境和雨林植物的研究中心。在此发现的白背棕榈树更是罕见品种。其中还栖息有无以数计的保护类鸟禽、野猪、麋鹿、熊和猿猴等，这里也是普吉最重要的水源。主要看点有：

通赛瀑布，这只是一个小瀑布，但在雨季时节水量非常丰富。树木，河流和池塘是普吉最可爱的景色，而且这里也具有整个公园最好的观赏视野。

Bang Pae 瀑布，这是景区的另一个瀑布，位于Tambon Pa Khlok。

动物保护区，可以参观Bang Pae瀑布，旁边还有长臂猿培育项目，在这里有西方志愿者以及泰国当地会说英语的工作人员带您参观。讲解是免费的，但请您买一个纪念品，支持长臂猿的发展。在普吉海边不要给被关起来的长臂猿拍照。

您可以体验到大自然的热情，保护区已经标出行走的路线。欲获得更多信息，请致电+66 76 31 1998。

白玉大佛

从前，官方称其为“Phra Puttamingmongkol Akenakkiri”，现在称为Mingmongkol佛像，但在普吉，大家都称其为白玉大佛。它位于Karon和Chalong之间的山顶，安详地保持思考状，俯视着查龙湾。此佛高45米，底座是25米宽的透明缅甸大理石。底座镶嵌着莲花叶，这代表着爱与幸福。这是世界上最大的白玉大佛，这里对于泰国人以及世界其他地区的游客来说都充满吸引力。旁边还有用22吨黄铜打造的12米高的小佛像。园区内有石头、花草等自然环境。来这里就是为了享受平静、休闲和思考的乐趣。

离岸岛屿

在普吉的南部和东部共有39个岛屿，岛上树林茂盛，怪石林立，渔业丰富。主要的港口有查龙湾和Rawai。

Ko Taphao Yai，是犀鸟的栖息地，从普吉东南海岸线的Makham湾渡口到这里需要10分钟。

Ko Rang Yai，在普吉的东海岸，已经发展为旅游冒险地。这里有各种活动，例如珊瑚礁上的浮潜、海上皮艇、山地自行车、小型高尔夫以及参观珍珠农场等。跟团客由旅行社安排。

Ko Nakha Noi，有非常好的沙地海滩，适于游泳，而且还有海鲜馆，最出名的是珍珠农场。游客可以租船，跟团游客由旅行社安排。

Ko Khai Nok，是个白沙覆盖的小岛，适合游泳和潜水。您可以从Si-Re岛的码头租船到达这里。

活动

水上运动

水肺潜水、潜水、体验潜水、驾艇旅游、水上摩托车和帆船运动都是岛上受欢迎的活动。大多数浮潜地点都是在远离岛屿的区域，但距离不算长，而且那里有很多迎合您口味的潜水店铺。关于激流、浮潜和潜水的安全信息要注意当地的信息提示。

帆船和游艇

普吉成为泰国及邻国帆船运动的中心。

这里会组织很多赛事和展览，如Six Senses Phuket Raceweek（www.phuketraceweek.com），国王杯帆船比赛（www.kingscup.com），攀牙湾帆船比赛（www.bayregatta.com），普吉帆船展（PIMEX）（www.phuketboatshow.com）等，这里还是2个帆船俱乐部——Ao Chalong帆船俱乐部（ACYC）（www.acyc-phuket.com）和普吉帆船俱乐部（PYC）（www.phuketyachtclub.info）的所在地。码头位于岛的东边，这里能发现攀牙湾的自然奇迹。泰国岛屿轮船游行（www.island-cruises.org）安排一系列双体船，这些游行一般都在查龙湾。

泰国向风岛帆船租赁（www.windward-islands.net），世界较大的帆船租赁公司之一，它可以满足各种需求，无论是泰国普吉和东南亚的游艇租赁，还是豪华帆船租赁。此公司在世界各地都有分公司（英国、美国、迪拜、德国、意大利、法国、西班牙和瑞士等）。

潜水

普吉岛有一些不错的潜水地点，还有泰国最大的潜水中心，礁石附近都是彩色的珊瑚礁，海底生物种类丰富。大多数潜水地点适合各种潜水者，但有些地方水较深，请初学者注意。

普吉最著名的潜水地方是Racha Yai，有形态各异的岩石以及色彩丰富的珊瑚礁。在Ter湾25～35米深处还有只沉船。Racha Yai南部的Racha Noi，对于有经验的潜水者来说是天堂，这里深度够深，水流够急。整体地貌都是巨型花岗石，这与Racha Yai不同，相比来说，在Racha Noi潜水更具挑战性。

普吉岛的外围是石灰岩岛，海底可以看到各种鱼类，有豹鲨、海鳗、章鱼和乌龟等。更远一些就是甲米府的皮皮岛，在普吉岛的东部，需要2小时到达；攀牙府的斯米兰岛，在普吉西北方向，距离为110千米；Raya岛在普吉的南部，1～3小时就能到达，这取决于所乘船只的类型。每年十月中旬到次年五月，海水平静，雨水丰富，再加上普吉海水清澈、温暖，这时候潜水会给潜水者一种特殊的体验。

潜水运营商

Kon-Tiki普吉潜水和浮潜中心，具有三十年为全世界潜水者及浮潜者提供各种服务的经验，是五星级的国际专业潜水教练协会和GoEco运营商。提供到皮皮岛，Racha岛和Similan岛的每日潜水和浮潜旅游。
www.kontiki-thailand.com

亚洲潜水，普吉第一家五星级的国际专业潜水教练协会，提供一系列的潜水服务：斯米兰/Surin国家公园的住船式潜水、到普吉当地潜水中心的一日游、国际专业潜水教练协会的潜水课程和IDC。
www.diveasia.com

MV Philkade，提供斯米兰、Surin、皮皮岛和 Hin Daeng的豪华包船式潜水服务，可以到普吉所有潜水地并且训练初学者达到PADI国际水平。
www.philkade.com

日出潜水者，是专注于包船式潜水的五星PADI潜水基地。
www.sunrise-divers.com

Just Dive It，把全世界的潜水及帆船运动带到斯米兰和Surin国家公园。
www.justdiveit.com

MV Atitara，提供豪华MV Atitara带您到普吉当地主要的潜水地，同时也提供PADI潜水训练来满足您的潜水需求。
www.atitara.com

ALOHA，提供浮潜租赁设备，为不同年龄层及不同能力者提供不同的SNUBA潜水课程。
www.phuket-diver.com

斯米兰潜水，到斯米兰岛和Surin岛的包船潜水旅行。
wickeddiving.com

泰国潜水，泰国普吉芭通海滩。电话：+66 76 292052
www.thailand-divers.com

泰国Tec潜水,在泰国普吉。
www.thailand-tec-divers.com

浮潜

在普吉附近受庇护的海湾很美，特别是芭通、卡隆和卡塔海滩那些触手可及的礁石。在岛上的各家店都可以租到脚蹼，面罩和水下通气管，这些设备以日租见常。有些普吉附近岛屿提供半日或一日游服务，其中最热门的岛屿像珊瑚岛、Racha Yai（Raya 岛）、Khai 岛、皮皮岛。对大多数游客来说，乘坐快速游艇比较便宜，因为一船可以坐下65人。在签约任何行程前都要仔细阅读。

泰国ALOHA SNUBA提供普吉到皮皮，Racha Yai，珊瑚岛和Khai岛的浮潜一日游服务，对于高级旅游团来说比较便宜。
www.snubathailand.com/phuket-snorkel-tours.html

珊瑚探寻者，可以租赁豪华快速舰艇。
www.coralseekers.com

游泳

全年都可以享受游泳的乐趣，但是在雨季风暴时游泳非常危险，注意一下附近的标语和旗帜说明，看条件是否适合游泳，如果旗子是红色的，那么千万不要游泳。

滑浪风帆

四月到九月，您可以在普吉西边的海滩附近冲浪。在主要海滩，您可以进行海上风帆运动，风帆冲浪板只按小时，半天，全天或一周来租赁，但是不收学费。

深海钓鱼

每天都有早上出发，下午回来的短游，一般都是去小岛钓红鲷鱼，香蕉鱼以及进行其他的鱼类游戏。

海上独木舟

有几种形式的生态游，例如：比较流行的一日游；在岛屿沙滩周围的郊游；而在遍布红树林湿地和岛屿石窟的攀牙湾和甲米府，只有独木舟才能通过。

高尔夫球

高尔夫球，也可参考普吉岛海滩和周边海岛的高尔夫部分。

普吉的高尔夫课程都具有国际标准。只有普吉才能提供这种既有挑战又能观赏秀丽风景的课程。可以通过普吉高尔夫预订机构获得场地费打折服务。卡伦海滩也有迷你高尔夫课程。

Blue Canyon Country Club，http://www.bluecanyonclub.com

Laguna Phuket Golf Club，http://www.lagunaphuket.com/leisure-and-tours/golf

Loch Palm Golf club Phuket，http://www.lochpalm.com

Mission Hills Golf Resort and spa，http://www.missionhillsphuket.com

Phuket Country Club，http://www.phuketcountryclub.com

Thai Muang Beach Golf and Marina，http://www.thaimuanggolfcourse.com

泰拳训练

Rawai Muay Thai Camp，http://www.rawaimuaythai.com
Tiger Muay Thai & MMA，http://www.tigermuaythai.com
Suwit Muay Thai Training Camp，http://www.bestmuaythai.com

其他运动

山地自行车——许多人都很享受山地自行车。Khao Phra Thaeo野生动物园为徒步远行者提供较好的自然环境。每年十月，当树林里开满鲜花时是徒步远行的最佳时机。公园还为徒步远足者标记出了一条远足路线。其他体育活动和游戏在芭通都可以玩，像卡丁车，蹦极和彩弹。

■ Patong Go-Kart Speedway

地址：118/5 Vichitsongkram Rd. Moo.7 Kathu Phuket
电话：+66 76 321949
www.gokartthailand.com

■ Suwit Boxing Training Camp

地址：15 Moo 1 , Choa Fa Rd , T. Chalong , A. Muang , Phuket
电话：+66 81 7376072，+66 76 374313
www.bestmuaythai.com

■ Phuket Muay Thai Fight Gear

地址：82/5 Moo 4, Patak, Phuket
电话：+66 76 284090
www.phuketmuaythai.com

■ Rawai Muay Thai Camp

地址：43/42 Moo 7 Soi Sai Yuan 1 Rawai
电话：+66 81 4769377
www.rawaimuaythai.com

■ Jungle Bungy Jump

地址：61/3 Wichitsongkram, Kathu, Phuket 83120, Thailand
电话：+66 76 321351
www.phuketbungy.com

■ Phuket ATV Park

地址：102/21-22 Moo 5 Rassada, Muang
电话：+66 76 261513-4
www.atvphuket.com

Spas

普吉岛已成为一个水疗和健康疗养的中心。岛屿附近建成了几个世界级的疗养胜地，岛上的顶级度假地都在扩张或开发自己的内部SPA服务，致力于为许多人提供一个东西合壁的环境。与西方相同的服务和豪华标准相比，这里价格更低。

您可以享受泰式传统按摩，只需250 ~ 300泰铢；也可以尽情享受精心护理的水疗，费用高达7000泰铢。这里有适合各种口味和预算的服务。基础设施和一般的小店差不多，有一排椅子和沙发，这些设施用于给客人做按摩和脸部护理，也有提供五星级酒店的全套服务项目，这一系列的服务都在高雅的座椅上进行。酒店外的主要SPA中心包括：

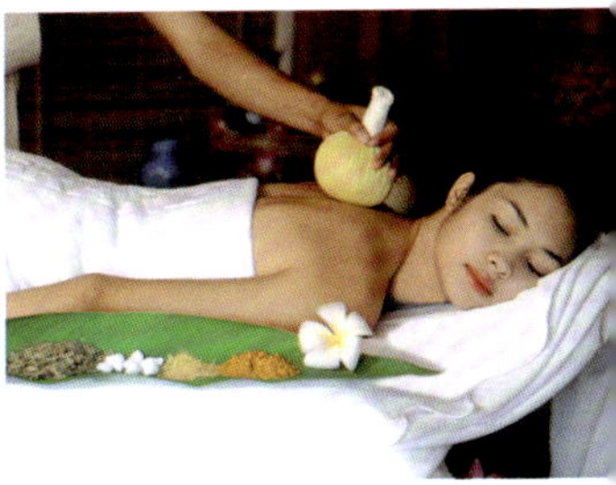

Streamer Spa at Pacific Club Resort

提供多种服务，价格合理。
电话：+66 76 398350
www.pacific-club-phuket.com

Bowrea-Khaokhad

电话：+66 77 230414-5，+66 77 422327
www.panwagarden-spa.com

Cher Aim Spa Village

地址：16 Wichitsongkram Road, Wichit, Muang, Phuket 83000, Thailand
电话：+66 76 249670-5
传真：+66 76 249676
www.cheraimspavillage.com

Sukko Cultural Spa & Wellness

地址：5/10 Moo 3, Tumbon Vichit, Amphur Muang, Phuket, Thailand 83000
电话：+66 76 263222
传真：+66 76 264533
www.sukkospa.com

Tarn Tara Spa & Health Cuisine Phuket

地址：58/11 Chao Fa road. Chalong Phuket 83130 Thailand
电话：+66 76 521746，+66 76 521747
传真：+66 76 367317
www.tarntaraspa.com

■ Thai Privilege Spa

地址：Vichit,74-75 Moo 5 Central Festival Phuket 3
电话：+66 76 209009-12
传真：+66 76 209012
www.thaiprivilegespa.com

文化表演及娱乐活动

普吉幻多奇，是岛上最大规模的娱乐活动，具有好莱坞的规模，是拉斯维加斯类型的娱乐活动。印象深刻的杂技表演，迷幻的灯光，惊险的动作设计以及动物表演的舞蹈，把人们带到历史的神话世界。嘉年华村里有嘉年华、游戏、手工品还有泰国本地及世界风味的最大自助餐。更多信息，请致电：+66 76 385111；传真：+66 76 385222 。
www.phuket-fantasea.com

大象宫，是一座具有传统声学特点的现代剧院。剧院可以容纳3000人，这是用素可泰世纪的石头重建的石宫，里面有有趣的大象雕像。游客非常喜欢这座把文化和幻想结合起来的石宫以及里面神奇的大象雕塑。

“幻想王国”文化主题表演，是由国际专家及当地专家共同打造的具有拉斯维加斯风格的剧院，这个剧院的表演把文化与幻想结合起来。九大主题是：泰国文化、神奇的幻想、四维功能、空中表演、杂技、室内烟花、特异功能、大象马戏和特技。表演时间为21：00—22：15，建议您提前预定。

嘉年华村，这里是购物天堂。出售的货物包括：丝绸、皮革、手工艺品、陶瓷、珠宝及纪念品等。购物者还能欣赏到传统的手工艺品以及享受嘉年华游行、街头表演还有骑大象表演。公园开放时间为17：30—23：30。

人妖歌舞表演，在西方任何一个女主角都无法与其相比，许多时装模特也对人妖表演嫉妒得眼红。这是个非常有名的旅游景点，在芭通外的山上，聚集了很多观众来观看这充满异域风格、热辣和异装癖的人妖表演。表演时间是19：30—21：30。电话：+66 76 342011-5，+66 76 342114-6 。
www.phuket-simoncabaret.com

文化交流与学习

学做泰国菜，提供泰式按摩课程、瑜伽教程。

Pat’s Home

地址：26/4 Kwang Road, Phuket 83000 Thailand

电话：+66 76 263366

www.phuketdir.com/patscooking；

www.phuketindex.com/pathomethaicookingschool

Phuket Thai Cookery School

地址：39/4 Thepatan Rd, Rasada, Muang

电话：+66 76 252354-5

www.phuket-thaicookeryschool.com

Kangsadaan Land and House Park

地址：Chaofa 79/201 Moo 7

电话：+66 89 6511064

www.kangsadaan.com

Mom Tri’s Boathouse

电话：+66 76 330015-7

www.boathousephuket.com

Sukko Cultural Spa

开设泰国烹饪班，泰式按摩课，瑜伽，

地址：5/10 Moo 3，Tumbon Vichit, Amphur Muang, Phuket, Thailand 83000

电话：+66 76 263222

www.sukkospa.com/activities.htm

鲁纳冥想和瑜伽中心

在芭通和卡马拉之间的Nakathani村，每日提供佛学讲座、禅修指导还有瑜珈班，既可随到随学也可长期学习。

www.meditate-thailand.com

购物

吉普有丰富的珍珠、乌银饰品、锡合金装饰品和美味海鲜等。在Ratsada、Phang-nga、Montri、Yaowarat、普吉镇的Tilok-U-thit路、Patong、Kata、Karon和Rawai北部的Thepkasattri路等，都有专门卖纪念品的店。

普吉最大的海滩上挤满了招徕客人的小裁缝，虽然价格便宜，但质量令人堪忧，例如，24小时内做好的套装在您拿去第一次干洗的时候不是粘在一起就是变成破片。所以您要带着自己选购的布料（在普吉镇的Thalang路可以买到），而且要坚持复杂的工艺，最后还要认真检查做工。

普吉有两个大的购物中心：一个是在普吉镇西南边的假日购物中心；另一个是在芭通的Jungceylon。

Central Festival Phuket

是一家大型百货公司和购物中心
营业时间：11：00—22：00
地址：Wichit Songkhram 74-75
电话：+66 76 291111
www.cnetral.co.th

Big C

是一家折扣和食品商店
营业时间：10：00—23：00
地址：Vichit Chalermprakiat 72 Moo 5
电话：+66 76 249444
www.bigc.co.th/th

Lotus（特易购易初莲花超市）

一个打折出口食品商店
营业时间：10：00—23：00
地址：Chalermprakiet 104 Moo 5
电话：+66 76 254888

Robinsons

出售品牌商品和优质的产品
营业时间：11：00—22：00
地址：Taladyai Tilok-U-Thit 1-36
电话：+66 76 256500

■ Jim Thompson（专营店）

地址：Vichit Chaofa 90/5

电话：+66 76 264468-9

www.jimthompson.com/index.asp

■ 其他

Makro（万客隆），是普吉岛的批发超市。

Plaza Surin，是海滩旁的各种时装店。

Canal Village Laguna，电话：+66 76 270957。出售手工艺制作股东和设计师设计的服装。

Ocean Plaza Bangla Patong，位于Bangla路，是一家小百货商店。

Index Living Mall，大型购物中心，大型家具超市。

饮食

普吉的食物来自于世界各地，特别是芭通海滩，许多外国游客建立了自己的小店来满足自己同胞的口味。当然，泰国人最喜欢的还是海鲜，详细信息请参考海滩和岛屿的具体介绍。

普吉特色的餐前点心与厨艺包括：

炒面，通常是用猪肉或鸡肉炒，在许多当地面馆都有，例如Mi Ton Pho, Mi Sapam, Mi Ao Ke, Mi Hun Pa Chang等。Khanom Jin是一种作为早餐的面食，通常搭配咖喱酱和新鲜蔬菜。Nam Phrik Kung Siap，干辣椒配着烤虾以及各种新鲜蔬菜吃，相当可口。普吉一年四季都种植着腰果和菠萝，腰果可炒、可炸、可涂抹用。普吉凤梨最可口，又甜又脆。

酒吧

普吉的夜生活很丰富，仅次于泰国芭堤雅海滨胜地。芭通海滩是比较热闹的地方，除去那些跳舞的酒吧还有很多其他的夜总会、舞厅和俱乐部。

住宿

各种规模和分类的酒店房间、公寓式（所谓的“豪宅”）、住宿式小旅馆等设施完善。在旅游旺季（11～5月），空调房的费用在500泰铢以下，2～3间卧室的套房在每月7000～10000泰铢之间。想找合算的住宿，最好的方法是单独商议。此外，豪华别墅的租赁也根据季节、位置和规模不同而费用从每晚US$300～1200不等，长期住宿或包月会有更大折扣。

交流

全国电视，有线电视，本地有线电视频道，都可以在普吉岛，特别是在旅游景点收看到。国际报纸和杂志也可在市中心和旅游景点买到，还可以通过普吉当地的一些英文电台了解最近发生的事件。www.phuketfmradio.com

普吉岛上提供固定电话、卫星电话、移动电话系统、高速上网业务（ADSL）、邮政局和包裹服务。

手机在泰国旅游的时候可以使用您的个人手机也可以使用当地的SIM卡。www.thailandsim.com 。

裸体在泰国虽不是违法的，但却相当遭人反感，因此在海滩上裸体非常不雅。您最好入乡随俗。请看普吉镇和单独海滩岛屿介绍的文章。

安全问题

特别是在夏季雨季时节，海滩的水流很强，很多人溺水的新闻屡见不鲜。在2009年6月有四个游客在为期三天的拓展活动中死去。所以要密切关注一些海滩附近的警示旗。

世界上任何地区都有犯罪现象，普吉也不例外，所以您要时刻警惕那些看起来对您很友好，邀您去赌博（非法的）和做一些非常规事情的人，一定要小心。Katoeys（Ladyboys）是臭名昭著的扒手，尤其是您在旅游区附近散步的时候，一定要小心。抢劫也是时有发生的状况。要坚持走大道，避免走一些小路。

1155这个号码可以联系到旅游警察，他们可以使用英语进行基本对话，所以有问题的时候要联系他们。泰国警察很少说英语，而且即使是当地人的错，他们也会向着当地人，因此这个时候如果和泰国警察发生了口角，要联系旅游警察。

自来水是不适合饮用的，而密封在瓶中的饮料通常可以放心饮用。要注意一些酒店和酒吧，这些地方常用未处理或不安全的水做成冰块放到饮品中。因此，除非在酒店有明确的安全标识，否则您不要喝自来水或用它来刷牙。

医疗设施

医院

曼谷医院普吉分院，电话：1719，+66 76 354062
教会医院，电话：+66 76 237220-26；紧急呼叫：+66 76 237227
Patong-Kathu医院，电话：+66 76 342633-4；紧急呼叫：+66 76 340444
普吉国际医院，电话：+66 76 249400

医疗中心

安达曼医疗中心，芭通海滩。注意：定价过高（基本的伤口包扎敷药约是甲米医院价格的10倍）。

联络

海外运营商/电话目录查询100
泰国国家旅游局普吉岛办事处，+66 76 212213，+66 76 211036
潜水医学中心，1719
急救医疗服务，1669
普吉旅游警察，+66 76 254693，+66 76 214368或1155
海警，+66 76 211883，+66 76 215438
普吉省办公室，+66 76 211366
普吉移民办公室，+66 76 212108，+66 76 221905

离开

皮皮岛，乘船1.5小时，这里常是电影中海滩的拍摄背景地，美得令人惊叹。

兰达岛，3.5小时的轮渡，是另一处受欢迎的岛屿。

甲米府，当您游览Ao Nang 和Rai Leh附近的海滩时，您会来到这个地方。

攀牙府，2小时路程，这个海湾因惊险而闻名，也包括著名的007岛。

莱雷湾，2.5小时的轮渡，过了皮皮岛就是著名的国际攀岩点

斯米兰群岛，国家公园由9个天堂般的小岛屿组成。广受欢迎的原因之一是难以置信的水下景色。潜水时通常从Tap Lamu出发，Khao Lak附近最为热门。

普吉镇

概况

普吉镇是普吉岛省最大的城镇。它拥有6.3万人口，是该岛的经济枢纽，但它几乎没有一个主要的旅游景点，不过唐人街地区值得一看，还有一些泰式风格的购物中心。总的来说，住宿和食品价格，与附近的海滩相比还是很便宜，而且也很安静。

到达

在普吉岛周围有公交车和载客小货车（songthaews）把普吉镇和主要海滩连接起来，从Ranong市场的Thanon Ranong发车。最受欢迎的服务是到芭通海滩的路线（35泰铢，45分钟），从07:00—18:00，每半小时一趟车。到其他海滩的费用从15～30泰铢不等。如果您错过最后一般公交车，那么您就得乘坐出租车，根据您的议价水平，费用会在200～400泰铢之间。

普吉国际机场位于普吉镇北部30公里处，乘出租车需要30分钟（100泰铢），乘小巴需要45分钟（500泰铢），如果在公交总站乘坐政府大巴的话需要1小时（85泰铢）。

如果徒步旅游的话，普吉镇相对显得有点大。这里几乎没有任何公共交通，但是摩托车和四轮嘟嘟车随处可见。

游览

普吉镇毫不招摇的魅力景点大多关乎其位于Thanon Thalang西北面的唐人街，丰富多彩的中国历史及中国文物让人留恋忘返。

老普吉，19世纪初，普吉锡矿开采盛行的时期，修建了许多优雅的大厦和商店，至今保存完整。这个地区的建筑风格是典型的中葡式并带有强烈的地中海风情。商店对街的门脸比较小，但后面延伸很长。大多数都有中国雕花的木门，特别是在Dibuk路上。

有着相似结构的Phang-nga, Yaowarat, Thalang和Krabi的街道构成了所谓的“旧普吉岛”，在这一区域步行既舒适又愉悦。一些值得一看的具有老欧洲建筑风格的建筑有会馆、普吉法院大楼和Siam城市银行等。

Jui Tui和普觉寺，位于Thanon Ranong和Soi Phuthon之间的角落里（正好在Ranong巴士总站的西边）。普觉寺是普吉最古老的中式道教寺庙，在200年前为观音（Kwun Im）寺庙。旁边联接着Jui Tui的附属建筑则更大更具现代化风格。

如果您有困惑的问题，您可以在圣坛前扔两枚芒果型的红片来求解，如果两枚是同一面，那么答案是“否”；如果两枚不同面，则答案为“是”。不需门票，但欢迎捐献。

Wat Mongkol Nimit, Thanon Dibuk，一个经典的泰式寺庙，以屋顶和彩色玻璃瓦片著称。普吉文化博物馆，在皇家大学，这里内容十分丰富，通过图片可以感受到普吉的历史，免费。

Khao Rang，在这里可以欣赏到岛的南部以及一些离岸小岛，特别是在普吉镇西北边的Khao Rang山顶，视角更佳。也有一些该市特有的风味餐厅和为健身者准备的健康公园，广阔的草地上有一座的Phraya Ratsada Nupradit铜像，是拉玛五世时的统治者。

Saphan Hin，土地复垦项目提供了足够大的土地在普吉路近海的Saphan Hin建立公园及公共设施。圆的锡矿开采纪念碑，像一个大钻头，是为了纪念船长Edward Thomas Miles，他在1909年第一次将锡矿开采技术带到普吉。这是在1969年，锡开采60周年的时候建立的。公园里还有一个运动中心。

普吉蝴蝶农场，离普吉镇有３千米远的距离，途经Yaowarat路，在Sam Kong的交叉口处。里面有很多迷人的热带生物，像蝴蝶、昆虫等，还有一些海洋生物都在自然的环境下生长。开放时间为09：00—17：00，成人票为300泰铢，儿童票为１５０泰铢。电话：+66 76 210861，传真： +66 76 523609。

普吉文化中心，位于 Thepkrasattri路的普吉皇家大学区域。通过房屋、生活方式以及Thalang的古代工具等历史作品来感受其文化。中心开放时间为08：30—16：30，免费进入。如果团队游客需要导游，可以致信普吉文化中心，地址是21 Thepkrasattri Road, Tambon Ratsada, Amphoe Mueang Phuket, Phuket，或打电话，+66 76 240474-6， 分机，148，+66 76 211959， +66 76 222370，传真：+66 76 211778。

泰国村和兰花农场，位于Thepkasattri路，离普吉镇3公里处。这里提供南部特有的泰式午餐，午餐后会有一场壮观的表演，包括泰式舞蹈，泰拳以及大象表演等，也会展示一些手工艺品。餐厅的建造比较复杂，由2000多种不同的兰花和热带树木装饰。聆听泰式传统乐器弹奏的古典民乐有利于人体消化。每天的开放时间为09：00—21：00。文化表演在每天13：00—17：30，成人票为650泰铢，儿童票为330泰铢。欲知更多信息，请致电+66 76 214860，+66 76 237400。

普吉动物园，位于去往查龙湾的途中，动物园里有很多亚洲和美洲的哺乳动物及鸟类。每天都有大象和鳄鱼表演。动物园的开放时间为08：30—18：00，成人票为500泰铢，儿童票为300泰铢。欲知更多详情，请致电+66 76 374430，+66 76 374424。

购物

游客来到普吉镇的首选原因应该是购物。很多购物中心以及百货商店，还有中国城的Thanon Thalang都给游客提供大量购物机会，包括精品、在画廊零售的手工艺品以及当地的古董。普吉的夜市很大，您可以买到许多当地的东西，但在超市Big C中您会发现那里价格更便宜。

市场

Ranong 市场，Thanon Ranong，是当地最大的市场。每个摊位都可以卖任何东西，您可能觉得很热，很挤，也很嘈杂，但对于第一次到这里的游客来说，也是一种特别的经历。周末市场有众多摊位，出售便宜的泰国纪念品。

购物中心

Ocean and Robinsons，两家相邻，都在Tilok Uthit 1路上。Robinsons是一家大百货商场，里面有顶级超市，还有麦当劳和肯德基等。

Central Festival，Thanon Chaloem Phra Kiat，泰国百货连锁店普吉分店，里面出售各种商品，商场内部有空调，逛起来十分凉爽舒适。这里价格比海滩上小摊贩的价格还便宜。

Super Cheap，是普吉最大最便宜的购物中心，在地下市场和沃尔玛之间，是一个当地的市场，出售各种商品，从杂货店的小商品到摩托车，汽车及电子产品。最好晚上去那里，在附近的泰式餐厅吃个晚餐（全部吃完费用为69泰铢，如果盘里剩下东西要付100泰铢），然后到当地的市场去。Super Cheap位于去机场的路上，离普吉镇中心有5公里远，在Esso后面，一直营业到深夜。

饮食

Super Cheap

在Super Cheap，您可以吃所有的食物，但不要浪费食物，不然您的费用会加倍。这并不是个玩笑，这有利于让客人吃其喜欢的食物而不浪费食物。如果您点了一杯加冰的水，那么冰块是需要额外收费的。
电话：+66 76 393124。

China Inn Cafe & Restaurant

在老普吉镇美丽的中葡风情建筑里进餐，充满了浪漫的气息。这里供应泰餐和欧式餐点。营业时间为周一到周三的11：00—18：00，周四到周六的11：00—23：00。周日不营业。
地址：T.Talad Yai，Thalang路20号。

Circle Café

在Ranong圈，Rasada和Yaowarat之间，营业时间：08：00—21：00。在普吉，这里的咖啡最好，除此之外，还有泰式美食和世界各地的美食。年轻友好的店主会给您很好的建议，让您在普吉游玩得物有所值。
电话：+66 76 221458。

Farang Restaurant

接近Index（Chaloem Kiat路），主营意大利和泰国美食。
电话：+66 86 9463142

Fuji Japanese Restaurant

是一家精美的日餐厅，食物价格合理。
地址：Central Festival Phuket 3层
电话：+66 76 249861-2

Mai Pai Restaurant

提供泰国和欧洲美食，员工非常友好，餐厅营业时间在07：00—02：00，同时还出租摩托车。

地址：168/1-2A (The Books & Imperial酒店对面)
电话：+66 89 6455359
www.phuket-town.com/maipai/index.htm

Siam Bakery

是法国人经营的面包糕点房，有意大利面和各种饮品，环境幽雅。
地址：13 Thanon Yaowaraj (拉廊北部交通圈)。

酒吧

China House

店铺在一条艺术画廊里，这里有中国茶和其他饮料，您可以在这里细细品味茶的幽香和享受环境的优雅，饮料价格在50～100泰铢之间。
地址：43 Thanon Yaowaraj。

Coffee Max

位于Thanon Ranong和 Thanon Yaowarat的交叉口。这些小咖啡店，氛围友好，提供冷、热咖啡，还有茶饮料以及各种糕点。提供免费的Wi-Fi服务。

Michael's Bar

店主是英国人，这里氛围友好、低调，而且价格合理。可以免费使用Wi-Fi无线网，店里也配有供客人使用的个人电脑，前20分钟免费。
地址：Takua-Pa 12

Smile Café

是在Thanon Montri 和Thanon Phang-Nga附近新开的一家咖啡店。店主是一对友好的泰国夫妻，他们会为您做一大杯冰咖啡或绿茶。

住宿

低预算

All Seasons Naiharn Hotels

以前的Sabana度假村，酒店位于离平静的海滩几米外的郁郁郁葱葱的山上。从上面您可以欣赏到现代普吉岛的宁静。酒店低层复合建筑开拓了全景，种有椰树，给人带来一种乡土的感觉。

地址：Naiharn 14/53 Moo 1

Ban Raya Resort and Spa

Ban Raya是Racha Yai岛的度假胜地，距泰国西南海岸线的普吉岛有12海里。从度假胜地到适合浮潜和潜水的海滩要走2分钟，到主要海滩船泊处要走20分钟。

地址：Tumbol Rassada 7/26 Moo 3

On On Hotel

位于镇中心，是中葡风格建筑，充满了古旧的气息。它有一个小旅行社、洗衣店和咖啡厅。这个海滩曾出现在电影镜头中，共38间房。这是岛上最便宜的食宿地点。价格在180～400泰铢/晚之间。最便宜的房间有共用浴室。

地址：攀牙19

电话：+66 76 211154

Ban Nai Inn

位于长途客运站的后面（经常有摩的驾驶员经过）。房间是普通间，但价格便宜，里面有冰箱、空调、独立洗浴间和有锁的抽屉、衣柜。这里的服务员能说少量英语，这是泰国游客非常喜欢的地方。

地址：Luang Poh Cham 22/98, 1 A

电话：+66 76 214907-9

传真：+66 76 232276

Crystal Guest House

共26个房间，价格在 250～450泰铢/晚之间。

地址：Montri 41/16

电话：+66 76 222774-5，+66 76 226245

Damrong

有45间房，价格在180～280泰铢/晚之间。

地址：Luang Pho 52

电话：+66 76 211704

Down Town Inn

有24间房，价格在250～450泰铢/晚之间。

地址：Ranong 56/19

电话：+66 76 216884-5

中预算

Imperial Hotel

共48间房，价格在650～750泰铢/晚之间。

地址：51 Phuket

电话：+66 76 212311

Phuket Island View Hotel

酒店位于未受污染的卡隆海滩，面对安达曼海，坐落于一个热带园林里，夜晚漫走就可走到卡隆和卡塔中央的购物中心。

地址：卡隆海滩卡隆路144号。

Crystal Inn

共有54个房间，价格为900泰铢/晚。
地址：Surin Montri 2/1-10
电话：+66 76 256789
传真：+66 76 256666
www.phuketcrystalinn.com

Bungalow Raya Resort

坐落在Raya岛，这岛位于普吉岛查龙湾15公里处，是该地区最美的旅游区。周围是水晶般清澈的大海和雪白的沙滩，非常适合游泳、浮潜、钓鱼和潜水。
地址：Rawai 30/4 Moo 5

Imperial Hotel

共48间房，价格在650~750泰铢/晚之间。房间都有免费Wi-Fi免费网络，小型吧台，冰箱，还有有线电视。
地址：51 Phuket
电话：+66 76 212311

Phuket Backpacker

这里适合西方游客，带会客厅和厨房设备。位于普吉镇的中心，比邻当地食品市场。因其地处中心位置，可以通过公交车和出租车方便地到普吉附近的海滩和景点进行游览。这里还有丰富的购物和餐饮区域。无线Wi-Fi免费。
电话：+66 76 256680
www.phuketbackpacker.com

Naithonburi Beach Resort

位于一个僻静的天堂岛，距离普吉国际机场只有10分钟的路程。该度假村拥有现代泰式风格建筑，非常优雅，给人舒适和温馨的感觉。这里是到泰国旅游非常值得一去的地方。
地址：9 Moo 4, Tambon Sakhu, Amphur thalang

■ Phuket Cyberinn Hotel

酒店位于普吉中心的曼谷路。酒店是三层建筑，周围有很多商店、市场及优美的古建筑。从酒店到普吉附近的多个海滩都很方便。这里离普吉国际机场只有30分钟的车程，价格为750泰铢/晚。

电话：+66 76 220100，+66 76 222767

www.phuketcyberinn.com/

高预算

■ Thavorn Grand Plaza Hotel

这是个高级的城市酒店，是一个放松的好场所，这里会提供多种美食。酒店离普吉的一些景点比较近，只需几分钟即可到达。

地址：Chanacharoen 40/5

电话：+66 76 222240-50

www.thavorngrandplaza.com

■ Daeng Plaza

价格在1000～1400泰铢/晚之间。

地址：普吉路57号

电话：+66 76 213752，+66 76 213966，+66 76 216428

传真：+66 76 213884

www.phukettoday.com/daengplaza

■ Metropole Phuket

这是座大酒店，到主要公交车站和市场步行只需5～10分钟。几十年来这里都是豪华的选择。酒店有健身房，Wi-Fi无线。价格为3000泰铢/晚。

地址：Surin，Montri 1

电话：+66 76 215050

传真：+66 76 215990

www.metropolephuket.com

■ Sawasdee Village

这里为您提供46间客房，价格在3500～19000泰铢/晚之间。在郁郁葱葱的花园，美丽的池塘和传统建筑的氛围里，您可以尽情享受泰国文化。
地址：卡塔海滩KateKwan路38号
电话：+66 76 330979
传真：+66 76 330905
www.phuketsawasdee.com

■ SALA Phuket Resort and Spa

这是一家套房泳池别墅度假村。总共79间房，其中有63间带有私人泳池。SALA Phuket兼有中国和葡萄牙建筑风格，有现代的五星级设备，提供友好、专业以及私人的贴身服务。房间价位为US$ 330/晚。
地址：Thalang 333 Moo 3 Mai Khao
电话：+66 76 338888
传真：+66 76 338889
www.salaphuket.com

■ Burasari

酒店以一种稀有的Burasari花命名，是位于芭通海滩中心的一颗明珠，属精品酒店。这里设计风格独特，环境舒适、清静，还为游客提供一流的国际性餐食。房间价位从6000～25000泰铢/晚不等。
地址：Ruamjai 18/110
电话：+66 76 292929
传真：+66 76 292930
www.burasari.com

■ The Vijitt

度假村属四星级奢华酒店，共92间别墅，包括13间两层的泳池别墅。酒店位于普吉岛较为安静的地方，内部设施齐全，是众多游客、商旅人士的完美选择。餐厅提供传统泰式美味，同时还有其他专业厨师烹制的特色美食。房间价位大约US$186/晚起。
地址：Rawai Viset 16 Moo 2
电话：+66 76 363600
传真：+66 76 363699

Thavorn Beach Village & Spa

www.thavornbeachvillage.com

Add:6/2 Moo.6, Nakalay Bay, Kathu, Phuket 83150, Thailand.

普吉岛周边的海滩

芭通海滩
PATONG BEACH

芭通海滩拥有普吉岛上最大的海滩度假村和最喧闹的夜生活。

概况

芭通是亚洲的派对中心，这里有世界著名的夜生活和漂亮的海滩。众多世界级的酒店、餐厅、夜总会以及各种各样的旅游景点，让这里变成了一个享乐的天堂。

众多娱乐中心聚集在海滩路和Bangla路两旁。在沙滩边，您甚至可以躺在竹席子上找个女按摩师，享受泰式按摩的艺术（100 泰铢以上）。芭通的住宿有众多选择，从家庭旅馆到五星酒店，应有尽有。这儿的酒店价格是普吉岛上最高的，但这里有比其他海滩更多的廉价住宿地点。对于一般的背包旅行者来说这里是最好的选择，尤其在雨季，价格更低。公寓300泰铢/天起，干净的空调房与套房（没有空调）3000 ～ 10000泰铢/月。

到达

乘飞机

普吉国际机场位于芭通北35公里处。豪华的士到芭通需要500泰铢（45分钟）；咪表出租车300泰铢起（在停车场外门）；共享小巴为150泰铢左右，但芭通到机场方向要180泰铢。最便宜的方式是乘坐机场接送大巴到普吉镇，然后转乘当地巴士到达芭通，只是这种方式较费时间。

乘巴士

普通巴士到普吉镇需20泰铢，45分钟，07：00和18：00之间，每30分钟一班。巴士行驶路线是从海滩南端开始，途经Bangla路，中途会停下来接上乘客，最后横跨整个小山。

乘豪华轿车

豪华轿车通常是指一个更大的轿车，如丰田佳美，带有真皮座椅等，到卡塔海滩大约需要花费600～700泰铢，车程约一小时，这是去卡塔海滩最好的选择。

乘其他交通工具

您可以步行游览芭通，但这里也有很多出租车和摩托车可以带您游览。普吉岛有两种出租车－大量的小型货车（Songthaew，通常是鲜红色，偶尔有亮黄色），只有极少数传统的轿车式出租车（黄色和红色，带有一个“TAXI-METER”标志在车顶）。小型货车没有咪表，驾驶员是出了名的唯利是图，所以上车前一定要事先商定好价格。短距离费用通常在200泰铢左右，较长距离可乘坐咪表出租车，电话：+66 76 232157。芭通的摩托车出租车40泰铢起价。

景点

普吉岛有许多类型的海滩，许多未被破坏的天然海滩都位于这个美丽海岛的北部和南部。芭通属于开发完善的度假胜地，是亚洲被开发的海滩中最好的一个。在芭通您将完全领略泰国的多面性。这里有众多世界级的餐馆和娱乐场所。如果您停留在 Bangla 路的街巷中，这有很多提供余兴节目的酒吧：海滩路的萨克斯演奏酒吧是最著名的现场音乐表演所在地，他们拥有一流的爵士乐、蓝调、庞克和灵歌等。滚石城市，是摇滚乐的音乐圣殿，沿海滩路走下来，如果看到门外有一把巨型霓虹灯吉他，就到了，不要错过。

活动

到 Racha Yai 岛进行潜水和浮潜一日游，适合家庭旅游，水上和水下风景都是惊人的美丽，可以尝试喷气船滑水、降落伞和其他水上运动。大多数潜水公司在这儿都有代办点。

私人岛屿上的派对，您可以租用私人岛屿，其中包括泰国的服务人员，一个带 DJ 的音响系统和扬声器的场地。
www.kayaphuket.com

潜水和浮潜，在芭通有许多大的潜水中心，提供潜水设备租赁、地图、信息等，还包括个人、夫妻以及家庭的安全潜水训练课程。
www.phuket-diver.com

在芭通海滩不得不做的事

找个设计师制作一套西服或礼服，Soi bangla路的 Jaspal Tailors是个不错的地方。
www.jaspaltailor.com

在Simon Cabaret欣赏世界著名的人妖表演或在距离Bangla路不远处的Katoueys R Us看一看余兴节目，都是不错的选择。
www.phuket-simoncabaret.com

在Tan巷的体育馆看一场泰拳比赛，票在紧挨着Margarita酒吧的老运动馆有售。

在芭通语言学院学些泰语。
www.phuket-languageschool.com

乘船进行一次巡游。

做一次泰式按摩，推荐位于200 Years路的Bali Hai。

到Tai Pan、Banana、Tiger、D Club 和Seduction discos大秀一下迪斯科。

随处买点“名牌货”，很多摊位价格都很便宜。

看余兴节目到以下地点：Soi Seadragon，Soi Bangla，这些地方都是不错的选择。

学习两小时的泰国自由搏击课程，大约300 泰铢。

进行垂钓之旅，其中包括：在私人岛停留，在泰国渔船上钓鱼。有导游，可进行浮潜、游泳、享用海鲜烧烤晚餐。
www.kayaphuket.com/kaya_fishing_private_island.html

在Oriental de Phuket享受Nail Spa。

找个有经验的导游（可以讲流利的英语和泰文）进行普吉岛私人游览。
www.phukettourguides.com

购物

芭通的主要吸引力除了夜生活以外，就是购物。街道两旁有许多小摊位和市场，提供一切您想要的东西，有T恤衫、衣物、丝绸、雕刻、纪念品、鞋子、CD和DVD等。起初要价可能会高得可笑，购买时您可以和商家讨价还价，这也是旅行中乐趣的一部分，所以不要抱怨。

Jungceylon，在Bangla路北端附近，这里是芭通第一家完全现代化的商城，有200家商店、旅馆等等。2007年7月开始经营。

芭通OTOP购物天堂，在Bangla路南端。这里推广"一个区，一个产品"的计划，致力于促进地方产业的发展，但是最后您会发现这个市场出售的衣服和大量生产的工艺品同其他市场没有什么不同。

饮食

芭通在饮食上具有令人惊讶的世界性，包括阿拉伯、法国、德国、印度、意大利、日本、韩国、俄罗斯、斯堪的纳维亚料理，当然还有中餐，价格通常较高（泰国标准）。

Savoey

是芭通简单美味的海鲜餐馆。
地址：Thaweewong 136
电话：+66 76 341171
www.savoeyseafood.com

Ali Baba

有两份不同菜单，为两种不同烹调，即印度和阿拉伯菜；两个都相当不错。开胃菜60～100泰铢，主菜大约200泰铢。
地址：2 Thanon Ruamchai，Ali Baba 2
电话：+66 76 340666

Spice House

是芭通最多样的餐厅，提供正宗的俄罗斯菜肴、泰国现代菜肴和传统的日本料理，由五星级俄罗斯和泰国厨师主厨，就餐环境轻松、价位合理、口味丰富，保证让您爱不释手。营业时间12 ：00—22 ：00。

地址：Thanon Rat-U-Thit 200P，芭通海滩购物中心

www.gophuket.ru/razvpages-razvview-6.html

Baan Rim Pa

餐厅内的雕刻装饰令人印象深刻，提供优秀的泰国皇家美食。

地址：Prabaramee

电话：+66 76 340789

www.baanrimpa.com/

Baan Yin Dee Restaurant

提供欧洲和泰国饮食，融合轻松的氛围以及卓著的服务。

地址：Muen Ngen 7/5

电话：+66 2 941045（曼谷）

www.baanyindee.com/restaurant.htm

Fuji

是一家日本料理居酒屋。

地址：Thanon Rat-U-Thit 200P，在芭通海滩购物中心1层

电话：+66 76 600056-7

Floyd's Brasserie

位于芭通海滩的Burasari度假村，是风靡英伦的电视烹饪节目主持人Floyd的餐厅，强烈推荐。

电话：+66 76 370000

www.burasari.com/

Karlsson's Restaurant & Steak House

如果想品尝一下进口的牛排和北欧斯堪的纳维亚菜肴，这里是个不错的选择。营业时间15：00至午夜。

地址：Taweewong 108/16

Sam's Steak House

提供一流的牛排，都是从美国或澳大利亚进口的牛肉，自助沙拉柜台绝对物有所值。

地址：位于Holiday Inn Resort, 52 Thaweewong

www.phuket.holiday-inn.com/sams-steakhouse.htm

99 Seafood Restaurant

这是一家露天餐馆，在皇家天堂酒店（Royal Paradise Hotel）对面，有上好的海鲜可选择。价格合理，在晚上非常繁忙!

地址：Thanon Rat-U-Thit 200 Pee

La Diva

这里是奥地利、比利时和墨西哥混合的美食餐厅，位于蜿蜒的小巷中。您可以轻松地看到其门外五颜六色的霓虹灯闪耀。这里也提供不错的泰国美食。人们不应错过的是青咖喱鸡和玻璃面大虾。

地址：位于Rat-U-Thit 200 Pee不远的一条死胡同中

Ocean View Restaurant

提供各种国际和泰国的菜肴。价格合理，物有所值，每天营业时间11：00—24：00。

地址：284/1 Prabaramee Rd. Moo 5 Patong Beach, Phuket

www.patonglodgehotel.com/fecilities.html

Jungceylon

在地下一楼的美食广场，有不同类型的地方美食和印度料理。商业信誉良好，在食堂中间墙上张贴有商家的食品和价格明细表。

地址：位于芭通海滩购物中心（Jungceylon）地下美食广场

酒吧

芭通的夜生活以Thanon Bang La区域为中心辐射到四面八方，还有四个胡同（sois），分别是Crocodile、Eric、Gonzo和Seadragon。它们是酒吧、啤酒餐吧和go go酒吧的狂热混合体。

Molly Malone's

这是一个好地方，您可以坐下买一两品脱啤酒。价格虽然有点儿高，但如果您需要一些好的酒吧小吃或想要真正得到放松，这里真的足够好。

The Manchester Arms

位于Jungceylon购物中心对面。Zasa's Manchester Arms也是收看体育节目的好地方，这里偶尔还会有现场爵士音乐表演，表演者是岛上最好的音乐家。他们也是岛上唯一一家演奏60～90年代音乐的地方。

Irish Bar

爱尔兰酒吧位于海滩路，是个不太昂贵的地方。这里是芭通唯一出售吉尼斯（Guinness）黑啤的酒吧，酒吧内有一个用吉尼斯空啤酒罐做的凯尔特十字架。

Rock City

位于沙滩的另一端，在Bangla巷的顶头。这里是摇滚音乐的圣殿，每晚有一个小型演出。虽然价格昂贵，但还是很值得的。

夜总会

Banana Disco

位于Thanon Thawiwong，Bangla路南50米，门票300泰铢，包含2个饮料。迪斯科很小但DJ很不错。

Tai Pan

芭通最好的迪斯科舞厅，在Bangla巷红绿灯路的尽头。这里有最好的音乐和灯光，总是很繁忙。

Clublime

Clublime夜总会位于芭通海滩路，距离海滩20分钟，Bangla路向北步行5～10分钟。
www.clublime.info

Hollywood Club

2008年8月开业，非常受游客欢迎。这里主要是跳舞，现代流行音乐也不错。
地址：Thanon Bangla
电话：+66 8 2279939-2，+66 76 294216
www.hollywoodpatongbeach.com

住宿

旺季这里的住宿价格相当昂贵，简单空调房价格范围在500～1500泰铢/晚，风扇房大约300泰铢/晚，但很有限。淡季，空调房300泰铢/晚。要想获得更好的价钱请与旅行社联系，当然要和他们讨价还价一番。

低预算

Andaman Sea Guest House

坐落在芭通海滩，是一个友善、干净、安全的宾馆。这里共14间客房，所有的房间都有空调、冰箱和有线电视。

电话：+66 76 292816-7

传真：+66 76 292817

www.andamanseaguesthouse.com

Hollywood Beach Hotel

酒店提供28间带有空调的房间，其中包括高级客房和豪华客房，房间带阳台、有线电视、迷你酒吧。另外一些设施还包括互联网服务、撞球台和专业按摩室。

地址：Sawatdirak 10/3

电话：+66 76 341718

www.hollywood-beachotelphuket.com

Patong Sunbeach Hotel

酒店共16间客房和2间大公寓，所有房间都带阳台、空调、有线电视、DVD播放器和迷你酒吧。有些房间还包含按摩浴缸，网吧等，提供机场接送服务。

地址：Nanai 207/4 Soi 6

电话：+66 76 292912

Golden Buddha Guesthouse

由一个伟大的团队经营，客房舒适，乘坐巴士很容易到达海滩，楼下有咖啡屋。700～1100泰铢/晚。

地址：Soi Nanai 157/9（紧挨Mae Ubol和Banzaan Thai 市场）

电话：+66 8 4843177-6

www.goldenbuddha-patong.com/en/index.html

Add Mansion

位于市中心，有36间客房。房间都配有私人浴室、热/冷水淋浴、有线电视及迷你酒吧，提供洗衣服务和客房服务。24小时接待。房间价格600泰铢/晚起。

电话：+66 76 294430

www.phuketdir.com/addmansion

Anchalee Inn

这里的房间宽敞，有阳台、空调、私人浴室、有线电视、DVD播放机、迷你酒吧和冰箱。1000～3600泰铢/晚。

地址：Rat-U-Thit 200 Pee 267/269/271

电话：+66 76 344344，+66 76 344341

传真：+66 76 344740

www.anchaleeinn.com

Kaya House

坐落在芭通海滩，有4种不同类型的房间，价格在350～1600泰铢/晚之间，不同季节价格不等。所有的房间都有空调、冰箱和有线电视。

www.kayaphuket.com/index.html

SquareOne

酒店带泳池，提供Wi - Fi免费上网服务。

地址：Rat-U-Thit 241/34

电话：+66 76 341486

传真：+66 76 340873

www.square1.biz

Sunset Mansion

提供客房和带有家具的公寓住宿，让您完全舒适和轻松的度过假期。

地址：Rat-Uthit 28-30

电话：+66 76 340734

传真：+66 76 340516

ww.sunsetmansion.com

The Tavern

房间很值，上面有个泰国/英国夫妇经营的酒吧。房间带空调、迷你酒吧和热水。房间价格500泰铢/晚起（淡季）。

地址：Thaweewong 104/37（邮政局巷尽头，距离海滩100米）

电话：+66 8 9868107-3

传真：+66 76 344491

www.thetavernphuket.com

中预算

Patong Paragon Resort & Spa

该度假村的7个套房及114间客房宽敞明亮，带有大阳台、大浴室和豪华的内部设施。所有套房和客房的私人阳台可欣赏安达曼海的壮丽景色和白色的芭通海滩。

地址：Prabaramee280

电话：+66 76 290555

www.patongparagon.com

Add Mansion

有15间客房，价格在1300～1500泰铢/晚之间。

地址：209/25-26 Rat-Uthit 200 Pi

电话：+66 76 294430-1

Aloha Villa

共121间客房，价格在1100～2500 泰铢/晚之间。

地址：Rat-Uthit 200 Pi 145/2

电话：+66 76 345733-42

传真：+66 76 345743

www.phuket-aloha.com

C&N Hotel

酒店是个3层建筑，位于夜生活的中心地带。酒店有自己的按摩院、餐厅和美容院。酒店还提供机场免费接送服务，不过需提前三天预订。客房从1000泰铢/晚起。

地址：151 Rat-U-Thit Song Roi Pi

电话：+66 76 341892-3，+66 76 340475

www.phuketdir.com/cnhotel

KN Guesthouse

位于Jintana巷Ratuthid路，在Paradise Complex附近。共104间客房。旅馆有泳池、餐馆以及干净的大房间。1200泰铢/晚起。

电话：+66 76 294151

www.knphuket.com

Patong Inn

可以从海滩穿过和步行到Bangla路，酒店位于中间。员工很友好，房间干净、舒适。房间价格

2000泰铢/晚起，含双人的早餐。
地址：Taweewong 128
电话：+66 76 292545
传真：+66 76 292546
www.patong-inn.com

■ Yorkshire Inn

位于中央地带、侍者友好，提供普通房与套房，1200泰铢/晚起。
地址：169/16 Soi Sansabai, Rat-u-thit 200
电话：+66 76 340904
传真：+66 76 345259
www.yorkshireinn.com

■ Patong Lodge Hotel

位于芭通海滩和Kalim海滩一端的山上，可以俯瞰安达曼海，步行可到达，开车5分钟可到达活力四射的芭通海滩中心。房间价格在1000～5000泰铢/晚之间。
地址：Prabaramee 284/1
电话：+66 76 341020
www.patonglodgehotel.com

■ SM-Resort

酒店位于普吉岛芭通海滩旁，提供许多价格合理且舒适的客房。SM Resort 酒店所有客房都设有单独的浴室，提供免费无线网络连接。此外，每个房间还配置了一台42寸等离子电视，可收看有线电视频道，还有一台连有打印机的PC电脑，6楼有室外游泳池。
地址：Sirirat 20/42
电话：+66 76 512493，+66 76 512494

■ Palm View Resort Hotel

度假村设有20个配套齐全的私人阳台房。酒店于近期重新装修并增加了新翼。该酒店房间布局围绕清澈的游泳池，每个房间都可看到游泳池的景色。双人间790泰铢/晚起。
地址：芭通海滩路（Nanai）135/1
电话：+66 76 344957
传真：+66 76 345088
www.palmview-resort.com

高预算

Absolute Sea Pearl Beach Resort

各种各样宽敞舒适的房间：高级间、豪华客房、豪华海景房、普通套房、家庭套房和豪华套房，共65间客房，价格在4200～20000泰铢/晚之间。

地址：Thawiwong 42/1

电话：+66 76 341901-10，+66 2 95077526

传真：+66 76 341122

www.absoluteseapearl.com

Amari Coral Beach Resort

芭通东端小山上唯一的度假村，远离喧闹的城市，非常宁静，充满异国情调的风景，漂亮的工作人员，是理想的蜜月地，US$138～315/晚。

地址：Mun-Ngoen 2

电话：+66 76 340106-10

传真：+66 76 340115

www.amari.com/coralbeach/

Andaman Beach Suite

位于芭通海滩豪华和舒适的安达曼海滩商旅酒店，是普吉岛最精致的地点。酒店设施齐全，交通便利，附近有娱乐中心，酒店提供4个级别的房间，可以满足不同客人的需求。共91间房，价格在2000～4500泰铢/晚之间。

地址：Rat-Uthit 60/12

电话：+66 76 341879-83

传真：+66 76 340893

www.beachsuites.com

Burasari

是个可爱的精品度假村，在一个安静的巷子里，位于芭通海滩的南边，离海滩15米。拥有有游泳池的豪华度假屋。淡/旺季房间价格从700/4000 泰铢/晚起。

地址：Ruamjai 18/110

电话：+66 76 292929

www.burasari.com

Diamond Cliff Resort

位于芭通北端，紧贴进入山坡处。波浪击打着Kalim 海滩，可以俯视安达曼海碧绿的海水、白色的沙滩。旅馆有333 间普通房与套房，带有私有阳台，将近1万平方米的庭院。淡季超级豪华房5797泰铢/晚起。

电话：+66 76 340501-6

传真：+66 76 340507

www.diamondcliff.com/index.html

Holiday Inn Resort

从普吉镇到度假村只需要15分钟，非常方便。旅馆提供265 间客房，140套别墅房间，非常壮观。价钱从3700～5600泰铢/晚不等。

电话：+66 76 340608-9

传真：+66 76 340435

www.phuket.holiday-inn.com/

Impiana Phuket Cabana

这里是海岛仅有的头等精品店度假村，位于芭通海滩中心。度假村有70个豪华房间。服务优质，让人体会真正的假日感觉。房间价格8800泰铢/晚起，带管家服务的总统套房是15400泰铢/晚。

电话：+66 76 340138，+66 76 342100

传真：+66 76 340178

www.phukethotels.impiana.com/

Thavorn Beach Village & Spa

位于Nakalay 海湾之中，碧海蓝天，沙滩洁白。海滩上有119 栋别墅和75 座平房。

电话：+66 76 290335-42

传真：+66 76 290333

www.thavornbeachvillage.com

RayaBuri

Rayaburi酒店是芭通一个时尚的精品酒店，位于芭通心脏地带。拥有58间当代设计及舒适的客房，43间客房位于酒店的主体建筑，另有15间客房位于阁楼。1300泰铢/晚起。

电话：+66 76 297111

传真：+66 76 297129

www.rayaburigroup.com/old/

Sunset Beach Resort

位于芭通北比较安静的地方，自然和谐。每天您可以沿着海滩漫步，参加各种大型活动，您还可以欣赏海上日落景观。2000泰铢/晚起。

电话：+66 76 342482

传真：+66 76 342500/1

www.sunsetphuket.com/

Deevana Patong Resort & Spa

安宁和舒适的度假村，生活步伐悠闲，远离喧嚣。从度假村步行就可以到达芭通充满活力的夜生活和娱乐区。45分钟从度假村可到达普吉国际机场 。

地址：43/2 Raj-U-Thid 200 Pee

电话：+66 76 341414-5

传真：+66 76 341706

www.deevanapatong.com/contact.htm

Horizons Hotels Phuket

位于芭通海滩，共160间客房，位于一幢1～3层的建筑中。所有房间带有私人浴室卫生间、彩色有线电视以及可控温空调。

地址：Thaweewong 64/39

电话：+66 76 292526-30

www.horizonbeach.co.th

离开

卡隆海滩，位于海滩南面；Kamala，位于海滩北面。

查龙湾
CHALONG BAY

概况

查龙湾位于普吉岛东海岸，普吉镇以南11公里处。这里是普吉岛的主要船舶停泊处以及岛上最大的海湾。这里风景如画，但不适宜游泳。从这里可以包船前往普吉岛南部的一些小岛，而在通往海湾的路上也会有一些不错的餐厅。

游览

大量船只跨越查龙湾到附近的海岛，如珊瑚岛（Ko Hae），拉查岛（Ko Racha；Ko Raya）等。

景点

查龙寺，位于岛屿南端，它是普吉岛最著名的佛教寺庙，也是全普吉岛29座宏伟华丽的寺院之一。这座典型的泰国庙宇建筑不禁让人联想起备受尊颂的两位僧侣——銮坡荃（Luang Pho Chaem）和銮坡庄（Luang Pho Chuang），以及他们赠医施药的功德事迹。查龙寺在城外8公里处，经过Wichit Songkram路，在辅路向左转，再行驶10分钟，查龙寺就在左边。

活动

因为这里是普吉岛的主要船港，大多数潜水公司现已从其他地区搬迁到查龙湾这里。大多数普吉岛的快艇、渔船、游艇包船和潜水公司也位于此处。它们的目的地包括到珊瑚岛、皮皮岛、拉查岛等进行一日游、浮潜、深海潜水和捕鱼等活动。查龙湾有一个射击场，还可进行沙滩车越野、骑大象、卡丁车比赛、油彩弹射击和骑马等活动。一处不容错过的地方是普吉岛著名的大佛，天气晴朗的时候从那里可以瞭望到普吉镇、查龙湾以及无数的小岛甚至还有皮皮岛。

地址：48/12，1800 Phuket

电话：+66 76 383581

Email：info@1800Phuket.com

购物

查龙湾的旅游服务设施齐全，岛上的潜水旅行、一日游、钓鱼旅行以及包船服务无所不有，查龙湾的潜水设备只卖批发价，非常值。另外这里还有一个大型超市，完全能够满足您的一切需求。

饮食

查龙湾有各种类型的餐厅，其中包括美味和便宜的泰国当地食物以及意大利、墨西哥、印度菜肴等，还有快餐，如汉堡包、鱼、薯条、MK火锅、肯德基等。该地区的最大特色是拥有泰国最好的海滨海鲜餐馆。

Mr. India，普吉岛最好的印度美食，在Patak路。
Thatssani海鲜，在查龙湾，这里的海鲜价格便宜，非常受欢迎。
Kan Eng，查龙湾码头，这里提供欧洲人喜欢的饮食。电话：+66 76 381212。

酒吧

查龙湾有许多海滨酒吧、街头酒吧以及一些迎合喜欢宁静、休闲感觉的家庭度假的主题餐厅。

住宿

查龙湾住宿种类丰富，从200泰铢/晚的背包客宿舍到五星级大酒店，您可根据自己的喜好选择相应条件的住宿。查龙湾是个非常不错的歇脚地，可以潜水，也可以徒步旅行。

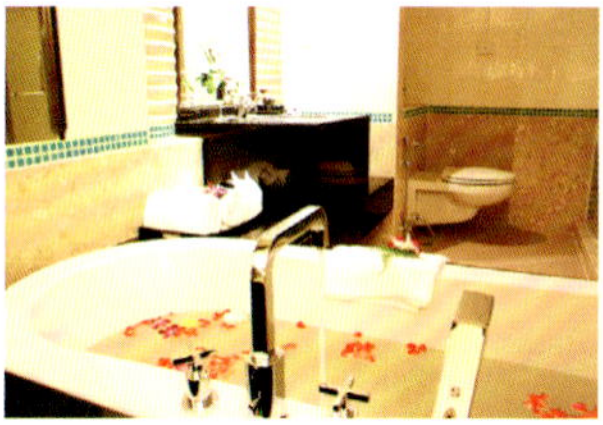

Ao Chalong Bungalow

共20间客房，价格为250泰铢/晚。
地址：9/1 Moo 9，Ao Chalong
电话：+66 76 282175，+66 76 381190

Big A Resort

有18间客房，价格在700～1000泰铢/晚左右。
地址：67/18 Moo 4，Soi Suksan，Wiset
电话：+66 76 280786，+66 76 383080
E-mail：bigasail@samart.co.th

Boomerang Bungalow

共10间客房，价格在600～1500泰铢/晚之间。
地址：58/16 Moo 10，Patak
电话：+66 76 281068-9，+66 76 381690
传真：+66 76 281070

1800Phuket

房间价格为200泰铢/晚。
地址：48/12 Soi Sunrise, Chalong
电话：+66 76 383581
E-mail：info@1800phuket.com

邦涛海湾
BANG THAO

邦涛海湾，也被称为Bang Thao，邦涛海湾和泻湖（Laguna）海滩都是位于普吉岛西北部的海滩。

概况

邦涛海湾（Bang Thao）是普吉岛一处大型开放海湾，是普吉岛最长的海滩。这里曾经是锡矿开采地，现今已发展成一个豪华的度假村。其中大多数地方已经被泻湖建筑群（庞大的五星酒店，高尔夫球场）占用，泻湖以外的住宿地就要到海湾的南端了。

干燥的季节很适宜游泳，海湾的北端有个较小的海湾，大多数是完全封闭的，只是在海湾口有一些精美的珊瑚。在泻湖以及城镇（Cheong Thale）附近还有很多餐饮集散地、旅游公司以及其他旅游设施。

到达

从普吉机场到邦涛海湾（Bang Thao）大约需要40分钟，机场接送车费为600泰铢。

游览

在泻湖周围游览方便又容易。这里有穿梭于所有酒店和购物中心的免费巴士，还有可以带您围绕泻湖游览的渡轮服务。离开泻湖到普吉岛其他地方是昂贵的，很少的士愿意前往。这里还提供配备驾驶员的高级轿车，其到普吉镇或芭通的单程车费是600泰铢。

Surin海滩距离不远，如果您不着急，可以沿着Bang Thao海滩南路步行15分钟即到。

活动

泻湖综合设施十分休闲。所有酒店都带泳池和池边酒吧服务。酒店中有各种温泉酒店水疗设施，所有酒店都有私人海滩区域，提供休息室和毛巾服务。沙滩上有食物和酒吧服务。一些度假村提供泻湖巡游和船只服务。悦蓉庄有锦标赛级别的高尔夫球场，适用于酒店的所有客人，果岭费可计入您的房费中。您还可通过所有酒店预订普吉岛旅游景点的一日旅。

购物

泻湖区拥有大量的商店，但价格都不便宜。您要想找到性价比高的商品，只能到泰国其他地方了。

饮食

泻湖区有很多味道好、价格合理的餐厅。您可以在任何餐厅消费，然后记入您入住酒店的房费中。海滩上也有一些较为便宜的小贩式餐厅，但是必须使用现金支付。

酒吧

泻湖周边遍布大量酒吧，但这里的夜生活无法与芭通媲美。从泻湖向南步行5分钟就来到一个小的雷鬼酒吧，这家酒吧叫做“木酒吧”，由当地人Nam经营。这里的饮品便宜又冰爽，酒吧气氛轻松，服务也很好。夜晚的酒吧矗立在海岸边，当您靠近时，雷鬼音乐诱人的声响吸引着您。这里很值得您前来拜访。

住宿

Allamanda Phuket

家庭旅馆提供两居室套房，包括厨房和两间浴室。有256间房，US$ 180～270/晚。

地址：29 Moo 4, Sisunthon

电话：+66 76 324359，+66 2 285 0746-7

传真：+66 2 2350748

www.allamanda.com

Amora Beach Resort Phuket

255间房，2000～4500泰铢/晚。

地址：322 Moo 2

电话：+66 76 324021-2，+66 2 9972681

www.phuket-rydgesbeachresort.com

Anchan Resort & Spa

14间房，3000～10000 泰铢/晚。

地址：325 Moo 2，Tambon Choeng Talay

电话：+66 76 271250

www.anchanresort.com

Andaman Bang Thao Bay Resort

14间房，2900～6900泰铢/晚。

地址：82/9 Moo 3，Tambon Choeng Talay

电话：+66 76 325230，+66 76 270246

www.andamanbangtaobayresort.com

Andaman Seaview Resort

16间房，价格在800～2500泰铢/晚之间。
地址：82/8-9 Moo 2 Baan Bang Thao Choeng Talay
电话：+66 76 325798-9
传真：+66 76 325800
www.andamanseaviewresort.com/

悦榕庄（Banyan Tree）

最豪华的度假村，其中包括温泉设施和锦标赛高尔夫球场。价格为US$ 1500/晚。
电话：+66 76 324374
www.banyantree.com

Dusit Laguna

奢华的泰国酒店连锁店的一部分。
电话：+66 76 362999
www.lagunaphuket.com/hotels/dusitthani

Laguna Beach Club

旨在为年轻群体提供一个比在泻湖的其他酒店更具派对气氛的旅游酒店。
电话：+66 76 324352
传真：+66 76 324353
www.lagunabeach-resort.com

Sheraton Grande

奢华的酒店，有标准酒店房间和两卧室的别墅。这个酒店迎合国际市场。每晚2300泰铢起。
电话：+66 76 324416
www.phuket.com/sheraton/

Laguna Holiday Club Phuket Resort

几乎与Allamanda是相同的，但同样深受游客的喜爱。价格3000泰铢/晚起。
电话：+66 76 362300
传真：+66 76 362301
www.lagunaphuket.com/hotels/holiday-clubresort/index.php

CAPE PHANWA 镇

概况

攀哇海岬位于距离普吉镇10公里处，这里是普吉岛的一个镇。这个海角的最南端是海洋生物研究中心和普吉岛水族馆的所在地，游客可在这里查阅数百种奇形怪状和色彩艳丽的海洋物种。

到达

这里总是有一些当地的出租车停站在路边等待您的召唤，车子可以载您到岛上的任何地方。相对于泰国其他地区，这里的定价是相当昂贵的，这是旅游驱动经济的结果。您会发现这个区域没有嘟嘟车（Tuk-Tuk），但的士和面包车很多。岛上的出租车通常不使用咪表，因此各地的定价也各不相同。

游览

普吉水族馆，普吉水族馆位于攀哇海岬，在岛的最东南端，提供给游客近距离观赏当地海洋生物的机会。水族馆内拥有100多种水生物种，也是海洋生物研究中心，有鲸鱼、海牛、鲨鱼、海豚和海龟等。水族馆开放时间为09：00—17：00。门票成人100泰铢；儿童50泰铢。您可以从普吉市镇Ranong路的新鲜产品市场乘坐当地巴士到达。

电话：+66 76 391126

www.phuketaquarium.org

活动

Baba Pool Club

总部设在Sri panwa Estate攀哇海岬一端，这里是音乐、美食、饮品和娱乐的集合地。25米深的泳池，玻璃镶边，泳池可让游客游上几个小时。Pool Club构成了岛屿的一部分。

电话：+ 66 76 371000

www.sripanwa.com；www.Babaphuket.com

饮食

巴巴普吉（Baba Phuket）是集美食和娱乐为一体的Sri panwa酒店的一部分。这里有很多不同风格的店面：巴巴餐厅酒廊，当代设计的高档餐厅，提供了现代风格的传统泰国料理，摇椅、室外沙发和休闲小床让您想在这里多停留一会儿，在轻松愉快的气氛下看夕阳西落；BabaQ，是Sri panwa泳池俱乐部旁的店铺，这里有新鲜的海鲜和进口烧烤，比萨饼、意大利面条和沙拉占菜单的很大一部分，BabaQ有来自曼谷的日本厨师带给客人最新鲜的日本料理；巴巴火锅：这里既是一个烹饪学校也是一个火锅馆。

电话：+66 76 371006

www.Babaphuket.com

住宿

■ Sri Panwa Estate

这是家私营酒店泳池别墅，所有别墅都可欣赏岛屿和海景，有些还可观赏日出日落景观。占地约23310平方米，共有约60座别墅（1～5个卧室），这里可以说是该地区以及整个普吉岛最豪华的酒店。

电话：+66 76 371000

www.sripanwa.com

■ By the Sea Khao-Khard Beach Phuket

36间房，2100～9000泰铢/晚。

地址：7/6 Moo 6, Soi Bor Rae Sakdidet, Amphoe Mueang

电话：+66 76 200282

www.bytheseaphuket.com

■ Belair Panwa

77间房，7300～12000泰铢/晚。

地址：89/9 Moo 7, Sakdidet, Tambon Wichit

电话：+66 76 200773, +66 76 393620

www.homduang.com

■ Cape Panwa Hotel

246间房，6000泰铢/晚起。
地址：27 Moo 8, Sakdidet
电话：+66 76 391123-5，+66 2 2339560，+66 2 2333433（曼谷）
传真：+66 76 391177
www.capepanwa.com

■ Conrad Phuket Resort & Spa

107间房，8250～9750泰铢/晚。
地址：84 Moo 8 Sakdidet
电话：+66 76 200800
传真：+66 76 200819
www.kingdomthailand.com/phuket/panwaburi-resort.htm

■ Novotel Panwa Beach Resort

77间房，价格在2500～7500泰铢/晚之间。
地址：5/3 Moo 8 Ao Yon，Tambon wichit
电话：+66 76 393330
传真：+66 76 393311
www.novotel.com/gb/hotel-3571-novotel-phuket-beach-resort-panwa/index.shtml

卡拉姆海滩
KALIM BEACH

普吉岛芭通以北的一系列小海滩。

游览

就在芭通海滩的北面，从Novotel Phuket Resort Patong到Thavorn Beach Village，这个区域由岩石以及宁静的海滩构成，山顶有不错的观景点以及一些高品质的餐厅。

住宿

Baan Norbert Beach Apartments

有5间客房，700～3000泰铢/晚。

地址：239 Phrabarami, Hat Patong, Amphoe Krathu

电话：+66 76 340454

www.phuketdir.com/baannorbert/

Villa Atchara

19间客房，2200～3500泰铢/晚。

地址：4 Soi Phrabarami 4, Tambon Patong

电话：+66 76 340700，+66 76 340353

www.phuket.com/villaatchara/

Le Tong Beach

29间客房，800～1800泰铢/晚。

地址：1 Soi Phrabarami 4，Tambon Patong

电话：+66 76 342710，+66 76 342467，
+66 2 5397345（曼谷）

www.letong.com

Malibu Island Club Hotel

30间客房，价格在900～3500 泰铢/晚之间。

地址：2 Soi Phrabarami 7, Phrabarami Road Tambon Patong 。

电话：+66 76 342321, +66 76 290036

www.malibuislandclub.com/

Nerntong Resort

有30间客房，1800～2300泰铢/晚。

地址：6 Soi Phrabarami 7, Tambon Patong, Amphoe Krathu

电话：+66 76 340571-2

卡隆海滩
KARON BEACH

卡隆海滩位于普吉岛西海岸，芭通海滩以南和卡塔海滩以北。

概况

卡隆海滩长4公里，是普吉岛第二大旅游海滩，距离城镇20公里，也是岛上最长的海滩之一。无污染的沙质海滩就像一个白色的勺子在海边蜿蜒不绝。南部尽头有一个很好的珊瑚礁，一直延伸到卡塔海滩和Bu岛。

在卡隆海滩也有很多的餐厅、酒吧。在卡隆海滩的另一边还有一个艺术社区，这里聚集了很多泰国画家建造的画室和画廊。在通向卡隆海滩的路上还新建了一个足球场，能承办国际重大赛事。 相对于芭通海滩，这里的海边气氛更悠闲，这里的浪头较高，很适合冲浪运动。但游客们多以戏水、晒太阳、看书和打盹打发时间。傍晚有不少游客和当地人到沙滩漫步，等待落日时分的黄昏美景。

到达

卡隆海滩紧临芭通海滩，从芭通乘车前往10分钟可到。海滩距离普吉镇20公里，搭乘中巴45分钟可到，每隔半小时一班，运营时间为07：00—18：00，车费20泰铢左右。

如从普吉机场坐出租车前往，车费为700泰株左右，车程1小时。也有迷你巴士，150泰株/人。许多酒店提供机场到酒店的接送服务，但需支付900泰铢。

游览

游览卡隆海滩最便宜最便捷的方式是租一辆适合一到两人的摩托车。岛屿周围的各种商店都有租车业务，其中一个就位于Patak路（东）几百米的地方。通常租金为150～200泰铢/天。

如果您想要到海滩其他地方或城镇附近地区，您可以选择乘坐嘟嘟车或出租车。去往普吉镇的出租车费大约在400泰铢。这里也有公共巴士从卡隆发车，大约需要400泰铢。客运小货车（Songthaew）从卡隆每小时发一次车，去往不同地区，大约20泰铢。

乘坐嘟嘟车从卡隆海滩—芭通海滩将会花费200～250泰铢，从芭通海滩—卡隆海滩将会便宜点，因为那里有更多的嘟嘟车等待载客。

景观

不同于较大、较繁忙和较喧闹的芭通海滩，卡隆海滩提供给游客的是一种较为宁静祥和的氛围，沙滩上摆放着很多沙滩伞供出租。沙滩面西，可以欣赏到美丽的日落景观。

活动

Dinos Park Mini Golf

位于普吉岛卡隆海滩码头旁，是一个18洞的迷你高尔夫球场。场地开放时间：10：00—24：00。门票120泰铢/人。成人果岭费240泰铢/人，儿童180泰铢/人。

电话：+66 76 330625

传真：+66 76 330516

日出潜水员（Sunrise Divers）基地

位于卡隆海滩，卡隆海滩有一些不错的浮潜和潜水胜地，潜水前一定要先了解一下本地的潜水相关信息。

Sunrise Divers

PADI五星级潜水度假村，位于卡隆海滩。

电话：+66 76 398040

www.sunrise-divers.com

购物

无论是在城市的主要部分还是沿着海滨，卡隆海滩有丰富的酒吧、裁缝店和服装市场。这里也有一些超市、便利店和药店，无需走远您就可以找到您想要的一切。

饮食

卡隆海滩有众多餐厅可供选择，其中相当一部分是斯堪的纳维亚风味。大多数餐馆沿着海滨公路座落有致，非常方便。

Angus O'Tool's

国际菜肴，营业时间：上午9点至午夜。
地点：卡隆海滩
电话：+66 76 398262
www.otools-phuket.com

Karon Cafe Steak N Ribs

成立于1989年，这是卡隆海滩历史最悠久的外资餐厅。
地址：Patak 526/17
www.steak-ribs-phuket-restaurant.com/

Las Margaritas

墨西哥热带风味
地址：Patak 528/7
www.las-margaritas.net

Harry's Restaurant & Pub

地址：Luangpohchuan 15/5 (普吉兰花度假村对面)
电话：+66 76 398258
www.harrys-phuket.com/index.htm

Sawasdee

泰式烹饪
地址：卡隆海滩Katekwan路38号
电话：+66 76 330979
www.phuketsawasdee.com

酒吧

Angus O'Tool's Irish Pub

卡隆中央海滩度假村对面，餐厅营业时间为09：00至午夜。酒吧有现场音乐和体育两大屏幕，很受家庭欢迎。提供多种啤酒、免费上网和无线网络连接，同时还提供从600泰铢起价的空调客房。

电话：+66 76 398262

www.otools-phuket.com

住宿

低预算

Angus O'Tool's

清洁、凉快、舒适和安全的住所，步行两分钟就到卡隆海滩，房间提供免费茶、咖啡、水、冷热电热水器和DVD/CD/MP3播放器等。还提供免费Wi-Fi及互联网服务，600泰铢/晚。

电话：+66 76 398262

www.otools-phuket.com/

Karon Cafe' Inn

自1989年以来服务低预算旅客，位于只需步行两分钟就可到卡隆海滩的卡隆村中心。房间干净整洁，设备齐全，价格低廉。

电话：+66 76 396217，+66 76 397001

www.karoncafe.com

Divers Inn

这是一个友好、舒适的小酒店，位于卡隆海滩中央。酒店在一条宁静的街道上，只需步行几分钟就到海滩、购物区、餐饮区以及夜生活区。从酒店的房间还可领略到海景或山景。

电话：+66 76 398296

传真：+66 76 398296

www.diversinn.com

■ Jor Guest House

9间客房，300～500泰铢/晚。

地址：Patak102/11 Moo 3

电话：+66 76 396546，+66 76 286256

■ Legends Guest House

房间有电视、免费茶、咖啡、水和私人浴室。步行几分钟即可到达海滩，附近有大量酒吧。单人房600泰铢/晚，双人房800泰铢/晚起。

地址：Patak516/6

电话：+66 76 286067

www.legends-phuket.com/

■ Greenisland Guesthouse

宾馆处在卡隆的中心位置，靠近海滩、商店等，这是个非常不错的酒店。员工友好、乐于助人。房间很大很干净，浴室也非常干净整洁，令人满意。性价比很高，600～1200泰铢/晚。

电话：+66 76 398259

www.greenislandguesthouse.com

■ 中预算

■ Baan Karon Hill Phuket

共19间客房，1800泰铢/晚。

地址：Patak 8/3 Moo 1

电话：+66 76 286233

传真：+66 76 286209

www.baankaronhillphuket.com

■ Paradise Inn Phuket

现代经济的住宿，步行2分钟可到卡隆海滩。服务全面，设施完备，价位较低。

电话：+66 76 398350

传真：+66 76 398349

www.paradise-inn-phuket.com/

Baan Karon Resort

45间客房，800～1900泰铢/晚。
地址：Patak 213
电话：+66 76 286215
www.phuketbaankaron.com

Baan Karonburi Resort

共有48间客房，其价格在1800～4500泰铢/晚之间。
地址：Karon 194/1
电话：+66 76 286481-2，+66 76 396778-9
www.karonburi.com

Centara Villa Phuket

72间别墅，2200～7180泰铢/晚。
地址：Patak 701
电话：+66 76 398195
传真：+66 76 286276
www.centarahotelsresorts.com

Karon Living Room

有30间高级客房和3个迷你高级洁净套房，放松和亲切的气氛保您喜欢。1400泰铢/晚起。
地址： Patak 115
电话：+66 76 286618-9，+66 76 286493-4
传真：+66 76 286633
www.karonlivingroom.com

高预算

Access Resort & Spa

有129间豪华泳池客房，3个豪华家庭客房，8间泳池别墅套房，价格在4500～15000泰铢/晚之间。
地址：Patak 459/2
电话：+66 76 398489
www.accessresort.com

Pacific Club Resort

宁静祥和的度假村，可以领略壮美的景色，步行10分钟即可到达卡隆海滩。5～10月，1500泰铢/晚起，11～4月2500泰铢/晚起。

电话：+66 76 398350

www.pacific-club-phuket.com

Andaman Seaview Hotel

有161个房间，5900～8800泰铢/晚。

地址：Patak 127/35

电话：+66 76 398111，+66 76 398156-69，+66 2 7199911-2（曼谷）

www.andamanseaviewhotel.com

Centara Karon Resort

现代的中高层全景酒店，共有316间客房，价格3000泰铢/晚起。

地址：以前的中央度假村

www.phuket.com/centralkaron/

Hilton Phuket Arcadia

酒店深受亚洲游客喜爱。酒店中有Caffe Cino，类似八打灵查亚（马来西亚）希尔顿酒店中的那个咖啡馆。3400泰铢/晚起。

地址：位于Patak主路

电话：+66 76 396433

传真：+66 76 396136

Le Meridien Hotels & Resorts

417 间顶级客房和 53 间豪华套房均采用当地泰式设计，展现出地地道道的热带度假风情。这里的一切将为您打造一次独一无二的豪华舒适体验。共470间客房，US$ 290~1250/晚。

地址：29 Soi Tambon Karon Noi

电话：+66 76 340480-5，+66 2 2560767-8

传真：+66 76 340479，+66 2 2560766

www.starwoodhotels.com/lemeridien

■ Mövenpick Resort and Spa

瑞士人经营的度假村，位于卡隆镇中心。度假村共有382间套房和别墅，每栋别墅都有室外淋浴、太阳椅，能让客人体会到浪漫的感觉。主楼共有169间房间，大部分都为海景房。房间的设施设备也比较齐全，价格3600泰铢/晚起。

■ Ramada Resort Karon Beach

以前的Felix Karon，距离主城镇很短的车程，以魔术城堡为特色深受孩子和年轻家庭的喜爱。US$48/晚起。

www.ramada.com/Ramada/control/home

■ Thavorn Palm Beach

隔壁是希尔顿Arcadia，相对于其他传统的酒店，这里显得更现代一些。这里有209间泰式客房，5个景色优美的花园游泳池。

电话：+66 76 396090-3

传真：+66 76 396555

www.thavornpalmbeach.com/

■ Woraburi Phuket Resort & Spa

酒店拥有客房207套，格调高雅，清新时尚，分别安置在三个层次的泰国古老建筑风格中，酒店中央更有特别设计的游泳池。酒店全部套房装饰考究，温馨舒适，备有现代家具、彩电、空调及完善的通讯设备，并且每间客房都设有独立的露台，使每间客房都充满了泰国浓郁的民族风情。价格1500泰铢/晚起。

地址：Patak 198-200

电话：+66 76 396638

传真：+66 76 396175

www.woraburiphuketresort.com/cn/index.htm

■ Horizon Karon Beach Hotel

四星级酒店共90间客房，是一座3～4层的建筑。整个度假村被大自然包围，占地16000平方米。此外，它较高的地理位置，确保了不错的景观以及隐私。1800泰铢/晚起。

地址：Patak Soi 2

电话：+66 76 284555

卡塔诺伊海滩
KATA NOI BEACH

卡塔诺伊海滩，在普吉岛西南部，卡塔耶海滩的南边。

概况

卡塔诺伊海滩位于卡塔海滩以南20公里，是一个只有几个小旅馆的小海滩。这个海滩是一流的，许多鱼类栖息在岩石旁的珊瑚中。

到达

到达这里，要选择狭窄的海滩小路，可以从卡塔海滩一直到山顶。

住宿

低预算

直接前往卡隆、卡塔或卡塔诺伊海滩，走一走，逛一逛。如果您喜欢忙碌的气氛请到芭通。沿着卡塔诺伊海滩的南端，这里有许多平房建筑，可以欣赏到美丽的大海景色。房间价格在200 ~ 1000泰铢/晚之间。

其他相似的区域在海边度假村一带以及Flamingo度假村附近，带有凉爽的微风、气氛友好。如果您想入住比较宁静的地方就到卡塔诺伊海滩的Tap Kaew度假村，它位于卡塔诺伊海滩扇面的街道一端。

中预算

Kata Noi Club Bungalow

有20 间房，价格在450～1000泰铢/晚之间。
地址：Patak 3/25
电话：+66 76 330194，+66 76 284025
www.katanoiclub.com

Kata Rock Inn Seaview

空调房带有浴室、热水、冰箱、卫星电视，提供日常清洁服务，可以欣赏惊人的美景，步行2分钟即可到达海滩。价格大约为800泰铢/晚，物超所值。
电话：+66 76 330677
传真：+66 76 333370
www.phuketdir.com/katarockinnseaview

高预算

Kata Thani Phuket Beach Resort

400间客房，US$ 190/晚，五星水疗度假村。
地址：卡塔诺伊海滩路71号
电话：+66 76 330124-6，+66 2 2675213-4
www.katathani.com

Mom Tri’s Villa Royale

共63间房，价格在14000～25000 泰铢/晚之间
地址：12 Kata Noi
电话：+66 76 333569
www.villaroyalephuket.com

卡塔耶海滩
KATA YAI BEACH

卡塔耶海滩位于普吉岛西海岸，卡隆海滩南以及小卡塔海滩的北部。通常被简单称为卡塔海滩。

概况

位于距离城镇20公里以外的小镇，卡塔海滩的南北两端保留了乡村的气息，其比芭通海滩长出一公里，而且更加宁静。

游览

出租车和嘟嘟车（Tuk Tuk）价格大致相同。

每周四在卡塔街道举行的传统集市最为热闹。在这里您会发现很多当地特产，如鱼和香料。第一次到泰国旅行的人一定会喜欢这个有趣的地方。您还可以尝试一下在丛林中蒸桑拿，别有一番风情。桑拿屋中有一个旧的铜制锅炉，看起来像一个超大水壶，旁边还有一个咖啡厅和一个按摩池。工作人员把一些当地特有的植被放入水中，经过一番火烧之后，带有薄荷味清香的蒸汽遍布全屋。当您做完桑拿，全身轻松的沿着卡塔街道南端步行10分钟，沿路风景非常美丽，不一会儿您就到了查龙湾，这绝对是一次难得的体验。

活动

潜水和浮潜，海湾北部是一个不错的潜水地，在雨季还可进行神奇的冲浪。相关信息来自Phuket-Diver，他们还提供SNUBA潜水。

www.phuket-diver.com

饮食

Ratri Jazztaurant Kata Hill

安达曼现代的设计，其菜肴融合了马来西亚和泰国的口味，提供给客人一个休闲的氛围，让人感受到独特的餐饮和娱乐体验。

电话：+66 76 333538-9

www.ratrijazztaurant.com

Cafe del Sol

这是一个开放的露天餐厅，提供美味的早餐，员工友好，菜单异常高级，包含新鲜的意大利面和比萨饼，泰国食物包括海鲜和冰淇淋，您还可在休闲室，轻松的享受鸡尾酒。

地址：Patak 9/11-13 soi 10

电话：+66 76 333102

传真：+66 76 284569

酒吧

沿卡塔海滩中心到卡塔诺伊海滩有许多酒吧。当您经过这些酒吧时总会听到“您好，欢迎”这样的问候。

住宿

Alpina Phuket Nalina Resort & Spa

有14间客房，3700～25000泰铢/晚。
地址：Ket Khwan 7/1
电话：+66 76 370999
传真：+66 76 370900
www.phuketnalinal.com

Andaman Cannacia Resort & Spa

113间客房，价格在2500～6000泰铢/晚之间。
地址：Patak113/16-18
电话：+66 76 284211-4
www.phuket-cannacia.com

Bell Bungalow

有16间客房，100～300泰铢/晚。
地址：Patak1/2
电话：+66 76 330858，+66 76 330111

Boat House Inn

36间客房，8000～15000泰铢/晚。
地址：Patak 2/2
电话：+66 76 330015-7，+66 2 2464121
传真：+66 76 330561
www.boathousephuket.com

Bougainvillea Terrace House Resort

有35间房，1834～7513泰铢/晚。
地址：Patak 117/1
电话：+66 76 330087，+66 76 330139-40
传真：+66 76 330463
www.phuketdir.com/bougainvillea/

Club Med Phuket

度假村闻名于它独特的一价全包式度假套餐，在这里您可以享受到一日三餐的国际美食，包括午餐和晚餐的葡萄酒、啤酒及各种软饮料，同时也可以享受到酒吧营业时间内无限免费畅饮的优惠和精美的点心零食，度假村内免费提供各项水上、陆上活动，并有相关的教练指导

入门，活动包括水中健身操，浮潜，高空弹跳，儿童马戏学校，网球，射箭和瑜伽等。
地址：卡隆区卡塔海滩20/10号
www.clubmed.com.au

Kata Palm Resort

位于主路，有两个泳池，从酒店房间可以步行至泳池，非常棒！所有客房设施豪华，房间装潢简洁大方，以泰式现代风格为主，铺设棕色瓷砖地板，有配套标准设施以及独立的观景阳台。单人房3200泰铢/晚起。
www.katapalmresort.com

Kata beach hotel

有273个房间并且有华丽宜人的装饰。另外，五个大规模的会议室，最多可容纳500人。总而言之，是您梦寐以求的理想海滨圣地。4255泰铢/晚起。
电话：+66 76 330530-4
传真：+66 76 330128
www.katagroup.com/katabeach/

Peach Hill Hotel

房间价格2400泰铢/晚起。
地址：卡隆海滩卡隆路13号，位于卡隆海滩和卡塔耶海滩之间
电话：+66 76 371600
www.peach-hill.com

Boomerang Village Cottages

位于普吉岛卡塔海滩，酒店提供周到的服务。房子类似山间小屋，泰国风格的布置，呈现了非常融洽和轻松的氛围。酒店可以看到卡塔海滩的全景。1380～3220泰铢/晚。
地址：patak 9/11-13 soi 10 kata 83100
电话：+66 76 284480
www.phuketboomerang.com

MAI KHAO 海滩

Mai Khao海滩位于泰国普吉岛西北侧。因为这里非常接近机场，因此也被称为机场海滩或Sanambin海滩。北部是称为Hat Sai Kaeoa的长长白色沙滩，沿岸是松树林。

到达

普吉岛机场就在Mai Khao旁边。走Thepkasattri路经过Thao Thepkasattri桥左转，跟随方向指示牌就可到达Mai Khao海滩。这里是海龟的栖息地。

游览

Mai Khao中大部分是Sirinat国家公园的一部分。

住宿

低预算

Mai Khao和Nai Yang允许露营。公园的游客中心位于Mai Khao南端附近，提供帐篷和野营的一些最起码设施。Nai Yang还有一些便宜的平房供出租。共10间客房，露营200泰铢/晚起。

联系公园请拨打电话：+66 76 327407

www.mai-khao-beach.com

高预算

JW Marriott Phuket Resort & Spa

这里是普吉岛奢华酒店的典范，适合全家度假以及奖励旅行。有265间房，US$ 150～640/晚。

地址：231 Moo 3, Hat Mai Khao, Amphoe Talang

电话：+66 76 338000，+66 2 6567700

www.marriott.com

Sala Phuket Resort and Spa

这里的建筑设计具有后现代风格，家具设计也是独具匠心，私家海滩让人感受到什么是真正的隐私和自由。共有79间房，US$ 260～1870/晚。

地址：333 Moo 3, Mai Khao

电话：+66 76 33888

传真：+66 76 33889

www.salaphuket.com

NAI HAN 海滩

Nai Han海滩，也可拼写成（Nai Harn），普吉岛最南端的一个海滩，在神仙半岛（Phrom Thep Cape）附近。Nai Han的北面是Sen湾。

概况

距离普吉镇大约18公里，在卡塔诺伊海滩南部，神仙半岛（Phromthep Cape）北部，并非普吉岛最长的海滩，但它却接壤岛上最美丽的泻湖。在沙滩中间是占主导地位的Nai Han修道院。

游览

神仙半岛（Phromthep Cape），"Phrom" 来自于印度语中的 "Brahma"，意为纯洁，"Thep" 则为神的意思。神仙半岛为普吉岛最南端的一处高耸的悬崖，以前神仙半岛曾作为航海标志，在半岛的顶部还建有一座灯塔，为来自次大陆的船只引航。在早年的航行日志中曾记载神仙半岛被沿马来西亚半岛西海岸航行的航海家所发现。

Sen湾，Ao湾魅力十足，但或许这个区域最大的看点还是在Nai Han和神仙半岛。

观景台，观景台位于Nai Han和卡塔海滩之间。风景秀丽的小卡塔海滩、卡塔和卡隆海滩以及Ko Pu岛均可从这个观景台观赏到。

Hat Nui，这里可能是普吉岛最难参观的海滩。Nui海滩位于卡塔观景点和Nai Han之间。因为这里陡峭很难穿越，所以只能乘坐四轮驱动车和摩托车进行游览。

饮食

海岬有旅游商店和一个受欢迎的餐厅。

住宿

海滩上有几个低廉的宾馆和酒店。

Evason度假村

电话：+66 76 381010 -7
传真：+66 76 381018
www.sixsenses.com/Evason-Phuket/index.php

Meridian Phuket Yacht club

坐落在海滩一端的小山之上。
电话：+66 76 380200
www.phuket.com/yacht-club

All Seasons Naiharn Phuket

有154间客房，1800泰铢/晚起。
地址：14/53 Moo 1, Rawai
电话：+66 76 289333
www.allseasons-asia.com

Le Royal Meridien Phuket Yacht Club

110间客房，US$ 370～1760/晚。
地址：Wiset 23/3
电话：+66 76 380200
www.phuketyachtclub.lemeridien.com

Nai Han Beach Resort

共20间客房，500～800泰铢/晚。
地址：14/29 Moo 1, Wiset
电话：+66 76 381810

Nai Han Villa

共24 间客房，1500泰铢/晚。
地址：14/29 Wiset Road
电话：+66 76 388080
传真：+66 76 388082

■ Naiharn Garden Resort & Spa

有23间平房，2000～5000泰铢/晚。
地址：Wiset 15/12 Moo 1
电话：+66 76 288319
www.naiharngardenresort.com

在Sen湾可以入住下面两地：

■ Ao Sen Bungalow

共30间客房，500～800泰铢/晚。
地址：11/2 Moo 1, Sen Bay, Tambon Rawai
电话：+66 76 288306

■ Baan Krating Jungle Beach Resort

共30间客房，价格在600～5000泰铢/晚之间。
地址：Wiset 11/3，Amphoe Mueang
电话：+66 76 288264，+66 76 288341

NAI THON 海滩
NAI YANG 海滩

Nai Thon海滩＆Nai Yang海滩是位于普吉岛北部的两座相邻的宁静海滩。

到达

Nai Thon位于高山脚下，拥有不错的沙带。宁静的海湾很适宜游泳。

游览

Sirinat国家公园，占地面积90平方公里，一路绵延到岛的北端。公园总部设在Nai Yang，这里松树成荫，适合游泳和放松。离岸是一个大型的珊瑚礁，作为数种海洋生物的栖息地，尤其是海龟。红树林，在岛的北端，覆盖了将近13万平方米的土地。自然小路很清洁，方便游客徒步游览。

住宿

在Nai Thon

Andaman White Beach Resort

共56间客房，US$ 180～250/晚 。
地址：28/8 Moo 4, Tambon Sasou, Amphoe Talang
电话：+66 76 316300，+66 2 5415275-77（曼谷）
www.andamanwhitebeach.com

Nai Thon Beach Resort

共14间客房，1200～1800泰铢/晚。
地址：Surin 22/2
电话：+66 76 205379-80，+66 2 3987624（曼谷）
传真：+66 76 205381

Nai Thon Beach Villa

共4间客房，价格在2300～3000泰铢/晚之间。
地址：28/5 Tambon Sakhu, Amphoe Thalang
电话：+66 76 341456，+66 76 205405-7，分机101-102
传真：+66 76 340128

■ Nai Thon Buri Beach Resort Phuket

共88间客房，1800～2500泰铢/晚。

地址：9 Moo 4, Tambon Sakhu, Amphoe Thalang

电话：+66 76 318700，+66 76 205500，
+66 2 6630400-3（曼谷）

在Nai Yang

Airport Resort

有16间客房，1700～2500泰铢/晚。

地址：80/15 Moo 1，Tambon Sakhu, Amphoe Thalang

电话：+66 76 327697

www.phuketairportresort.com

Arahmas Resort & Spa Phuket

共117 间客房，6000～52000泰铢/晚。

地址：92 Moo 3，Ban Na Tai，Tambon Sakhu

电话：+66 76 316000，+66 2 2070703

传真：+66 76 316095

www.arahmas.com

Garden Cottage

共16间客房，1000～1500泰铢/晚。

地址：53/1 Moo 1, Hat Nai Yang, Tambon Sakhu

电话：+66 76 327293

www.de.geocities.com/gardencottage

Kasalong Phuket Resort

共16间客房，房间价格在2200～4500泰铢/晚之间。

地址：9 Moo 35 Tambon Sakhu

电话：+66 76 205208-9

传真：+66 76 327646

www.kasalongphuket.com

离开

回到普吉镇相对比较容易，当地巴士穿梭于普吉和卡隆/卡塔海滩之间。票价为每人30泰铢。这里同样也有从普吉镇到曼谷或泰国大陆其他目的地的巴士。穿梭出租车和迷你巴士运载您从城镇到普吉机场。当然您也可选择乘坐出租车到机场，但这可能会相对贵点，花费在600泰铢左右。

Banyan Tree Phuket

www.banyantree.com Add:33, 33/27 Moo 4, Srisoonthorn Road, Cherngtalay, Amphur Talang, Phuket 83110, Thailand

普吉岛周边的岛屿

KO YAO 群岛

Ko Yao群岛有时被写成Koyao，是普吉岛和甲米之间的一个群岛。这里有两个主岛：Ko Yao Noi（小长岛）和Ko Yao Yai。Ko Yao占地137平方公里，大部分的居民是穆斯林。

到达

从普吉，攀牙和甲米都可以到Ko Yao群岛，但是其中最简便的路线就是从普吉出发。从普吉岛（有2个码头）、甲米（Tha Len）和攀牙到Ko Yao Noi的发船时间表如下：

普吉岛（Bang Rong码头）：09 ：30；11 ：00；12 ：30；14 ：30；16 ：00和17 ：00。渡轮07 ：00和07 ：30从Ko Yao Noi岛出发返程。单程费用是40铢。全程需45分钟。

普吉岛（Rastdad码头）：10 ：30和14 ：00

甲米（Tha Len）：11 ：00和13 ：00

攀牙：07 ：00

每艘长尾船租价是1000铢。

游客还可以从普吉岛（Thian Sin码头）乘10 ：00和14 ：00的渡轮去Ko Yao Yai。渡轮12 ：00从Ko Yao Yai（Lo Chak码头）返程。旅程大约1小时。单程票价50泰铢。在Ko Yao Noi和 Ko Yao Yai有长尾船接送服务。全程10分钟。

从Ko Yao Noi乘船到普吉岛（2码头）、甲米（Tha Len码头）和攀牙的发船时间表如下：

普吉岛（Bang Rong码头）：07 ：30；10 ：00；13 ：30和 15 ：00

普吉岛（Ratsada码头）：08 ：05和15 ：05

甲米（Tha Len码头）：07 ：30

攀牙：07 ：30

所有行程费用为每人100泰铢，单程摩托艇120泰铢，费用船上交付。

有规律的长尾船白天在Yao Yai岛（Chonglad码头）和Yao Noi岛（Manok码头）之间运营，费用为20泰铢/人。下船再花30泰铢乘坐10～15分钟的摩托车即可到达。

所有来往于Yao Noi岛的船只，发船时间表每月更新一次。www.koyaonoi.com/Ferries.html。

在航空方面，来自泰国各个目的地的航班每日都往返Ko Yao群岛。

游览

Ko Yao Noi中心是山地，任何一面都有海滩。东面的海滩适合游泳和浮潜，西面种植着水稻，风景如画。在红树林里栖息着各种犀鸟，是观鸟的好去处。

Ko Yao Noi景点

Hat Pa Sai 距Ko Yao Noi的县办事处7公里。白色的沙滩上覆盖着茂密的树林。从Hat Pa Sai可以看到远处风景优美的甲米半岛。

Hat Tha Kao 距Ko Yao Noi的县办事处5公里。岛上分布着颜色、形状各异的石头。在落潮时，您可以步行去附近另外一个小岛。

Ko Yao Yai景点

Ao Ti Kut，位于Ko Yao Yai。此海湾有白色的沙滩，北面有一个美丽的岩石海岬，其沙滩上覆盖着一排排葱郁的松树。

Ao Klong Son，岛上遍布着美丽的白色沙滩和葱郁的松林。沙滩的最左边是丰富多彩的岩石，上面有同样美丽多彩的小鹅卵石。建议游泳或潜水，在海底您可以欣赏美丽的珊瑚。

Ao Hin Kong，位于Ko Yao Yai上。沙滩上有许多松树。因为海湾有许多小鳐鱼，所以这不适合游泳。这里还居住着一些以捕鱼为生的穆斯林。

Ao Lan，这个海湾有美丽的海滩，很适合游泳。北面的一个海角上面是陡峭的悬崖，悬崖下面是深海。乘船是到那里最便利的交通方式。

Ao Sai，岛上有细腻的白沙，海湾上有许多美丽的岩层，适宜游泳。

Hat Lo Pa Raet，长长的沙滩一直往前延伸，沙滩上种着许多椰子树。海湾北边的海角上有许多岩层，海水也很适宜游泳。

Laem Nok Ok，位于Ko Yao Yai。海滩上有许多的岩层和颜色各异的小石块，适宜游泳。

游览路线

Ko Yao Noi——4天/3晚旅行

第1天

从普吉岛（Bang Rong码头）或甲米（Talen码头）乘渡轮出发来到Ko Yao Noi，大约需要50分钟。到达后乘坐嘟嘟出租车寻找过夜地点。之后可以享受下午的太阳浴、游泳，晚上享用海鲜晚宴。

第2天

租一条长尾船，进行观光，午餐享受野餐。您可以参观Ko Hong和Tarnboke Koranee国家海洋公园以及附近岛屿，您还可以参加攀岩活动、游览燕子洞、游泳、浮潜等。

第3天

早起，欣赏日出。租辆脚踏车、摩托车或者嘟嘟车进行环岛游览。您可以寻找一些漂亮的海滩放松。岛屿周围还有一些寄宿家庭，如果您想感受一下当地人的生活，可以选择在这里住宿。Ko Yao Noi还是大量腰果的生产地。请尽情享受这种放松的氛围吧！

第4天

您可以到较大和有较少人居住的Ko Yao Yai进行游览。

活动

您可以在这里欣赏世界锦标赛级别的专业泰拳。如果您是潜水爱好者，您还可以在Lam Sai Village Hotel的Ko Yao国际潜水学校潜水。

www.lamsaihotel.com/diving.htm

Ko Kayak Expeditions

www.kayakthailand.com

电话：+ 66 87 9294320

饮食

Ko Yao Noi有一些餐厅和小吃摊，这些都是最近才开放的。椰子岛，位于住宿集中地和主城镇之间的主路之上。美味的海鲜很适合低预算游客。

Sabai Corner Bungalows

意大利人开的，餐厅中提供西餐，尤其是美味的意大利食物。番茄意大利面味道非常不错!

Tabaek Viewpoint Bungalows

提供地道的日本料理，消费在75泰铢以下。平房顶端是餐厅所在。

Thai Hideaway Restaurant

您可以在这个私人泳池别墅餐厅享受特别的一晚：新鲜的海鲜烧烤、正宗的泰国美食和三明治，保证物有所值。请提前预定。

jasmin@thaihideaway.com

Good View Restaurant

餐厅提供地道的海鲜，每天营业时间：10：00－22：00。

www.goodviewkohyao.com/

Cha's Noodle Shop

这里亚洲风格的面条味美价廉，值得一试。

地址：Ban Prunai，Yao Yai

酒吧

Good View Restaurant

餐厅提供美味、美景、好音乐（现场音乐）。
开放时间：10：00－22：00
电话: +66 76 5974451
www.goodviewkohyao.com/

The Pyramid Bar

酒吧是一间茅草屋风格的平房。酒吧是开放的，菜单不错，食物味道挺好，各种酒品也不错，还有撞球台，这里是夜晚小聚的最佳地点！

住宿

Thiwsonbeach

共有12间私人海滨平房，可观赏攀牙湾的美景，惊人的日出让人流连忘返，价格在800～3000泰铢/晚之间。
地址：58/4 Moo 4 T Yao Yai
电话：+66 81 9567582
www.thiwsonbeach.com

Lam Sai Village Hotel

空调海景房间带泳池，另外酒店还有泰拳培训。800～3200泰铢/晚。
www.lamsaihotel.com

Ko Yao Island Resort

15间豪华别墅，泰国传统建筑风格设计，融合了椰林设置。每个别墅都面临海滩，带有私人花园，配备齐全，既现代又舒适。价格在6500～11800泰铢/晚之间。
电话：+66 76 597474/6
www.koyao.com；www.koyaoisland.com

Koyao Bay Pavilions

亭台套房的价格中包含每天两小时的泰式按摩。5000泰铢/晚起。
地址：46/7 Moo 5, T. Koh Yao Noi
电话：+66 76 597441
www.koyaobay.com

Elixir Resort

度假村经营Elixir潜水者潜水中心,有40间宽敞的私人别墅，5000泰铢/晚起。

电话：+66 78 083838，+66 78 093838

传真：+66 75 934440

E-mail:sales@elixirresort.com

www.elixirresort.com/

Yao Yai Resort

19间不同的海滨平房小屋，带有私人阳台，价格在700～2400泰铢/晚之间。

电话：+66 81 9684641

传真：+66 86 4714487

www.yaoyairesort.com/

Tha Khao Bay View

地址： 4/8 Moo 4, Tumbon Ko Yao Noi, Amphoe Ko Yao, Changwat Phangnga 82190（从Tha Kao码头向右转，沿路直走10分钟即可到达，或从Manok码头乘坐songthaew前往）

电话：+66 76 597559，+66 86 9420812

The Bay View

在东海岸的Tha Khao海滩之上，友好和热情的Ling先生和他可爱的家人经营着the Bay View。小屋是套房，干净，位于海滩之上20米的地方，可以欣赏到旖旎的海湾景色。强烈推荐您去Ling先生兄弟经营的一间轻松的酒吧，建立在沙滩附近的一条船上。餐厅的食物非常不错，景色也很美，旺季500～700泰铢/晚。

联络

作为攀牙湾群岛中最大的海岛，Ko Yao Noi有医院、学校和一个邮局。岛上24小时供电，有网络接口、移动电话连接以及自动取款机。

KO RACHA YAI & KO RAYA NOI

位于普吉岛东南沿海附近的双子岛，也被称为Ko Raya Yai和Ko Raya Noi。岛屿以清澈碧蓝的海水而闻名，终年是潜水爱好者的天堂。Racha Yai岛的洁白沙滩上有住宿地点，Racha Yai岛也越来越受游客欢迎。

到达

从查龙湾和Rawai包船可以到达Racha Yai岛美丽的海滩。船只类型不同，旅行时间不同：

乘坐快船行程需要45分钟；潜水船、渔船和大船旅行时间大约1.5～3小时（根据季节变化而定，通常夏季时间会长一些）。您还可以包租一只长尾船，在平静的海面行驶，行程大约需要2小时。

Racha Noi岛距离Raya Yai10公里，有珊瑚礁，岩石多于海滩。西部的小海湾是船只停泊地。Raya Noi岛的海水翠绿清澈，这里的渔业很知名，但不推荐游泳。Racha Yai岛可全年游览，镇上有旅行社提供观光和潜水服务。海湾南部的山顶可以瞭望到整座岛屿的壮美景色。

游览

您可以步行游览Racha Yai岛。小岛上的小路连接着所有海滩和度假村。您可以步行从Bungalow Bay到Siam Beach然后再返回来。也可以租一条长尾船到其他海滩去游览。

大多数游客都喜欢来到宁静的Racha Yai岛，以逃避普吉岛和珊瑚岛的喧嚣。轻松漫步于岛上的小路，您可以看到美妙的椰林，偶尔还可瞥见附近的水牛。

活动

Rustling Palms on Raya Coral Island

如果您想暂时远离热闹的普吉岛，Ko Raya就是个完美的目的地。来到Ko Raya宁静的岛屿进行4天的游览，您可以享受风景如画的海湾、白色的沙滩、摇曳的椰林、绿松石般的海水以及美妙的珊瑚礁。这里也是一个学习潜水的好地方，因此您可以在这里预定潜水课程。
www.thailandtravelplan.co.uk/ko-raya-island.htm

浮潜

普吉岛最完美的秘密潜水地就在Racha Yai岛。这里海水清澈，能见度高，是普吉岛附近最佳的潜水地之一。海水呈绿松石色，水下孕育大量海洋生物。大多数潜水是从Batok湾或Raya湾的岸边开始。

潜水

Racha Yai岛是普吉岛最著名的潜水胜地，那里有倾斜的岩礁和坚固的珊瑚森林。Ter海湾水深25～35米处有扣人心弦的沉船残骸。Racha Yai岛南区Racha Noi是潜水者的天堂：水深、水流强。这里的总体地形与Racha Yai截然不同，有巨大的花岗岩石块。在Racha Noi潜水比Racha Yai更具挑战性。

潜水旅游及短途一日游

泰国普吉潜水旅游公司（ALOHA SNUBA），提供各种浮潜游览选择。
电话：+66 8 1917 6822

SNUBA

Racha Yai的珊瑚礁和深度非常适合SNUBA。SNUBA结合了潜水和浮潜，多了一点冒险和刺激，深受家庭、夫妇以及小型旅游团队的喜爱。专业潜水导游陪同游览，并在客人下水前提供指导。SNUBA只允许在通过SNUBA娱乐中心许可的地方提供该服务。

泰国普吉潜水旅游公司（ALOHA SNUBA）提供Racha Yai的潜水旅行。建议提前预订。
电话：+66 8 1917 6822
传真: +66 76 289638
www.SnubaThailand.com

景点

Racha Yai和Racha Noi周围的海水如水晶般清澈，呈绿松石色。在附近的海滩或海湾可以以游泳来消磨时光，海水温和旖旎。靠近海湾的地方有游泳区域。

Racha Yai岛是非常良好的放松地。这里有很少的船只和游客，比较安静。海滩上白色的细沙，宽敞的空间，让人感到很放松。租一把太阳躺椅沐浴阳光，惬意十足。

饮食

在Racha Yai没有太多可买的东西。在海湾的一面有一个小商店，出售各种小商品。如果您的小孩忘记带泳衣，您可以在这里买到。Ban Raya和The Racha度假村出售小型迷你果汁、饮用水和小吃。

Racha度假村提供早餐、午餐和晚餐，提供五星级的餐厅服务。Ban Raya有一个非常好的高档餐厅，这里被四周的椰树和安达曼海景环绕着。暹罗海滩有一些泰式风格的餐厅提供泰式餐饮。暹罗海滩上有若干小平房式的度假村提供沙滩椅子和凉爽的饮料。

住宿

当您准备在此留宿时，这里只有Ko Racha Yai提供住宿。

Ban Raya

共38间房，价格在1860～7560泰铢/晚之间。
地址：7/26Ratsadanuson Rd.
www.banrayaresort.com/

Bungalow Raya

低预算房间，价格在1300～1600泰铢/晚之间。
www.bungalowraya.com/

Raya Father Resort

共10间房，700泰铢/晚。
地址：Chao Fa Rd. 2 7/1 Moo 1
电话：+66 81 8934430

Raya Resort

共18间房，900～1200泰铢/晚。
地址：30/4 Moo 5 Rawai
电话：+66 76 288271

The Racha

共71间房，18000～23000泰铢/晚之间。
地址：PO.Box 213
电话：+66 76 355455，+66 76 355414

Jungle Bungalow

共10间房，500～700泰铢/晚之间。
地址：12/5 Moo 4 Rawai
电话：+66 76 288550

联系

移动电话在Racha Yai岛畅通无阻。Ban Raya和Racha 度假村有网络可以上网。

KO BON

普吉岛南部的一个小岛屿。岛上拥有白色的沙滩，适合游泳和一日游。这里是普吉岛周边真正奢侈的一岛一天堂的隐居之地。

到达

乘船从Rawai或Laem Kalt仅需10分钟就可以到达Ko Bon。您也可以在大多数普吉岛的主沙滩旁包租一艘长尾船前往。

餐饮

岛上有一个英国人经营的餐馆。傍晚呆在这里喝上一杯鸡尾酒，欣赏着Laem Phrom Thep日落，惬意十足。

住宿

这里仅有一套单元房，由Evason Phuket & Six Senses Spa提供。
地址：100 Vised Rd., Moo 2, Tambol Rawai, Muang
电话：+66 76 381010
传真：+66 76 381018
E-mail: reservations-phuket@sixsenses.com
www.sixsenses.com

KO HAE

Ko Hae有时也拼成Ko Hey，也被称为珊瑚岛，是泰国普吉岛东南部沿海的一个岛屿。

到达

船只从Rawai和Chalong起航，同时也有旅行团游览。

游览

每天大量游客到达珊瑚岛进行参观游览。在距海岸更远的较深水域还可以看到一些漂亮的珊瑚。在距离长滩和香蕉海滩约100米处的地方有巨大的形似鹿角的珊瑚礁。除了精彩的珊瑚礁，在岛屿的北部和西部还有两个美丽的海滩。Ko Hae是海洋保护区的一部分，但也有住宿、餐厅、各种水上运动和潜水设施。

因为岛屿非常靠近普吉岛，这里的水流还算平稳，水下能见度还好，但也非常有限。建议在远离岸边的水域进行游泳和浮潜活动，以避免因海上繁忙的运输工具而造成伤害。

Aloha Snuba Thailand

提供长尾船、快艇，进行到珊瑚岛的潜水游览、普吉岛的浮潜游览。

Coral Island Resort

在查龙湾乘坐快艇游览，淡季1800～3000泰铢/晚，旺季2800～3600泰铢/晚，超高峰期3700～4900泰铢/晚。
电话：+66 76 281060-2
传真：+66 76 381957
www.coralislandresort.com

KO LON

Ko Lon是普吉岛沿岸不远处的一个小岛，岛上多山，沿岸土地广阔平坦。岛上主要是穆斯林居民，他们从事渔业、橡胶业和椰子种植业等。

到达

从查龙湾出发的渡轮服务只在清晨运营。

住宿

Baan Mai Cottage

共9间客房，6900～18000泰铢/晚。
地址：35/1 Moo 3, Tambon Rawai, Amphoe Mueang
电话：+66 76 223095
www.baanmai.com

Cruiser Island Resort

共30间客房，价格在3900～6800泰铢/晚之间。
地址：Wiset Rd. 34/2 Moo 3
电话：+66 76 383210
传真：+66 76 383211
www.cruiserislandresort.com

KO MAI THON

Ko Mai Thon 是普吉岛东南沿海不远处的一个小岛。这里有普吉岛周边海岛中最贵的酒店之一，是一岛一天堂的奢华酒店。

到达

在普吉城镇北的Laem Hin码头乘船可达该岛，大约15分钟。

游览

该岛以其完美的自然环境而著名，包括雪白的沙滩，清澈的海水，适合游泳、潜水、钓鱼。那些不希望在岛上过夜的游客可以参加由旅行社组织的白天游览。

这里只有一家酒店可以住宿，但是非常贵。

Mai Thon Resort

共60间客房，9000～21000泰铢/晚。
地址：Sakdidet Rd. 100 Moo 7
电话：+66 76 214954-5
传真：+66 76 214959，+66 2 6191119

KO MAPHRAO

Ko Maphrao 又称为椰岛，位于普吉岛东海岸。

游览

在岛上可以进行的活动包括参观渔村、沿天然小径散步、钓鱼和骑脚踏车。

住宿

岛上有为游客提供的平房和寄宿家庭住宿。

KO SI RE

这里也称为Ko Si Le，普吉岛沿海的一个岛屿。名字发音是"Sih Reh"。

到达

普吉岛主岛被Khlong Tha Chin分为两部分，20平方公里的岛屿由一条堤道连接通向城市。

游览

Wat Ko Si-Re，是位于山上的一座大卧佛寺，从山上可以看到周围不错的景色。

普吉岛最大的海上吉普赛人（Chao L）居住地，在Laem Tuk-kae 的Si-Re岛。混浊的海底不适合游泳。参观海上吉普赛社区。这里虽然有些落后，但是纯朴的人们、真挚的笑容会让您为之动容！

购物

Barbara，各色价廉的珍珠、贝壳和移动电话。价格比起普吉城镇便宜得多。别忘记微笑的讲价，海上吉普赛人非常友好！

饮食

Ban Sile

共13间房，1500～1200泰铢/晚之间。
地址：Theppratthan Rd. 29/12 Moo 1
电话：+66 76 252606-8

Gypsy Beach Bungalow

共5间房,350泰铢/晚。
地址：77 Moo 4
电话：+66 76 222042

Northeastern Seafood Kitchen & Bungalow

有6 间房，300～400泰铢/晚。
地址：Theppratthan Rd.
电话：+66 76 213209

Phuket Island Hopper

共9间房，价格在900～2500泰铢/晚之间。
地址：Theppratthan Rd. 29/12 Moo 1
电话：+66 76 252606-8

Phi Phi Bayview Resort

www.phiphibayview.com

Add: 69/1 Moo 7 - Laem Hin Beach - Phi Phi Island, Phi Phi Islands, Thailand

皮皮岛 KO PHI PHI

皮皮岛是位于甲米南部的一个小群岛。皮皮岛由6个岛屿构成，其中最主要的两个岛屿是Phi Phi Don和Phi Phi Leh，整个岛屿被安达曼海所包围，并因美国影片《海滩》而风靡全世界。

概况

已命名的岛屿是：

Ko Phi Phi Don，最大且唯一有人居住的海岛。

Ko Phi Phi Leh（亦称为Ko Phi Phi Lai），一个位于南部的较小岛屿，电影《海滩》曾在这里拍摄，这是游客们非常喜爱的旅游目的地。岛屿无人居住，游客们来到这里可以采摘燕窝，也可以到玛雅湾（Maya Bay）漫步。玛雅湾白天有大量游人到访，这里是同名电影的拍摄地。

Ko Phai（竹岛），一个位于Ko Phi Phi Don北部更小的岛，有几个不错的海滩。

Ko Yung（蚊岛），位于Ko Phi Phi Don北部，岛的东部有一个石头海滩，小沙滩位于山脚下，这里布满了各种精美的珊瑚礁。

Bida Nok和Bida Nai，是Ko Phi Phi Leh南部的两个喀斯特岩小岛，垂直的峭壁从海上耸立起来。

天气

该地区属热带气候，分为两个季节：5～12月是多雨季节；1～4月是炎热季节，年平均气温在25～32℃之间，年平均降雨量为2568.5毫米，这一地区雨量大但持续时间较短。

到达

乘船

乘船到皮皮岛游览是目前最便捷的方式之一。渡轮每日从普吉和甲米出发前往皮皮岛。从甲米出发的渡轮每天有两班，发船时间是：09：00和14：30；从普吉出发的渡轮每天有三班，发船时间是：09：00、11：00和14：30。门票可在码头、旅游办事处以及大多数宾馆和酒店前台购买。您也可以在线购买：www.PhiphiFerry.com

船票价格

您可在普吉码头购买船票，单程票600泰铢，往返船票1000泰铢。如果您在宾馆住宿，可以买到300～350泰铢的单程票。

从普吉岛机场到普吉码头（Rassada码头）乘坐有咪表的出租车大约需要500泰铢。全程30公里，需要45分钟可到达。

从甲米镇出发大约需450泰铢。通常渡轮从Klong Jilard码头出发，电话：+66 75 620052，码头位于甲米城镇外3公里，到码头的免费出租车费也应包含在票价之内。很多时候，他们会带您到附近的Chao Fah码头，卖给您额外的住宿或旅游服务。因此您一定要注意，只买自己需要的票就可以了，不要理睬别人的推荐。

从兰达岛出发需300泰铢。

乘飞机

Destination Air Shuttle（www.destinationair.com/），直航来往于普吉岛国际机场和其他受欢迎的安达曼沿海目的地的水上飞机。在淡季，他们经常进行从皮皮岛到普吉机场的机票促销，价格仅需200泰铢（旺季6000泰铢）。水上飞机在靠近北端的小机场（Laem Thong）着陆，接下来乘坐长尾船前往皮皮岛，需要30分钟。

从皮皮岛前往普吉岛机场最普遍的一种方式是车船联乘，乘船（400泰铢）、出租车（700泰铢），一共需要大概1200泰铢。

甲米国际机场（KBV）距离城市10公里，距离城市中心15公里，距离奥南（Ao Nang）40公里，距离Had Yao 23公里。泰航有每日直飞曼谷的航班，亚航也有来自曼谷和吉隆坡的航班。曼谷航空几乎每天都有来往甲米和苏梅岛的航班。Nok Air运营每天从曼谷（廊曼机场）飞往甲米的航班。Destination Air Shuttle，泰国唯一的海上飞机服务运营商，经营从普吉岛飞往甲米（兰达岛）和其他众多外岛的航班。

欲知更多详情，请拨打

泰国国际航空公共有限公司
电话：+66 2 2800060，+66 2 6282000，
+66 2 3561111，+66 75 701591-93
www.thaiairways.com

Air Asia Airlines
电话：+66 2 5159999
www.airasia.com/

Nok Air
电话：+66 2 6272000，1318

Bangkok Airway
电话：+66 2 6555555，+66 2 2655678
www.bangkokair.com/

国际离境税附加费是700泰铢，通常包含在机票价格中；国内离境税也包含在机票中。

甲米国际机场
电话：+66 75 636541-2

National Car Rental和Budget Car Rental在机场有分店；在航站楼外有摩托出租车租赁服务。

Krabi Limousine，在机场航站楼有柜台，提供豪华出租车（使用大型空调轿车）开往甲米，费用是500泰铢；开往普吉岛是2500泰铢。
电话：+66 75 692073

Krabi.com提供出租车和少量迷你巴士，网上预订需要信用卡预先支付200泰铢押金。

空调机场大巴于2007年开始运营，到甲米的费用是90泰铢。乘坐Songthaew 到甲米城镇大概是40泰铢。如果是去机场，驾驶员将会载您停在正确的航站楼外。

乘巴士

皮皮岛是一个群岛，您最终还是需要通过乘船或乘飞机到达。机场大巴穿梭在甲米机场和普吉岛机场之间，一天多次，普通巴士每2小时发一次车。这里还有从南部各省出发开往甲米的巴士。来自曼谷南部巴士终点站的巴士到达甲米需要12小时，电话：+66 2 4351199，发车时间如下：

贵宾车，发车时间：07：20，1055泰铢。
一等车，发车时间：19：00，680泰铢。
二等车，发车时间：07：30、19：00、19：30、21：00，378泰铢。

乘火车

到达甲米最近的火车站在董里，其位于甲米的南部。

游览

皮皮岛上没有机动化的运输工具，虽然有几辆摩托车和小卡车，但其通常用于货物和建筑材料运输。陆上可以使用自行车，步行可以前往很多地点。在人口密集的通赛（Ton Sai），许多地方也只有10分钟的步行距离。长尾出租船在所有海滩之间运营。从通赛（Ton Sai）到长滩一般需要40泰铢/人，在晚上至少80泰铢/人。如果包整条小船至少要100 泰铢/人。运输行李的独轮车是免费的，它可以把您的行李从码头运到您所下榻的酒店。

在皮皮岛周围游览的最普遍方式是步行或乘坐长尾船。价格可以商量，商量的依据通常是您所到目的地以及所需时间。例如，从普吉岛Holiday Inn Resort到Ko Phi Phi Leh和通赛湾（Ton Sai Bay）需要6小时，1200泰铢。

景点

Ko Phi Phi Don

这个岛屿是皮皮岛6个岛中最大的一个。它位于通赛（Ton Sai），定居着原始居民，现在是主要居住区。Ko Phi Phi Don是世界上最神奇的岛屿之一。

观景台

您可以步行至186米高的观景台（有非常陡峭的台阶，需要10～25分钟，适合健身），站在观景台上，整个海岛一览无余，特别是在黎明或日落。您将惊奇的发现，狭窄的沙滩小路将两个海岛连接起来。

猴子海滩

适合散步，也可以租用独木舟，或是懒散的坐在长尾船上。不要忘记采摘一些香蕉喂猴子!

焰火表演

在海岛上，每晚都有几场令人惊奇的焰火表演，包括在Carlito's、Apache Bar、Hippies、Carpe Diem、The Tia以及Millie Sunflower Bar。

海啸纪念馆

在Tia和Millie Sunflower Bar附近的地方，纪念馆的修建是为了对这场悲剧的受害者致以哀悼和缅怀。

Yao海滩

位于通赛（Ton Sai）以南，提供给游客一些美丽的景色，这里还适合潜水和浮潜。您可以从通赛步行或乘坐长尾船到达这里。

Lanti海滩

紧邻Yao海滩，Lanti海滩有美丽的风景和珊瑚礁。您可以步行到达这里。

■ Hin Khao海滩

这个海滩非常的宁静，可以步行到达。

■ Ton Sai Bay

通赛湾（Ton Sai Bay）到处是餐馆、酒吧、酒店或宾馆。因为方便，大部分游客会留在这里。尽管它不是皮皮岛最美丽的地方，但仍然令人印象深刻。

■ Laem Thong

位于岛屿的北部，提供给游客美丽的景色和宁静的海滩。Laem Thong的住宿针对的是高消费游客。

其他岛屿

■ Ko Phi Phi Leh

是皮皮岛上的第二大岛，漂亮清新。除了海滩，岛上的其他景点还包括Phaya Naak洞穴，洞穴内有史前绘画和可食用的金丝燕燕窝。玛雅湾可以说是皮皮岛最美妙的沙滩，1998年莱昂纳多•迪卡普里奥的电影《海滩》就在这里拍摄取景。海湾内有很多海洋生物，是一个适合经验丰富的潜水者的潜水胜地。

■ Yung Island

这个岛位于Ko Phi Phi Don以北，有岩石海滩和一些珊瑚。

■ Pai Island

距离Yung Island 不远，位于岛屿的东部和北部，到处是洁白的沙滩。

其他景点

■ Ko Pida Nok

除了漂亮的珊瑚，这个岛拥有丰富的海洋生物，包括：鲨鱼、海龟和海鳗等。这个岛深受潜水者喜爱。

■ Ko Pida Nai

作为姐妹岛屿，这里是一个潜水的好去处。

Shark Point (Hin Bida)

这是带有珊瑚礁的海洋保护区，由三个珊瑚礁组成。其中最大的一个破地而出，如同一块荒芜突兀的岩石。珊瑚礁是热带鱼、五颜六色的软珊瑚以及充满活力的海扇之家，它们装饰且丰富了的这片海域。

Garang Heng

这是位于Ko Phi Phi Leh以东很小的一块暗礁，这里有海葵、软珊瑚和良好的珊瑚礁。

Wang Long

这个地点是众所周知的水下洞穴系统，建议经验丰富的潜水爱好者探索。

King Cruiser Wreck

是距离皮皮岛不远的极品潜水胜地。国王号游船（King Cruiser）曾经于1997年在这里触礁沉没。这里的海葵吸引了大量的鱼类，包括热带鱼、笛鲷、石斑鱼、小丑鱼、金枪鱼、梭鱼以及偶尔可见的鲨鱼等。

Hin Dot

这些淹没的尖峰，通常被称为烟囱岩，只在皮皮岛南部有。

Lohsamah Bay

海湾备受夜间潜水者的喜爱。沙底隐藏有牡蛎、蛤蚌、珊瑚礁。在海湾的东侧有一个15米深的壮观的峡谷，适合游泳。

Hin Pae

这里是相对较浅的潜水地点，只有10～15米深，水深较浅却是出色的潜水地。这里的软、硬珊瑚种类繁多，螃蟹、龙虾、神仙鱼、石斑鱼、笛鲷及刺尾鱼都栖息在这个区域，可谓热带鱼类的庇护所。

活动

乘坐长尾船游览玛雅海湾（Ko Phi Phi Leh）

这个“秘密海滩”是电影《海滩》的外景拍摄地。海滩在海岛的对面，也是小船登陆的地方，海水非常清澈。高度推荐：来玛雅海湾最好在08：00之前到达，这时海滩宁静无人打扰。一到09：00，充满好奇的欧洲和日本旅游团从普吉岛乘坐快艇纷至沓来。在11：00大概就会有将近40艘快艇停靠在海滩上，同时还会伴有轰隆的引擎声，一切宁静就会被打破。在旺季（10～次年5月）您将感到自己仿佛置身于迪斯尼乐园，但在淡季您会惊奇地发现这里只是少数背包客的天堂。

注：从2007年起，公园管理处开始强制收取公园管理费200泰铢/人，如果您参加了一日游，费用会包含在旅行价格中。

浮潜（Snorkeling）

在长滩之间有以“鲨鱼点”著称的两个礁石。礁石附近，有时能看见鲨鱼。冒险俱乐部潜水中心经营“观赏鲨鱼”的浮潜旅行项目，并保证能在鲨鱼点看见鲨鱼。许多潜水学校欢迎浮潜爱好者乘坐他们的潜水船，但唯一能看到水下奇迹的还是水肺潜水者。竹岛和蚊岛是相当好的潜水点，虽然您要经过海浪的洗礼并长途跋涉才可到达那边。若想寻找一个看鲨鱼的好机会，选择Paradise Diving（www.divethailand.com/）商店，他们将带您去黑礁石中探寻鲨鱼的栖息地，天堂潜水商店位于长滩中间的天堂度假村（www.paradiseresort.co.th/）。

深潜（SCUBA Diving）

这里有许多潜水商店和一些非常好的潜水地点，比较经典的是在两个无比精彩的海底世界进行潜水，大约2200泰铢。

www.divethailand.com/

Blue View Divers

一个很受欢迎的潜水中心，是一级潜水景点，也是生态友好绿鳍潜水中心。可以乘坐传统的长尾船（一条船上最多乘坐8人）自由掌握离开时间前往潜水地，避开人多拥挤的地点，还可以在Ko Phi Phi Leh海滩享用潜水中心提供的午餐。皮皮岛海洋公园潜水2500泰铢，自带潜水设备2000泰铢。

www.blueviewdivers.com

舞会

在皮皮岛，有好几个地方可以跳舞。Tiger Bar、Carlitos和Apache Bar禁止自带酒水前往，尽管这样，您很难找到不喝上一杯的理由。

攀岩

有机会可以攀岩。这有几家商店租赁设备，提供指南或提供基本培训。这里和著名的莱雷海滩不一样，有许多条路线，都是相似的喀斯特岩峭壁，但这里比在莱雷更拥挤。这里的峭壁有很多是被攀爬过的，所以感觉容易很多，回首远眺，景色非常壮观。

独木舟

皮皮岛拥有扣人心弦的风景，是理想的划独木舟的地点。您可以单独划船，也可参加团体的独木舟旅行。独木舟租赁可以按小时，也可按天。

蹦极

蹦极在通赛湾是一个相当新的项目。从6～16米高的悬崖上纵身跳下，非常惊险刺激。绝佳的地况使这里成为理想的蹦极场所。通赛湾有组团蹦极团队，但一定要注意安全避免受伤。

观鸟

这里最好的观鸟时节是每年1～4月。到时可以看到许多稀有鸟类：翠鸟、白鹭、苍鹭……

钓鱼

这里的鱼种类繁多，有马林鱼、旗鱼、梭鱼和金枪鱼。

购物

多数商品是通过小船运来的，并非原产，故其价格要比在大陆的销售价格昂贵许多。不过海岛上也有几家商店制造自己的产品，各个商店之间价格时常有变化。

D's Books，在皮皮岛有两家店，和许多泰国南部的其他书店一样，是一家非常受人尊重的书店。岛屿上出售的大多数商品都是本地渔夫从普吉镇带来的。日益崛起的商业化和不断增长的游客数量似乎给当地人带来了无尽的惊喜。从价格上来讲，确切地说很多东西都并不是很值得购买，但是如果您是一个健谈的人，也能讲个好价钱。

饮食

泰国南部的食物以辣闻名。众多饮食来源于马来、印度尼西亚以及印度食物。南部最美味的饮食是意大利风味的穆斯林咖喱（Massaman）、鱼露咖喱米线和糯米鸡。

皮皮岛的食物极其多样，对于这样一个小海岛来说，岛上餐馆中的很多食材都是通过小船从大陆运来的。虽然不像泰国其他地方那么壮观，但在这里您还是能找到很多鲜美的饮食体验的。

■ Cosmic

有名的意大利餐馆。在海岛有两家店，提供非常好的薄比萨饼（150泰铢）。除此之外，这里的泰国食物定价也很合理（米饭和菜的价钱均为80泰铢）。

■ Calamaro Resto

一个简单且质量良好的餐厅，提供早餐、新鲜的意大利面、比萨、泰国食品、三明治、水果、甜酒和晚间的鸡尾酒。而最好吃的还要数"炒冰淇淋"。这里的所有食物都很干净、美味，价格也合理。

■ Little Britain

这里提供不错的传统英式早餐，有鸡蛋、亨氏茄汁豆、香肠、熏肉、土豆、蘑菇、黑布丁等。

■ Mr. Tee's

下了渡轮，向左转，在第一个小胡同旁边就能看到这个泰国小餐馆。很多本地人喜欢在这里吃饭，食物很好而且便宜，但非常辣！

■ Papaya

这里是海啸以后第一个被重建的餐馆。这是一家绿色小餐馆，在雷鬼摇摆乐酒吧对面，与老虎酒吧相邻，由热情好客的Nod先生经营。这里的食物物有所值。地道的泰国美食，又热又辣，用百分百"泰国辣"来形容一点也不过分。在本地人之中这里以便宜的泰国饮食而著名。注意：在淡季，餐馆每天17：00以后才开始营业。

■ Tuk's BBQ

位于印第安人酒吧旁边，这里属于摊档，但它绝对是最佳的BBQ，大多数情况下您只需花上30泰铢就能吃得很好。

■ Hibachi

在这里您能吃到日本样式自助餐，餐厅位于雷鬼摇摆乐酒吧旁边。寿司价格为200泰铢，同时也有烧烤和泰国饮食的自助餐。

酒吧

皮皮岛上酒水价格是相当高的，鸡尾酒要180 泰铢。许多酒吧提供相似的娱乐、余兴节目和精彩的焰火表演——因为表演人员是相同的，所以海滩上到处都张贴着他们的海报广告。

通赛湾有丰富多样的夜生活，适合每个人的口味。在主要酒店有爵士、蓝调和经典音乐。如果您追求的是浪漫，您可以选择和您的爱人在星光下小酌鸡尾酒，惬意十足。

Sports Bar

正宗的英国风格运动酒吧。这里是海岛上唯一有英式飞镖游戏的地方。

Apache Bar

是多楼层的酒吧，可俯视通赛（Ton Sai）码头。酒吧每周有表演，如焰火表演，星期六这里还是跳舞的好地方。酒吧位于印第安人酒吧旁边，进入酒吧之前，您会得到一个便宜的塑料酒桶（里面装满了泰国伏特加和红牛饮料）。

Beach Bar

位于海啸原址边上。对于那些想要一份饮料，并安静享受的游客们来说，这里是个不错的选择。

Carlitos Bar

是位于海滩边的轻松酒吧，有和蔼可亲的女服务员。每年冬天，这个地方到处都是斯堪的纳维亚游客，大多数人会在这个时候来此享受漫长的假日。

Carpe Diem

是漂亮、放松的沙滩休闲酒吧。

Tia and Millie Sunflower Bar

在Lohdalum湾，是一个以“方舟”为主题的海滩酒吧，有台球桌和海滩坐椅。这是个观看壮观日落的好地方。

Reggae Bar

酒吧内组织泰拳表演，非常受游客欢迎。如果您在那里，弄不好还会被邀请加入格斗。他们通常会邀请喝多的游客进入圆环比赛护栏内，穿着卡通的防护衣互相摔打。

Ibiza bar

是海滩上的一个舞蹈酒吧。

Rolling Stoned Bar

非常棒的摇滚乐酒吧，有现场乐队表演，有四个台球桌，这是在海岛上非常受欢迎的一个酒吧。

Sports Bar

小的英式酒吧，有台球桌及不错的小吃。

Breakers

是带有巨大宽液晶屏幕式的美式/澳式酒吧。大部分的食物都不错，还有广泛的白酒、生啤酒和苹果酒选择。

Velvet Dojo

皮皮岛最新最时髦的酒吧。外国人经营，有不错的音乐和便宜的饮品。

Tiger Bar

是本地人的酒吧，在Papaya Restaurant和Rolling Stoned Bar旁边。这个小酒吧是一个潜水爱好者的社区。酒吧在00：00—00：15提供免费的酒水。
www.myspace.com/tigerbarphiphi

Woodys Bar

酒吧有几张桌在室外，紧挨Apache酒吧。工作人员很幽默，酒吧中经常演奏Beatles的歌曲。拿着一个180泰铢的酒水桶在海滩散步是件非常惬意的事情。

住宿

这里的住宿费用相对昂贵——双人标准间价格从400～1000泰铢/晚不等，越接近海滩越贵。如果您是个低预算的背包客，要想找到好价格的住宿地点，需要多费点力气。耐心寻找，您会发现一些200～300泰铢/晚的小平房，但一定要照看好自己的贵重物品！如果是在9～次年5月的旺季期间，价格会是双倍。除此之外，其他时候您还是可以找到200～300泰铢/晚这样相对比较便宜的房子的。最好在满月舞会之前到达皮皮岛，因为很多人在舞会之后，会从帕岸岛跑来皮皮岛，那段时间找住的地方就会变得非常困难。尤其是那些没坐早晨的轮渡离开，而是在下午才上船的倒霉家伙。

The Rock Backpacker

有200泰铢/晚的宿舍床位和400 泰铢/晚的双人房。

Holiday Inn Resort

适合夫妻和家庭休闲的度假胜地，这里格外的放松，当然也会昂贵些（按泰国标准）。
电话：+66 75 627300
传真：+66 75 627397
www.phiphi.holidayinn.com/

海滩上有4个度假村：Holiday Inn、Zeavola、Phi Phi Erawan和Phi Phi Natural Resort。花园平房US$60/晚，海景房US$100/晚，，海滨房US$140/晚。

Phi Phi Don Chukit Resort

房间价格在1000～2500泰铢/晚之间。
地址：Tonsai 1 Moo 7
电话：+66 75 618126-09
传真：+66 75 618126

Phi Phi Rimlay

有非常好的空调房，紧邻海滩，空调房800泰铢/晚，风扇房500泰铢/晚起，豪华空调房1200泰铢/晚起。
电话：+66 76 236615

PP Island Resort

是一个不错的蜜月度假圣地，大约4700泰铢/晚。
电话：+66 76 363700
传真：+66 76 363789
www.ppisland.com/

PP Viewpoint

是多种多样的酒店，有带风扇和空调的房间，还有酒吧。所有房间都可以看到海湾美景。酒店有泳池、全面服务的餐饮、两间酒吧、独木舟出租以及潜水训练。
www.phiphiviewpoint.com/

The Rock Backpacker

住宿地干净友好，宿舍床位150泰铢/晚，单人房250泰铢/晚，双人间300泰铢/晚（旺季价格在双倍以上）。
电话：+66 75 612402

View Garden Resort

房间带有浴室、双人床以及共享阳台，300泰铢/晚。

Ton Sai村

Phi Phi Banyan Villa

刚刚装修的一座豪华海滩度假别墅，位于Tonsai海滩附近，有游泳池和一个海边餐厅。

Phitharom PP Resort

共28间客房。

地址：Moo 7, Lo Dalam Bay, Ao Nang, Koh Phi Phi

PP Andaman Legacy

价格在2500～8500泰铢/晚之间。

地址：1/2 Moo 7 Phi Phi Island -Ao Nang, Koh Phi Phi

Andaman Beach Resort

共62间客房，价格在850～5650泰铢/晚之间。

地址：65 Moo 7

电话：+66 75 621427，+66 75 601074，
+66 8 1895 7217（移动电话）

传真：+66 75 601078

Banyan Villa

共62间客房，价格在1700～3300泰铢/晚之间。

地址：129 Moo 7

Bay View Resort

共70间客房，价格在1200～4000泰铢/晚之间。

地址：69 Moo 7

电话：+66 75 618196，+66 75 601126

Chao Koh Phi Phi Lodge

共47间客房，900～5200泰铢/晚。

地址：157 Moo 7

电话：+66 2 6730966，+66 2 2119654，
+66 2 6733322（曼谷）

Garden Inn Bungalow

共9间客房，400～1300泰铢/晚。

地址：161 Moo 7

电话：+66 75 601071，+66 8 9651 7194

长滩

Araya Buri Resort

共38间客房，1600～4400泰铢/晚。
电话：+66 75 621223
传真：+66 75 618195

Paradise Pearl Resort

共50间客房，400～900泰铢/晚。
地址：138 Moo 7, Tambon Ao Nang
电话：+66 75 622100
传真：+66 75 618050

PP Long Beach

共88间客房，400～800泰铢/晚。
电话：+66 75 612217

Phi Phi The Beach Resort

共17间客房，1500～3200泰铢/晚。
电话：+66 8 6120 2112

Lo Ba Kao湾

Phi Phi Island Village

共104间客房，房间价格在3900～27000泰铢/晚之间。
地址：49 Moo 8, Tambon Ao Nang
电话：+66 75 628900，+66 75 612915
传真: +66 75 628955
普吉岛办事处电话：+66 76 215014，
+66 76 222784
曼谷办事处电话：+66 2 5415722-4
传真：+66 2 5415394

海上吉普赛人海湾（Laem Thong）

Holiday Inn Phi Phi Island

共77间客房，2500～5000泰铢/晚。
地址：54 Moo 8，Tambon Ao Nang
电话：+66 75 621334
传真：+66 75 627397

P. P. Erawan Palm Resort

共20间客房，价格在3800～8000泰铢/晚之间。
地址：45/9 Moo 9, Tambon Ao Nang
电话：+66 75 627500-23
传真：+66 75 627524

Phi Phi Natural Resort

共70间客房，1235～10590泰铢/晚。
电话：+66 75 613010-1
传真：+66 75 613000

Zeavola Resort

地址：111 Moo 8
电话：+66 75 627000
传真：+66 75 627023

Lo Da Lam湾

Kinnaree House

共20间客房，1200～2400泰铢/晚。
地址：125/84 Moo 7, Tambon Ao Nang
电话：+66 8 1854 5187，+66 8 1899 1691，
+66 75 601139
传真：+66 75 601138

Phi Phi View Point

共50间客房，800～5400泰铢/晚。
地址：107 Moo 7, Tambon Ao Nang
电话：+66 75 622351
传真：+66 75 618111-2

Tara Inn

共12间客房，200～1800泰铢/晚。
地址：121 Moo 7, Tambon Ao Nang
电话：+66 75 612402

Tropical Garden Bungalow

共28间客房，450～1600泰铢/晚。
地址：18/1 Moo 7, Tambon Ao Nang
电话：+66 8 9729 1436, +66 8 1968 1436
传真：+66 75 601024

Phak Nam海滩

Phi Phi Relax Beach Resort

共47平房，900～1700泰铢/晚。
地址：Moo 8, Tambon Ao Nang
电话：+66 8 9475 6536 -4，+66 8 1083 0194（移动电话）

Laem Hin海滩

Bay View Resor

共110房间，1600～5590泰铢/晚。
地址：69 Moo 7, Tambon Ao Nang
电话：+66 75 621223，+66 75 618196，+66 8 1892 7510
传真：+66 75 618195
普吉岛办事处电话：+66 76 281362-4

Bakhao湾

Phi Phi Island Village

共104间客房，3720～12000泰铢/晚。
电话：+66 76 815014，+66 76 222784
传真：+66 76 214918

Phak Nam湾

Phi Phi Relax Beach Resort

47间平房，900～1700泰铢/晚。
电话：+66 8 9475 6536
www.phiphirelaxbeach.com

行程

皮皮岛——3天/ 2晚旅行

第一天

早上从普吉岛或甲米出发前往Phi Phi Don。下午到达Tonsai Bay享受太阳浴，进行游泳活动。晚上享用海鲜大餐。

第二天

在Phi Phi Ley乘坐长尾船，前往潜水地进行潜水活动。下午可尝试攀岩或乘坐长尾船进行环岛游览。夜晚在船上享用鸡尾酒，跳舞。

第三天

早上乘坐皮艇享受太阳浴。下午，乘船归来。

联络

甲米在旅游景点有全国电视、有线电视，本地有线电视频道，国际报纸和杂志可在市区一些书店和旅游景点看到，固定电话、卫星电话、所有移动电话系统以及高速上网业务（ADSL），邮政局和包裹服务均可在皮皮岛的一些地方找到。

皮皮岛的区域代码：075
旅游咨询处：+66 75 622163
甲米国际机场：+66 75 636541 - 2
泰国航空公司（甲米办事处）：+66 75 701591 - 93
旅游警察：+66 75 637208
海关：+66 75 611350
邮政和电报局：+66 75 611050
省国土局：+66 75 620573
省林业厅：+66 75 611396
消防队：+66 75 611111
移民局：+66 75 611097
省级行政中心：+66 75 611825
省警察局：+66 75 611222, +66 75 611177

Khao Lak Seaview Resort & Spa

www.khaolak-seaviewresort.com

Add:18/1, Petchkasem Rd., Nang Thong Beach Kuk-kak, Takuapa, Phang-nga

斯米兰群岛
SIMILAN ISLANDS

斯米兰群岛
SIMILAN ISLANDS

概况

斯米兰群岛国家公园，位于泰国南部，Khao Lak以西50公里处。这里被认为是泰国最好的潜水场所。斯米兰群岛国家公园占地140平方公里，位于普吉西北角95公里处，由9个岛屿组成，他们分别是Ko Bon、Ko Bayu、Ko Similan、Ko Payu、Ko Miang、Ko Payan、Ko Payang和Ko Huyong。1982年，这里被指定为国家公园。由于“Sembilan”在马来语中是“9”的意思，为简单起见，岛屿通常被冠以数字相称——从南方开始1到9号岛。最近园区又增加了两个新的偏远岛屿，Ko Bon和Ko Tachai。斯米兰群岛是世界上美丽但尚未开发的群岛之一，这里具有种类繁多的海洋生物以及壮观的珊瑚礁，这些为深海潜水者提供了世界级的水下天堂。

斯米兰有宽广的水下风景以及多样化的海洋生物。而在这些群岛的西边，巨大的花岗岩一块一块相互层叠，形成了壮丽的拱门和突进的陡坡。

气候

斯米兰群岛的旺季在12月~次年4月，届时季风还没来。参观这里最佳时间是在3月，岛屿风平浪静。国家公园于5月16日至11月15日关闭。

景观

这九个花岗岩岛屿是完美天堂，岛屿被热带丛林覆盖，并拥有美丽的白色海滩，其水下的景色更是令人印象深刻——这里是泰国最好的潜水地点。Skin-Diver潜水杂志赞誉斯米兰为世界上10个最美丽的地方之一。

动植物

这里物种多样，您将看到如狮子鱼和小丑鱼等五颜六色的鱼，如果幸运的话，您还可能发现像蝠鲼甚至鲸鲨这样更大的海洋生物。

在Huyong岛，泰国海军陆战队经营了一个海龟繁殖场，因此进入该岛屿是受到限制的。

到达

这里提供从普吉岛和Khao Lak到此的潜水旅行服务，既包含日间旅游也包含潜水船上巡游。专门的游轮在目的地接游客上船，巡航通常是4天4夜。这里也有一些较短行程的旅行，运营商在夏季使用小型快船接送游客到岛上的大型船舶上进行接下来的游览。

注意：国家公园门票400泰铢，潜水者每多待一天就多加200泰铢。大多数船只不包含此报价。

从普吉岛

一些住船式潜水旅行从查龙或芭通离开。大多数离港实际从Khao Lak 附近的Tap Lamu离开，集中在普吉区域，普吉岛办事处和接送的主要海滩有：

乘船旅行潜水

Jonathan Cruiser

地址：43/63 Moo 5, Viset Rd.,T. Rawai A. Muang, Phuket
电话：+66 76 281529
传真：+66 76 281530
E-mail：info@jonathan-cruiser.com

Jonathan Cruiser

提供4天/5晚和5天/6晚的住船式潜水旅行。4天/5晚价格为25000泰铢，含公园门票和租金。
www.jonathan-cruiser.com

Peterpan Andaman Diving Co.,Ltd

运营Scuba Diving & Snorkeling旅行、Richelieu Rock每日旅行、Surin岛每日旅行、住船式潜水旅行、Burma（缅甸）住船式潜水旅行、Richelieu Rock—Burma（缅甸住船式潜水）旅行、斯米兰群岛—Surin岛、Richelieu Rock住船式潜水旅行，Surin岛—Richelieu 岩住船式旅行、斯米兰群岛住船式旅行、私人包船巡航、婚礼包船巡游、企业活动包船巡游、PADI课程、旅行团、潜水设备租赁以及在泰国更多地方进行的潜水活动。

地址：8/62-3 Moo 3 Kwang Rd. Tambon Vichit, Amphur Muang Phuket
电话：+66 76 521948，+66 76 521949，
+66 8 4638 6668（移动电话）
www.peterpancruise.com

■ Scuba Cat Diving

Scuba Cat Diving提供多只住船式潜水选择。船只运营到斯米兰岛和其他目的地的旅行（4天/4晚起），价格12000泰铢起，随着季节而变化。
地址：94 Thaweewong Rd, Patong Beach, Phuket
电话：+66 76 293120
传真：+66 76 293122
www.scubacat.com

■ South Siam Divers

南暹罗潜水者在斯米兰岛上有两只船，一只进行每日运输，另一只是进行一星期五天的载客船只（星期三和星期日除外）。您可进行每日游览，在船上住上一周甚至更多日子。船上可住28人，在旺季，人多达60人，快艇上提供午餐。一天允许四次潜水，每50分钟由导游带领进行一次潜水。2天/1晚的价格为11000泰铢。
地址：459/1 The Best Villa, Patak Rd, Karon, Muang
电话：+66 76 286016
传真：+66 76 286020
www.southsiamdivers.com

■ White Manta Liveaboards

White Manta是新加坡的运营商，在斯米兰岛有两艘运营住船式潜水的潜水船：the MV White Manta和the MV Black Manta。White Manta相当高端，船上有豪华主套房配备浴室。4天/3晚价格28000泰铢起。
地址：18 Sin Ming Walk, 02-03
电话：+66 76 381300
传真：+66 76 381299
www.whitemanta.com

来自 Khao Lak

乘船旅行式潜水

Khao Lak Trip Dive Centre

4天/4晚行程(多达14个潜水点) 去往斯米兰群岛、Koh Bon、Koh Tachai和Richelieu岩，共18900泰铢。

地址：4/93 Moo 7, Kukkak, Takuapa, Phang Nga

电话：+66 76 485297，
+66 8 4638 6668

传真：+66 76 485296

Manta Point Dive Center

每天都有船只离港，您想待多久就待多久。两人潜水费用为15900泰铢起。

地址：91 Moo 6, Khao Lak, Khuk Kak, Takuapa, Phangnga 82190

电话：+66 76 485624

www.mantapoint.com

Similan Paradive

2天/1晚价格为11500泰铢，是最好的法国设备潜水学校。

电话：+66 76 485324

www.similan-paradive.fr

Similan Diving Safaris

4天/4晚17800泰铢（双层4人房）。

地址：13/19 Moo 7, Khaolak, Kukkak, Takuapa, Phang-Nga

电话：+66 76 485470

传真：+66 76 485471

www.similan-diving-safaris.com

Similan Liveaboard

4天/3晚，15900泰铢起。

地址：4/17 Moo 7, Khao lak, Takuapa, Phang-Nga

电话：+66 76 485868

www.wickeddiving.com/similan-liveaboard

隔夜潜水旅游

Similan Overnight Tours

提供3天/2晚的潜水冒险。夜晚在岛上度过，白天在各种潜水点进行潜水。每周一和周五离港，14900泰铢。

地址：4/37 Moo 7 Khuk Khak, Takuapa, Phangnga

电话：+66 76 486868

www.wickeddiving.com/snorkeling-tours/overnight-similan-islands-snorkeling-tour

乘船旅行式潜水

Similan Tour

3天2夜，在每个周二和周五离港，7400泰铢。

地址：1/6 Khao Lak, Lam Kaen, Thai Muang, Phangnga

电话：+66 76 443258

一日游

Khaolak Scuba Adventures Club

4 天/4晚到斯米兰群岛、Koh Bon、Koh Tachai和Richelieu岩的游览（多达14个潜水），18900泰铢。

地址：13/47 Moo 7, Khuk-Khak, Takuapa, Phang Nga

电话：+66 76 485602

传真：+66 76 485607

Khao Lak Diving

地址：4/17 Moo7 Khaolak, Kukkak, Takuapa, Phang-Nga

电话：+66 76 485868

www.khao-lak-diving.com/

Similan Scuba Adventures

一日游包含前往不同地点进行的潜水和浮潜活动，住船式潜水分为52欧元潜水和76欧元潜水（两人）两种。

地址：4/56 Moo 7, Tambon Khuk Kak, Amphur Takua Pa, Phang Nga

电话：+66 76 485610

传真：+66 76 485610

来自兰达岛

乘船旅行式潜水

Lanta Diving Safaris

是兰达岛唯一的住船式潜水，定期组织（每月大约1次）7天/7夜游，包括全天的斯米兰潜水。7天/7夜行程大约30000泰铢，包括服务费。
地址：289 Moo 1, Ban Saladan, Ko Lanta
电话：+66 75 684904
www.lanta-diving-safaris.com/english.htm

Dive Safari Asia

全部包括潜水游览、特色斯米兰和兰达岛国家公园游览，所有运输费用都包括其中，起价15000泰铢。
地址：10/1 Moo 7 Khuk Khak, Takuapa, Phang-Nga
电话：+66 8 05269 521

费用/许可证

国家公园门票400泰铢/天，儿童100泰铢/天。泰国市民40泰铢/天，儿童20泰铢/天。潜水费需要额外支付200泰铢/天。

游览

这里还有从Khao Lak出发的游览活动，其中包含潜水和浮潜游览。另外，可以选择乘坐岛上海洋公园的船只在岛上欣赏令人难以置信的海洋生物。

活动

斯米兰群岛是世界上较好的潜水区所在地。同时这里还是伟大的浮潜、观鸟以及日光浴的所在地。

建议行程：一日游\过夜

全天游览——早晨，运营者在普吉岛或兰达岛的酒店有小客车接您。从Khao Lak Thap Lamu码头或Pakarang海滩乘快船去往斯米兰群岛。在拥有美丽的热带鱼和珊瑚的4号岛进行浮潜，然后乘船前往7号岛进行浮潜。在8号岛登陆游泳，攀登岛上地标航海岩（The Sail Rock）。最后一站停靠在8号岛和9号岛之间的海峡，叫做甲鱼巷"Snapper Alley"，在这里可以进行浮潜。最后返回兰达岛或普吉岛。

隔夜住宿——需要您加入一只特许经营船只或者包租一只自己的船。建议您在船上待上1或2晚。这里没有到斯米兰国家海洋公园的公共交通，仅在4号岛和8号岛上有帐篷和餐馆，所以住宿均由斯米兰国家海洋公园经营。这里还安排到下一目的地的交通运输。

住宿

这里的住宿既有帐篷也有平房。

露营

岛上提供帐篷出租。另外8号岛可以租一块地方使用自己的帐篷。在斯米兰群岛有三种停留方式：您可以待在帐篷里，或待在斯米兰国家公园提供的平房中，或在船上过夜。

群岛上唯一的住宿地位于4号和8号岛。4号岛有平房出租。如果您是来潜水，最好选择在船上过夜。对于浮潜者，您可以选择过夜旅行、露营或只是简单的进行来自Khao Lak的一日游。

帐篷/平房

您可以在国家公园露营，斯米兰群岛的帐篷很大很简单，包括床单、枕头和地板垫，还有蚊帐。帐篷被放置在距离海滩约1～1.5米的一个中心区域。目前，每晚570泰铢，需要提前预订，特别是在节假日。只有在8号岛可以使用自己的帐篷。

您可以直接联系国家公园，电话：+66 75 620760，目前您只能通过旅行社在网上申请预订帐篷。

斯米兰岛滨海度假屋

目前这里有20间平房供出租，它们坐落于4号岛。房间备有空调和浴室。大多数房间可以看到公主湾的海景。这些度假屋是由政府经营的简单干净的住宿。如果您想在岛上较好的地方留宿，那么选择这里就对了。房间的价格为每人每晚2000泰铢，建议提前预订。您也可以选择在国家公园的网站上预订。

乘船旅行式潜水

这里有众多留在船上的选择。这是专为潜水员提供的，沿斯米兰群岛和Surin岛拥有超过40个不同的游船旅行。如果您觉得太多而不好选择，建议您尝试下Khao Lak Diving或潜水生态友好的斯米兰潜水船。

船上住宿

这是参观岛屿的较好的方式之一。这样不仅可以在岛上消磨您的夜晚时光，还可以在白天领略岛屿的真正模样。Khao Lak有很多旅行社，在普吉岛甚至有上百个，选择的时候一定要谨慎。

La Flora Resort And Spa

www.laflorapatong.com

Add: 39 Thaweewong Road., Patong Beach, Kathu, Phuket 83150 Thailand

攀 牙 PHANG NGA

攀牙 PHANG NGA

概况

攀牙是泰国安达曼海岸北部的一座城镇，作为一个海边省府，这里拥有美丽的安达曼海、壮观的森林和迷人的岛屿。攀牙的自然风光每年吸引着大量的游人前往。攀牙融合了佛教徒、泰裔华人、穆斯林、以及海上吉普赛人。在攀牙农村，大部分居民是穆斯林。

到达

乘飞机

攀牙没有机场，最近的机场是普吉机场和甲米机场。

泰国国际航空公司运营曼谷—普吉岛的每日航班。从普吉，乘坐巴士或租一辆车去往攀牙，大约58公里。欲了解更多信息，请拨打泰国航空公司电话：1566或 +66 2 2800060, +66 2 6282000 或普吉办事处电话：+66 76 360444；或浏览网站：www.thaiair.com 。

曼谷航空公司拥有每日往返于普吉岛、芭堤雅以及苏梅岛的航班。欲了解更多信息，请联系曼谷办事处，电话：+66 2 2655678；订票电话：+66 2 2655555；或普吉岛办公室：+66 76 225033, +66 76 225034；另外还可浏览www.bangkokair.com 。

泰国东方航空运营的One–to–Go 有每日往返于曼谷和普吉岛的航班。欲了解更多信息，请咨询1126；或普吉办公室：+66 76 351460, +66 76 351238；或访问www.onetwo-go.com。

亚洲航空也提供了几个连接曼谷和普吉岛的每日航班。欲知详情请访问www.airasia.com；或致电：+66 2 5159999；或联系普吉岛办公室：+66 76 351428，+66 76 369182。

Nok航空每日拥有曼谷和普吉岛之间的数班航班。请访问www.nokair.com或致电1318进行预订。

乘火车

这里没有火车站。您必须乘坐巴士到素叻他尼附近的Phunphin。

泰国国家铁路运营往返于曼谷和素叻他尼的日常列车服务。您到素叻他尼火车站下车后再乘坐2小时的公共汽车就可以到达攀牙了。欲了解更多信息，请致电曼谷的华南蓬火车站，电话：1690，+66 2 2237010，+66 2 2237020，或访问www.railway.co.th 。

自驾车

第一条路线：从曼谷出发，上4号高速公路，经过Prachuap Khiri Khan,Chumphon以及 Ranong府，然后径直开往攀牙镇。全程大约788公里，需要12小时。

第二条路线：从曼谷出发，上4号高速公路到春蓬，然后再从春蓬上41号高速路到Tha Chang区，接着径直开到十字路口，右转上401号高速公路，一直开到Ban Ta Khun，大约50公里，然后再上415号高速公路行驶30公里，右转到达攀牙镇。

从普吉岛出发的游客，使用402高速公路，经过Sarasin桥到Ban Khok Kloi，右转到Takua Thung区，距离普吉大约87公里，全程需要1小时30分钟。

乘公共汽车

来自普吉、Takua Pa和甲米的公共汽车都会经过攀牙。白天有许多来自巴士车站的车辆开往普吉、甲米、Takua Pa和素叻他尼。但在晚上巴士很少，如果幸运的话或许您会赶上一辆行驶在普吉—甲米路上的巴士。公共汽车站的电话号码是+66 76 412014。

曼谷到攀牙的日常巴士服务，有3种不同的空调巴士，从曼谷南部客运站出发，时间如下：

VIP巴士——16：30

一等巴士——19：30

二等巴士——06：30和16：00

旅行时间为12小时。欲了解更多信息，请致电南部巴士总站：+66 2 4351199-200或攀牙客运站：+66 76 412300，+66 76 412014。

乘船

Tha Dan码头位于城镇南部9公里处。

乘坐出租车

普吉岛提供各种出租车和私家车租赁服务。为了避免被索价过高，乘客一定要求驾驶员使用咪表或者在上车前商量好价钱。最好选择有许可证的出租车服务机构。

Khao Lak出租车公司：www.khaolaktaxi.com

游览

游览攀牙最受欢迎的方式是乘坐Songthaew（公共客运小货车）。这里有来往于其他地区的公共巴士服务，甚至还有小汽车出租。您还可以选择租一艘长尾船进行一日的跳岛游。

您在城市旅行也可选择Songthaew。如果您想好好的探索一下这个区域，最好是租一辆摩托车。您可以在M.T.旅游租一辆摩托车（Muang Thong酒店巴士站，到出口右转，在主路上，步行100米，就在您的左边）。如果您有自己的汽车或摩托车也可以选择MT之旅（电话：+66 89 2892566）获得这个地区的免费详细地图！因为在攀牙租不到汽车，您也可以在甲米，兰达岛或普吉岛租一辆车。与普吉岛相比，多数情况下，这里的旅游、住宿、食物都很便宜。

活动

攀牙湾是世界上最美丽的海湾之一。因此，无需惊讶为什么众多游客来此一游。探索攀牙湾的最好方法是乘坐长尾机动船或海上独木舟。

大象洞穴徒步之旅：大象洞穴旅游通常是在Tham Phung Chang，这里有众多隐藏着钟乳石和石笋的洞穴。

泛舟漂流被认为是在Ton Pariwat野生动物保护区进行的最好的生态旅游方式。

攀岩：这是一个非常受欢迎的活动，岩石包括石灰岩、凹坑墙、悬挂的钟乳石。

独木舟：攀牙海岸线由众多红树林、石灰岩、小海湾、洞穴和小岛屿构成，很适合游客乘坐独木舟游览，在这其中最受欢迎的地方是Khao Lak。

观鸟：攀牙有许多珍稀鸟类，如：翠鸟、白鹭和苍鹭。

帆船及巡游：攀牙有供帆船和巡航游船停泊的码头。

钓鱼：渔民在可以在这里捕获枪鱼、旗鱼、梭鱼和金枪鱼等各种鱼类。

丛林徒步旅行：攀牙的茂密森林和丰富的植被很适合徒步旅行。骑大象活动也很受欢迎。

海上独木舟:岛的岸边到处都是充气独木舟。

泛竹舟:这是一项在Khao Lak国家公园Lamroo运河上十分受欢迎的活动。

高尔夫球：在过去10年来，泰国高尔夫声望不断升级，受到泰国本地人和来访游客的喜爱。攀牙有两个18洞的高尔夫球场，其中包括Tablamu高尔夫球场和泰芒（Thai Muang）高尔夫球场。

温泉：攀牙的酒店和度假村有世界一流的水疗服务，这些温泉很多都是泰国温泉经营者协会认可的，按摩师也都是经过适当培训的。

潜水

Khao Lak旅行潜水中心 (Khao Lak Trip Dive Centre)

4 天/4晚旅行（多达14次潜水），到斯米兰岛（Similan），Bon岛，Tachai岛和Richelieu岩游览，18900泰铢起。

地址：4/93 Moo 7, Kukkak, Takuapa, Phang Nga 82190

电话：+66 76 485297， +66 8 4638 6668（移动电话）

传真: +66 76 485296

E-mail：info@khaolaktrip.com

Khao Lak潜水探险

地址：3/47 Moo 7 Khao Lak, Khuk Kak, Takuapa, Phangnga 82190

电话：+66 76 485602

E-mail：info@khaolakscubaadventures.com

在这里可以进行舒适和令人兴奋的一日游，每天有去往斯米兰岛（Similan）、Surin岛和Richelieu岩的游览。另外您可以到攀牙周边区域旅游。攀牙府周围的区域是开放的村庄，提供一日游和住宿服务。

购物

攀牙镇不是一个大规模的旅游目的地。城镇中有很多银行和自动取款机，但这里没有兑换货币的亭子，因此如果您想兑换现金必须在工作日的15 ：30以前进行，周末银行是关闭的。

橡胶和鱼鳞制成的人造花精致美观，出自一群农民家庭主妇之手。目前，这些花是攀牙标志性的纪念品。产品主要在攀牙农业厅和以农民主妇为主的摊位上销售。欲了解更多信息，请与攀牙省农业厅联系，开放时间为周一至周五08 ：30—16 ：30，电话：+66 76 412019。

农产品及海鲜

在攀牙的Yao岛和Panyi岛上，优质的淡水虾虾酱很著名。另外在攀牙著名的就是虾（Kung Siep，Sun-Dried），这些还被销往外省。您可以经过攀牙时在那里的市场购买一些。

饮食

当地食物

通常，泰国南部的食品以辣闻名。大部分菜肴风味接近于马来西亚、印尼和印度风格。泰国南部最受欢迎的菜肴包括印度风格的穆斯林咖喱（massaman）、鱼咖喱酱米粉、鸡肉（birayani），攀牙的Panyi岛以它的虾酱和中国式蛋糕（Takuapa）而闻名。

白天您可以在市场上或在芒通酒店的餐厅寻找便宜又可口的饭菜。芒通酒店的早餐包含鸡蛋、面包、黄油和果酱。主要公路上还有一个素食餐厅，在公共汽车站的南面。到了晚上，还可以尝试一下河边的餐馆。星期二和星期四，在公共汽车站以南500米有夜市，这里有很多不错的吃饭地方。

Ngo Meng Heng (Ban Mu)

地址：145 Moo 2 Bo Ko So Market, Phang Nga
电话：+66 76 471072

Khrua Sunimit

地址: 373/2 Phetkasem Road, Phang-nga
电话：+66 76 411422

Kafae Chai Khai

地址: Phetkasem Road, Phang-nga
电话：+66 76 413255

住宿

城镇中有许多酒店，价格不一，您可以选择宁静的度假村，也可以选择其他便宜的家庭旅馆。

Garden Bungalow

房间数目:6；价格:250～500泰铢/晚。
地址：TambonThaiMueang
地址: 136/19 Moo 9, Phangnga
电话: +66 76 571824

Chulabhorn Marine Park Conservatory Centre

房间数目:20；价格:500～700泰铢/晚。
地址：攀牙海军基地码头
电话: +66 76 595090, +66 76 595170

Ban PhakRimThale

房间数目:5；价格:250～350泰铢/晚。
地址:155 Moo 9 LimDunRoad ,Phangnga
电话: +66 76 571381

Sofitel Krabi Phokeethra Golf & Spa Resort

www.sofitel.com

Add:200, Moo 3 T Nongtalay Klongmuang Beach A. Muang 81000, Krabi, Thailand

甲米 KRABI

甲 米
KRABI

概况

甲米(กระบี่)是泰国甲米省的省会。甲米是一个小城市，拥有大约18000人口。它位于沿海上游，没有海滩，因此游客一般都径直前往奥南（Ao Nang）、莱雷（Rai Leh）、Had Yao等几个附近的海滩。甲米对于游客们来说是个轻松愉悦的地方，您可以花费一两天时间呆在这里，这必将成为您在泰国不可多得的人生经历。

到达

甲米的航空、公路和海路与泰国其他地区直接相连。

乘飞机

甲米国际机场（KBV）离市区大约10公里，离市中心15公里，离奥南大约40公里；离Had Yao大约23公里。从2006 年3月1日至今泰国航空公司运营从曼谷飞往甲米的每日往返航班，亚洲航空也一样，同时还运营每天往返甲米至马来西亚吉隆坡的航班。

老虎航空（Tiger Airways）运营一周四次新加坡往返甲米的航班，并于每星期一、星期二、星期三、星期五和星期六直飞澳大利亚港口城市达尔文。

One Two Go航空公司每天从曼谷飞到甲米。甲米航空公司，在2007 年11月开始运行。

目的地空中飞行公司（Destination Air Shuttle），提供泰国唯一的水上飞行服务，定期的飞进飞出甲米、普吉岛和许多其他外岛。

曼谷航空公司运营甲米到苏梅岛的航班。

国际离港税700泰铢，现在大多数都包含在机票当中。国内离港税也包含在航班价格中。机场有全国汽车租赁公司的分支机构；航站楼外还有摩托车的出租业务。

甲米高级出租车（电话：+66 75 692073）在航站楼设置柜台，您可在这里登记租到高级出租车（内有冷气的轿车），到甲米是500泰铢；到奥南是800泰铢；到普吉岛是2500泰铢。这里提供的出租车和小巴（微型货车）比较少，因此需要旅客预先在网上预订，预订时要通过信用卡先交付200泰铢押金。

www.travelkrabi.com

来往于机场：机场空调巴士服务连接甲米镇、奥南和Noppharat Thara海滩。到甲米的车费是90泰铢，到奥南/Noppharat Thara的车费是150泰铢。

当地小客车（Songthaews）从甲米镇到机场的车费是40泰铢。去往机场，驾驶员通常把乘客放在离港航站楼。下飞机后，您需要走出机场在去往甲米主路大约200米远的地方搭乘小客车。

www.asiareservations.net，一个当地的旅行社可安排到奥南的私人运输业务，550泰铢。

乘火车

甲米没有火车站，大多数游客都直奔素叻他尼，然后在那里转乘巴士到达甲米。距离甲米最近的火车站在董里府，在甲米的南边，从那里人们可以乘坐火车去往曼谷。

乘公共汽车

来往于曼谷：甲米的公共汽车总站在Taladkao，位于城镇以北5公里处。从曼谷到甲米大约需要12个小时，发车时间如下：

VIP公共汽车：07:20（710泰铢）
头等公共汽车：19:00（486泰铢）
二等公共汽车：07:30, 19:00, 19:30, 21:00（378泰铢）

来往于素叻他尼：公共汽车从甲米公共汽车总站（Taladkao）出发，连接了甲米和素叻他尼，以及到苏梅岛和其他岛屿的渡轮服务。最好选择国营的BKS公共汽车，通常情况下旅程不超过3小时。

来往于普吉岛：穿梭巴士提供甲米机场和普吉岛机场之间的运营服务，一天多次。另一些有规律的公共汽车每2个小时发一次车。

来往于奥南：白色小客车（Songthaews）提供从甲米镇到奥南的运营服务，途经Klong Jilard、Sai Thai、Junction Village和Noppharat Thara海滩。截止到晚6点的车费为50泰铢，晚6点至10点的车费为60泰铢。白天每10分钟发车一辆；晚6点以后每半小时发车一辆。在甲米搭乘小客车（Songthaews）从Thanon Maharat的7-Eleven超市前发车。

乘坐小汽车

甲米距离曼谷南部946公里，距离普吉岛180公里，距离攀牙70公里。小皮卡式出租汽车从奥南到甲米来往频繁，车费大约50泰铢。

乘船

甲米大部分地区是沿海和岛屿，所以您在游逛时通常会花费相当长的时间在船上。最常见的短程船型是长尾船（Reua hang yao），其名副其实地拥有一条长长的尾巴。螺旋桨在长尾的一端，这就使得船只在浅水中也很容易驾驶。但长尾船也有不足之处，其不能运载较长的旅行，因为船容易被打湿而变得不稳定。

乘渡轮

每天这里有渡轮往返于甲米和皮皮岛、Ko Jum以及兰达岛，大多数渡轮在早上离港，在码头或旅游接待处、大多数地方宾馆和旅馆都可以买到票。一般的载客渡轮不从城镇中心的老码头起航，而是从一个新的乘客码头（大约在距甲米3 公里处）起航。载您到码头的出租汽车车费中应该包括船票在内。如果您是从城镇中心的老码头（Chao Fah码头或Ko Phi Phi码头）起航，您乘坐的渡轮可能将会是比较昂贵且耗时较长的。因此，当您到达机场后，您一定要事先向出租车驾驶员确认好，让其载您到正确的码头。通常驾驶员还可能会把您载到老码头附近的一个旅行社，然后给您安排另外的食宿或服务。一定要确认您买到的票是您所需要的。去较近的目的地，票价通常会比较便宜。

从旅行社购买去往皮皮岛的渡轮票价是450泰铢。

许多旅行社中都张贴有大张的轮渡时间表，这些其实仅仅是个大致的展示，并没有太大的时效性，而且与实际也不大相符。所以您到了那里一定要询问当时的航运时间表。从2007年7月开始，这里每天有两班渡轮从甲米开往皮皮岛，发船的具体时间是09 ： 00和14 ： 30。旅游旺季，他们还会增加另外的轮渡班次。

码头在Klong Jilad，往返于皮皮岛的轮渡设有一张出租车服务台，台上张贴着出租车服务价格：到甲米150泰铢，到机场350泰铢。

乘公共客运小货车（Songthaew）

乘坐当地的公共客运小货车（Songthaew）可以方便到达各个旅游景点。其中包括，Ban Huai To、Ban Nong Thale、Ban Khao Thong、Hat Noppharat Thara、Susan Hoi、Ao Nang、Ban Khlong Muang、Ban Nai Sa、Amphoe Khao Phanom、Amphoe Nuea Khlong、Amphoe Khlong Thom、Ban Bo Muang、Ban Hua Hin、Ban Khlong Phon、Amphoe Lam Thap、Amphoe Ao Luek和Amphoe Plai Phraya。当地公共客运小货车从Maha Rat路的时尚百货公司发车。

您也可以选择乘坐出租车或者租赁一辆车自己驾驶去往其他目的地旅游。

游览

海滩

奥南海滩

甲米最好的海滩，棕榈树遍布在长长的海滩上，周围是方便的设施，包括旅游景点、平房和宾馆等。大多数旅行服务项目都可在这里找到，而且还有当地美食和国际特色烹调可以享用。

莱雷海滩

位于泰国南部沿海，是一个豪华的热带天堂，参天的石灰岩峭壁庇护着美得令人难以置信的海滩。其中，最美的要数与大陆隔绝的莱雷了。莱雷半岛由湿润的安达曼海、葱翠的密林和螺旋形的岩石围拢，这里有足够惊险刺激的活动，专为那些想要在天堂中放松一下的人们准备。

Tonsai海滩

不仅是猴子的健身天堂，更是一个可以尽情享受午餐后白日梦的地方。您在这里可能会偶遇一些名人以及那些久违的嬉皮士。

Hat Yao海滩

位于甲米大陆上，是甲米最长且完全空旷的海滩。

景点

老虎洞寺庙

这个寺庙不仅是一个供僧侣居住和膜拜的宗教圣地，而且还是位于繁茂密林山谷中的一座自然形成的山洞迷宫。那里至今仍然保留着石器工具、陶器以及制作菩萨脚印的模子。

Huay Tho Safari

为游客提供骑乘大象穿越丛林的娱乐项目，800泰铢/时起。
地址：114 Moo.4 Tapprik，Krabi
电话：+66 81 8913578；+66 87 8822107
E-mail：h_naris@hotmail.com

活动

在甲米有很多住宿区域可以选择，如果是以潜水为主要目的，大多人选择住在奥南海滩。这个海滩离甲米镇约18公里，很容易到达，而且环境很好，风景秀丽，这里不仅可以见到甲米地区特色的崖壁海岸，还拥有很多潜水中心和旅馆。

潜水中心主要集中在奥南（Ao Nang）海滩
Kon-Tiki Thailand Diving & Snorkeling Center　www.kontiki-krabi.com/
Aqua Vision　www.aqua-vision.net/
Ao Nang Divers　www.aonang-divers.com/
Scuba Addicts　www.scuba-addicts.com/
Coral Diving　www.coral-diving.com/
Sea Fa Diving　www.seafa.com/

Hippo Divers

在南通、皮皮岛、普吉岛都有服务点，可以提供中文服务！

地址：Ko Phi Phi Don 81000 Thailand

电话：+66 75 618200

传真：+66 75 618201

http://krabidir.com/hippodivers/

E-mail：hippodivers@hotmail.com

购物

甲米有很多可买的东西，这里的东西要比其他任何旅游度假地便宜得多，通常在吃喝的消费上反映较为明显。甲米镇的两个夜市都很值得一逛。时尚百货公司内同样的品牌商品在甲米的价格要比在奥南的便宜。比如机场附近的特易购莲花购物中心，不仅食品价格便宜，那里还有一些画廊出售价格合理的流行艺术作品。

饮食

这里有一个迷人的夜市，紧挨着码头旁的海滨大道，食物好吃又便宜，类似清真食品。镇里时常还会在市场旁边的小舞台上组织一些表演活动。

在甲米镇中心的10号巷有一个更好的市场，这里有大量新鲜水果和正宗的熟食出售。仅有几家有菜单，其他的都是直接点菜品尝。这个市场不卖酒。

不要错过位于Maharat巷7号（壳牌加油站后面）的泰国南部最大的早市。市场很早就开放，早上8点就结束。这里有各种各样的水果、蔬菜、糯米（khao njao）、PatongKhoo、糖泰茶（ChaRaawn），还有一些新鲜的鱼和肉。

这里还有一些不同档次的意大利餐馆。Viva是由意大利人经营的一家餐厅，拥有最好的意大利食物。您还可以选择在城镇码头附近的Relax Coffee吃早餐、喝咖啡，环境、味道都很不错。

Baan Tanida

一家泰国与日本料理相结合的餐厅，冬阴功汤90泰铢，寿司拼盘80泰铢，刺身拼盘150泰铢。
地址：17/73 Maharat Rd., Krabi
电话：+66 75 621245；+66 75 631586
E-mail：itosanm@cscoms.com

Café Europa

这里的牛排很棒，有机会一定要尝试一下！
地址：1/9 Soi Ruamjit Rd., Krabi
电话：+66 75 620407
E-mail：info@cafeeuropa-krabi.com

Fisherman Bar

位于南通海滩，有BBQ和歌唱表演。
地址：13/46 Moo 7 Khukkhak, Takuapa, Phang Nga 82190
电话：+66 89 5936848；+66 81 5375936
E-mail：khaolakfishermanbar@yahoo.com

Salathai Restaurant

位于奥南海滩附近的海鲜餐厅，开业已近15年，招牌是冬阴功汤和椰子鸡。
地址：132 Moo 2, Ao Nang, Krabi
电话：+66 75 637024
E-mail：blur_page@yahoo.com

Wangsai Seafood Restaurant

这是一家海鲜餐厅，海鲜很便宜。
地址：98 Moo 3, Ao Nang, Krabi
电话：+66 75 638128-9；+66 75 638129；
+66 8 1891 7640；+66 8 1891 7740
http://krabidir.com/wangsaiseafood/
E-mail：wangsai-seafood@hotmail.com

酒吧

甲米城镇中心有许多酒吧和咖啡厅酒吧，完全可以满足游客和当地人的需求，其中一些酒吧在周末还有当地乐队现场表演。在主街区您可以度过一个愉快的夜晚。

住宿

小山村
the Hill Village

位于奥南，在悬崖度假村（Cliff Resort）麦当劳对面，于2009年11月开张。空调房价格在800~1300泰铢/晚之间。
www.thehillvillage.com/

奥南兰花度假村
Aonang Orchid Resort

房间价格在3000~9000泰铢/晚之间。
地址：141 Moo 2, Ao Nang
www.aonangorchidresort.com/

好梦宾馆
Good Dream Guesthouse

地处低预算宾馆集中地，周边有众多异域美食和饮品可供选择，宾馆还为客人提供免费的网络服务。所有房间都有热水。房间价格在120~500泰铢/晚之间。
地址：83 Uttarakit Rd.
电话：+66 75 622993
E-mail：krabidream@gmail.com
www.gooddream.webs.com

Diamond Resort

Diamond度假村紧挨Nam Mao码头，拥有自己的船只服务。度假村拥有开放的餐厅，提供国际和泰式美食。大会议室可容纳150人，也适合举办婚礼。
电话：+66 75 622133-6

Diamond Private Resort

位于甲米Ampur Muang山坡上。Diamond Private Resort名副其实，它赋予甲米的自然魅力，让您可以尽情享受度假的快乐。客房价格合理，平房可欣赏山脉和安达曼海的美景。

电话：+66 75 621729

Diamond Cave Resort

度假村距离白色沙滩仅几分钟路程，这里是进行日光浴和在阳光下放松的最佳地点。度假村提供众多户外活动，如潜水、浮潜和划皮划艇。另外还可以就近到Ao Pranang洞、鸡岛、Hong岛和Poda岛等地游览。度假村房间价格为1300泰铢/晚。

地址：36 Mu 1, Tambon Ao Nang, Ampur Muang, Krabi 81000

电话：+66 75 819441–3

Rawi Warin Resort and Spa

这里是五星级奢华度假村。度假村的主游泳池就位于海滨，似乎与蓝色的大海融为一体。度假村一大半都位于山坡之上，在斜坡上的别墅可以领略惊人的美景。价格为3900泰铢/晚。

电话：+66 75 607400-498

www.rawiwarin.com

Nadivana Serviced Apartments

提供全套服务的豪华公寓。优雅的建筑结合了泰国传统的古韵与现代的舒适、豪华。公寓带有大窗户、高高的天花板以及私人露台。宽敞的起居室带有现代设施，分为一个卧室、两个卧室和复式公寓。游泳池、按摩浴缸、酒吧、露天餐厅、便利店、美容院、影碟出租、传真设备、无线互联网和私人停车场等服务设施应有尽有。价格在1700~7100泰铢/晚之间。入住时间：13：00；退房时间：12：00。

地址：159 Ao Nang, Moo 4

电话：+66 75 661358-9

传真：+66 75 661357

E-mail：info@nadivana.com

www.nadivana.com/

Chan Cha Lay hotel

一个强烈推荐的低预算宾馆选择。这间小旅馆房间干净整洁，设计雅致、舒适、有活力。旅馆位于中心地段，附近有数不尽的美食选择。房间价格为250 泰铢/晚，内有一公共的浴室。带有私人浴室的房间为350泰铢/晚（淡季）。旅馆还有带空调的房间。

地址：Utarakit路55

电话：+66 75 620952

E-mail：chanchalay_krabi@hotmail.com

www.chanchalay-krabi.com/

Aonang Mountain Paradise

从这里到奥南主街区和食肆、酒吧以及一些活动场所仅需步行1分钟。泰式的别墅平房房间内非常宽敞，带有双人床/两张单人床、冰箱、有线电视、空调、浴室、热水、阳台，另外还有泰式传统风格的高级平房和风扇平房。淡季700泰铢/晚起，旺季1300泰铢/晚起。

地址：26/11 Moo 2, Ao Nang, Muang，Krabi 81000

City Hotel

标准的西方风格酒店，舒适但不是特别豪华。设施包括热水和有线电视。双人房带有风扇，450泰铢/晚起，带有空调的房间550泰铢/晚起。房间每天上午11点都会有免费的叫早服务。

地址：15/2-4 Sukon Rd.

电话：+66 75 611961

传真：+66 75 621282

Phanom Bencha Mountain Resort

这个花园度假村是一个生态度假村，距离甲米市中心或机场仅15分钟车程，拥有天然的游泳池。淡/旺季价格：双人平房（可住4人）1000/1300泰铢/晚；单人平房500/800泰铢/晚；帐篷350泰铢/晚。

电话：+66 75 660501

E-mail：info.pbmr@gmail.com

www.phanombenchamountainresort.com/

■ Swallow Guesthouse

在甲米经营时间最长的宾馆之一，位于城镇内。带风扇的房间干净整洁，员工服务友好。价格在200~650泰铢/晚之间。

地址：4 Issara Rd.,Krabi

电话：+66 75 630609

传真：+66 75 630466

www.krabiguesthouses.com/Swallow_Guesthouse.php

■ Baan Santhiya

位于距离海滩5分钟车程的地方。带私人泳池的别墅内有3间卧室，所有房间都带空调，是旅游者的理想入住地。价格为3500泰铢/晚。

地址：478/1 Moo 1 Tambon Aonang, Amphur Muang, Krabi 81000

电话：+66 8 1077 5698

E-mail：info@baansanthiya.com

www.baansanthiya.com/index.html

■ Phu Pha AoNang Resort & Spa

位于奥南，在悬崖度假村的后面，拥有木制的40间平房。两层四间房的别墅设计混合了现代豪华和传统的泰国风格。度假村于2009年12月中旬开张，价格为1200泰铢/晚起。

电话：+66 75 637191；+66 75 637218

www.phuphaaonangresort.com/location_en.html

联络

甲米有全国电视、有线电视和本地有线电视频道。一些书店有国际报纸和杂志。固定电话、卫星电话、所有移动电话系统以及高速上网业务（ADSL）均可用。还有提供包裹服务的邮局。

离开

从甲米您可以前往奥南（Ao Nang）、皮皮岛（Koh Phi Phi）、兰达岛（Koh Lanta）、莱雷（Railay），普吉岛（Phuket）、考叻（Khao Lak）、丽碧岛（Koh Lipe）、Ko Siboya岛，Payam岛等地。

Maritime Park & Spa Resort

www.maritimeparkandspa.com

Add:1 Tungfah Road, Muang Krabi 81000, Thailand

莱雷 RAI LEH

莱雷 RAI LEH

概况

莱雷Rai Leh，通常被称为Railay，位于泰国甲米省内安达曼沿海的一个旅游区。攀岩是莱雷的一大亮点，吸引着来自世界各地的攀岩爱好者。

到达

莱雷是一个半岛，被海洋和高山所环绕，乘船是进入这里的唯一途径。长尾船从奥南（Ao Nang）（10分钟,80泰铢/人,至少8人）和甲米（30分钟）按时出发，使得这些镇子成为通往莱雷的门户。您也可以乘坐有规律的渡轮进入莱雷，这些渡轮在兰达岛、皮皮岛和普吉岛之间运营（在11月到5月旱季期间运营更加频繁，其时刻表可在当地旅行社查询或在网上查询）。

甲米、普吉岛、兰达岛和皮皮岛的介绍中有到达莱雷的相关信息。

游览

莱雷半岛拥有四个区域：

帕南：一个美丽的白沙海滩，位于半岛的南端。

东莱雷：半岛旁边的红树林，乘坐长尾船来往于甲米。

西莱雷：美丽的白沙海滩，浅浅的海水，清澈诱人。大多数从奥南（Ao Nang）起航的长尾船均可到达。

通赛（Ton Sai）：莱雷西部附近的一个小海湾，登山族和背包徒步旅行者常常会在这里便宜的旅店小憩、攀岩。

在这里，界标之间也就相差5～10分钟的步行距离。村庄就是徒步者的梦想天堂，因为这里没有汽车，有的只是参差不齐、高低错落的栈道，甚至连骑自行车都不能通行。

景点

帕南钟乳石洞（Cave）

亦称钻石洞，在半岛的东面，一直延续到莱雷东北部。这里是一个非常富于乐趣的探险地，也是莱雷为数不多的观光目的地之一。栈道四周的钟乳石犹如钻石般闪烁耀眼，这一景象足以让游客屏息惊叹（观看时间大约15分钟）。白天从普吉岛和奥南来的游客一般都会到此参观 。

帕南公主神祠（Shrine）

在帕南海滩的北边，为纪念溺水的帕南公主而得名。这座小的神祠在一个小山洞里，主要是以大量雕刻图像而闻名。

泻湖和观景台（lagoon & Viewpoint）

走在去往海滩的小路上，这里有一个牌子指示到达莱雷和通赛的路径。登顶大约需要20～25分钟，到观景台再需10分钟。从小路的顶端，还有一条路径向下通往丛林，再行20～25分钟可到泻湖。前往泻湖的道路可能会有些艰难，有些需要登山装备协助才可到达，沿途有绳索，可以一直到达泻湖。

活动

攀岩

莱雷是世界上最佳的冬季体育攀岩区域，有七百多条攀岩路线，在攀岩的同时您还可以欣赏美得惊人的海洋景色。如果您是一个攀岩爱好者，您可能对这个地方壮观而陡峭的岩壁早有所闻，而这也正是您来此的原因。

攀岩分级以法国等级为标准，最陡峭和最富有挑战性的攀岩对于初学者来说是有限制的。由于海边气候的腐蚀性，钢螺栓的牢固性是个问题，螺栓脱落在这里不是没有发生过，并且螺纹（绳索通过岩石孔拴上）牢固性也很值得怀疑。总之，岩石质地是非常好的，但是，您偶尔也会发现有松动的部分，包括著名的莱雷钟乳石。

必需的攀岩设备：莱雷和其周边全部是攀岩运动地点。一条60多米（200英尺）的绳索、鞔具、鞋子和大量的防滑粉是您攀岩的必备物品。如果您忘记带任何东西或者是根本没有，不用担心，在这里的攀岩商店您可以租到需要的设备。

指南：莱雷和通赛有一些攀岩指导服务，范围从介绍攀岩路线，租赁装备到教授握绳方法等应有尽有。

Andaman Adventures，莱雷、皮皮岛、Tonsai、Koh Lao Liang和Koh Yao Noi攀岩度假旅行。

帕南历险，Ko Lao Liang登山、潜水、野营独家指南。 www.adventuresinthailand.com/laoliang/

King Climbers，位于莱雷东，紧挨Ya Ya's住宿点。

泰国攀岩指南：当地指南书店有三种不同语言版本的登山指南，提供给登山爱好者有用的路径信息和方法。

Rock Climbing in Thailand，作者Elke & Wee,2007新版本。

Thailand: A Climbing Guide，由一些登山家和Sam Lightner Jr.编写出版，所赚的钱全部用于重新检修螺栓。

潜水及浮潜

莱雷并不是一个主要潜水地点，因为当地的珊瑚和海生物不像泰国其他地区那样繁杂众多。然而，这里的潜水商店会提供完备的服务，将潜水旅行者带到一个不错的潜水点，以保证潜水质量。

King Cruiser，是一艘1997 年沉没的轮船，现在仅存其残骸部分，位于海面以下30米深处。这里是最受欢迎的潜水区域。

浮潜

浮潜并不是莱雷主要吸引人的地方。从几米外的沙滩游出去，您可以看到美丽的珊瑚和可爱的小鱼。浮潜时一定要当心海面上不断穿梭的长尾船。大多数人为了寻找潜水的乐趣会租一只长尾船直奔海岛南部和莱雷西，比如Poda岛。一些酒店也会组织潜水旅行，或许您更喜欢租一只小船待上一个下午。一次单程旅行至少需要25分钟。

独木舟

莱雷半岛附近是攀岩不可多得的好去处，而且还可欣赏到美丽的风景。若干石灰岩小岛挨着帕南海滩，您可以在海滩探险。海边有岩洞，可以划艇进入，在通过地下水道的时候特别有趣，但要注意有时岩洞顶儿低，天花板会碰到头。如果您有更大的好奇心，短暂的横穿（大约1个小时）可以到达Ko Poda私人小岛，那里的海滩与世隔绝，更显美丽。

一些平房度假村位于莱雷半岛西，海上有独木船出租，600泰铢/半天，1000 泰铢/天（包括救生背心）。独木船通常是简单的两个位子的塑料船，在平静的海湾水面可良好行驶。半天的时间就足够探索莱雷周边了。准备一瓶水、一顶帽子和大量防晒保护措施是非常必要的！

徒步旅行

莱雷半岛很小，其本身也不提供太多徒步旅行的机会。在半岛的南端，有一些有趣但尚未开发的密林区。沿着铺好的小路可以从莱雷东步行到帕南海滩，所谓的"小路"就是一个滑坡。山峰被岩石密林覆盖，狭窄、隐隐约约的小路盘旋在南塔顶端，左拐可至最高点，在这里您可以环视整个半岛。左拐下行可以进入到一个暗藏的幽谷，经过这里您会来到一个被称为Sa Phra Nang或圣洁公主池塘的秘密泻湖。从幽谷到泻湖向下的路是一个陡峭的岩石山沟，道路被红色黏土覆盖，使得它变得相当诡谲而神秘。攀岩技术不好的话就会像爬行一样前进，而且在这里用打结的尼龙绳索是很危险的。泻湖美丽得惊人，但不能走进去，因为软得无底的腐泥会让人陷进去。

购物

莱雷有许多小的普通便利店，店中有各种各样精致的礼品以合理的价格出售，因为这里是海岛，因此购买的东西会加入一些运输成本。大多数的顾客更加愿意在附近的奥南购物。在东莱雷和西莱雷，各种各样的小商品琳琅满目，应有尽有，如衣物、纪念品、海滨服等。这里没有真正的杂货贩卖者，餐饮业也不发达，但在便利商店也有一些小型快餐提供。

饮食

莱雷有各种各样的餐馆可供选择，虽然在特色和质量上不是太突出（至少在泰国算不上是），但是食物还是符合您对泰国南部饮食的期待——味道鲜美、价格低廉。

西莱雷有四家餐馆：三家在海滩，一家独立的餐馆叫做Flametree。所有餐馆都提供早餐、午餐和晚餐，沿着海滩您可以欣赏到周围美丽的风景。

Flametree Restaurant and Bar，提供泰国和国际美食、不错的咖喱、美式的早餐、纯正的咖啡、水果沙拉、三明治、冰淇淋、野餐盒饭、饮料和日落特价晚餐。

东莱雷有更多的餐馆，而且品种更加丰富，虽然这里没有西部海滩的美景（在钻石洞附近的餐馆是个例外），但是从位置较高的小山上，游客还是可以看到令人印象深刻的海湾风光。

岩石餐厅，从钻石洞步行短距离就到。一个了不起的泰国式结构建筑，白天从岩石上方可欣赏到壮观的海洋风光，夜间这里是唯一远离喧嚣可以安静享受晚餐的地方，非常值得一游。

酒吧

海滩上有几个酒吧，每个酒吧附近都有一个度假型餐馆，日落时您可以在这里放松一下，喝上一杯鸡尾酒，非常惬意。

Flametree

西莱雷唯一独立的酒吧。他们在沙滩上布置了一些沙滩垫，晚上这里就变成了享受夕阳的休闲地。

Rai Lay Bay Resort Bar

莱雷海湾度假和温泉酒店（Rai Lay Bay Resort and Spa Hotel）的附属酒吧。酒吧位于海滩前，可以看到的岸边的棕榈树下排成一排的凳子都是这家酒吧的。这里是西莱雷最大的酒吧，通常在日落之前整个酒吧就已人满为患。

Last Bar

真的是这里最后的一个酒吧，其位于东莱雷，这里是莱雷的舞蹈俱乐部，每晚都有演出。来瓶大象（Chang）啤酒吧，这里是一个非常适合消磨夜晚时光的好去处。莱雷东部有更多让人备感精力充沛的舞蹈音乐酒吧，这些酒吧在钻石洞平房附近。

住宿

莱雷基本上迎合两类人群：蜜月/家庭旅行者和攀岩背包徒步旅行者。这里的住宿分为两种：泰式高脚屋和三层混凝土式旅馆。在旺季（11月到4月期间）房间的价格尤其昂贵。西莱雷有一些海滨旅馆和平房，价格主要根据居室类型而变化。东莱雷也拥有一些海滨酒店和度假村。

低预算

大多数莱雷低预算住宿位于莱雷的东边。最好的低预算住宿（木平房）毗邻通赛（Ton Sai）海滩，步行10分钟或乘坐长尾船几分钟可到达，每个房间价格大约在几百泰铢一晚。

■ Railay Cabana Bungalows

莱雷最便宜的住宿地，位于东莱雷钻石洞后面的高脚屋平房，淡季价格（7月或8月）可低至100泰铢/晚，旺季价格为700泰铢/晚。

■ 中预算

■ Railay Princess

位于东西莱雷之间。房间价格在2800～5000泰铢/晚之间，含早餐。酒店带泳池。豪华客房可享受最美丽的热带半岛景观。

www.railayprincess.com

■ Railay Village Hotel

水泥平房，每个房间都带有私人卫生间，可以看到花园和海滩风景。旺季双人间价格在500～2000泰铢/晚之间。

www.railayvillage-resort.com/

■ Sand Sea Hotel

与莱雷乡村酒店相似，也是水泥平房，有私人卫生间，风扇房或空调房随意选，还有花园风景别墅可选。除此之外，酒店还有一个不错的游泳池，客房提供自助早餐，而房间的装饰风格也受到很多家庭的喜爱。旺季双人间价格在1950～2500 泰铢/晚之间。

www.krabisandsea.com

■ Rai Lay Bay Resort & Spa Hotel

莱蕾最大的酒店，提供水泥平房和二层豪华旅店客房，内部装饰豪华。酒店客房离海滩较近，平房几乎是舒展开来横跨这个半岛，并且有一个宽敞的游泳池。旺季双人间价格在2500～9900泰铢/晚之间，含自助早餐。

www.railay-bay.com

■ Rai Lei Beach Club

出租的私有房子，位于莱雷的西边，在椰林附近，有不同大小和质量的房间。这里有空调和热水。旺季单人间价格3500 泰铢/晚，三卧室式房间价格13000 泰铢/晚。

电话：+66 86 6859359

传真：+66 75 819445

www.raileibeachclub.com/

■ Sunrise Tropical Resort & Spa

共27间客房，价格在2000～6500泰铢/晚之间。

地址：39 Moo 2 Aonang, Muang, Krabi 81000

www.sunrise-tropical.com

Diamond Cave Resort

位于莱雷东部最远端，是度假村花园，带泳池。旺季房间价格在2000～3400泰铢/晚之间。
www.diamondcave-resort.com/

Diamond Private Resort

钻石私人度假村位于山腰上，可以眺望安达曼海和甲米的莱雷海湾。从甲米镇到度假村，乘坐长尾船需时约45分钟。客房内配置标准设施，精心装饰。这里有优质的服务和友好的职员。钻石私人度假村提供的一系列酒店设施让客人们的生活更加充实。
地址：36 Moo 1, Tambon Ao Nang, Ampur Muang, Krabi 81000
电话：+66 75 621729

Yaya Resort

泰国南部的一个最奇特的度假胜地。房间设计精美，热带风格让您尽享舒适。房间价格在500～2200泰铢/晚之间。
地址：1 Moo 2, Tambon Ao Nang, Ampur Muang, Krabi 81000
www.yaya-resort.com

Railay Viewpoint Resort

这是一个完美的度假酒店，拥有莱雷海滩无与伦比的景致。房间价格在1440～8640泰铢/晚之间。
www.railayviewpointresort.com/

Bhu Nga Thani Resort

2009年中旬在莱雷新开的度假村，拥有60间客房，价位在 6000～40000泰铢/晚之间。 www.bhungathaniresort.com

高预算

Rayavadee

是帕南海滩唯一的度假胜地，拥有华美的景色，价格也与之相匹配，为20000泰铢/晚。
电话：+66 75 620740
www.rayavadee.com/

离开

从莱雷去往奥南、皮皮岛、兰达岛以及普吉岛都很方便快捷，交通运输也很便利，可通过任何酒店和旅游中心轻松订票。

■ **Pimalai Resort & Spa**

www.pimalai.com

Add:99 Moo 5, Ba Kan Tiang Beach, Koh Lanta, Krabi 81150, Thailand.

兰达岛 KO LANTA

兰达岛
KO LANTA

兰达岛是一个距离泰国南部安达曼海岸不远的岛屿，像甲米的许多其他海岛一样，它以潜水和长长的白沙滩而闻名。

概况

兰达岛由若干岛屿组成，其中最大的两个岛屿是Ko Lanta Noi（小兰达岛）和Ko Lanta Yai（大兰达岛），而大兰达岛是所有旅游的聚集地。兰达岛接近马来西亚，在很多旅行书上的描述是："这是一个能够看到猴子和大象足迹的地方"，基本上属于一个在度假方面性价比非常高的岛屿，岛上也有国家公园，可以骑大象。

到达

乘飞机

较近的机场是在甲米、董里和普吉岛。甲米和董里有直接的道路和船只连接兰达岛，这是最佳选择。如果您打算花些时间在普吉岛和附近岛屿游览，那么乘飞机到普吉岛是一个更好的选择。另一个可选择的是，这里每天有往返甲米以及新加坡、吉隆坡的航班。

乘船

从兰达岛到其他岛屿

兰达岛上私人渡轮公司提供开往众多目的地的渡轮：

兰达岛—皮皮岛，08：00和13：00，350泰铢

兰达岛—甲米，08：00和13：00，300泰铢（旺季400泰铢）

兰达岛—皮皮岛—普吉岛，13：00和14：30，700泰铢

兰达岛—皮皮岛—甲米，09：00和13：30，700泰铢

从甲米可以通过乘坐两次轮渡，开车前往兰达岛，中间过渡的岛屿是Ko Klong，每次摆渡耗时约10～15分钟。因车辆摆渡需要等待，整个行程约2小时。旅游旺季时还有直达快艇。

P.P. Family Co.，运营从甲米到兰达岛的船只，电话：+66 75 630165，离开甲米港口是在10：30和13：30，需要2小时到达兰达岛，200泰铢包含免费的甲米酒店接送。乘坐甲米镇中心的中转巴士只要10泰铢。

可以选择由Ao Nang Travel and Tour运营的渡轮，电话：+66 75 637730，发船时间为10：30，280泰铢。

渡轮从皮皮岛离开的时间为11：30和14：00，需要1小时。如果是从普吉岛出发，您需要乘坐08:00的船从那里出发，然后换乘11：30的渡轮。从皮皮岛到兰达岛的船票价格是200泰铢，从普吉岛出发的船票价格是450泰铢。

乘客运车

所有在甲米城镇的旅行社都提供开往兰达岛的客运面包车服务。包车到兰达岛大概2000泰铢，如果是去往兰达岛南端需要2500泰铢，机场也有同等价位的出租车。

在甲米和兰达岛之间还有小面包车服务，但需要乘客通过酒店或一些当地旅行社提前预订，大约400泰铢/人。

乘火车

到兰达岛最近的火车站位于甲米南部的董里，这里的火车来往于曼谷。从曼谷到甲米约950公里，开车需要12小时。

路线1: Phetburi—Prachuabkirikhan—春蓬—攀牙—甲米，共946公里。

路线2: Phetburi—Prachuabkirikhan—春蓬（41号高速公路）—Chaiya（素叻他尼）—甲米（Viangsra）—4035高速公路—甲米（Luk湾）沿4号高速公路行驶，共814公里。

游览

Mu Ko国家公园

兰达国家公园，内部点缀着几个美丽的小岛，周围环绕着珊瑚礁。国家公园内有两个沙滩，其中之一是Had Hin Ngam，这里是兰达岛著名的度假胜地。

兰达老城

这里是兰达岛东面的一个小村庄，该地区文化多样，居住在这里的有中国商人、原泰国渔民家庭和一个古老的海上吉卜赛社区。

Ban Saladan旅游中心

距离Klong Dao海滩3公里，是兰达岛的旅游中心。这里有便宜便捷的运输、潜水旅行、银行和商店。

Khao Mai Kaew Caves

位于岛屿中心内，有各种岩石、溶洞、壮观的钟乳石和石笋，其中一些洞穴是庞大的。您可以找一个导游同行，很便宜，大约200泰铢左右。您还可以选择乘坐大象，600泰铢/人。

海上吉普赛村（Sea-Gypsy Village）

在这里，您将继续与当地的家庭呆在那些坐落在沙滩上的简单房子里面，与当地的渔民乘着长尾船出行，撒开一片网来试试您的捕鱼技巧。运气好的话，您将有一顿丰盛的海滩烧烤。

兰园农场

这个农场是推荐给那些喜欢花的人。兰园农场位于长滩（Pra Ae海滩），门票每人30泰铢。可骑自行车或摩托车进入。

Ko Lanta Noi（小兰达岛）

可以从Saladan码头租摩托车、乘坐渡轮或长尾船来到这里，这里有一些当地餐馆，您可以停下来吃些炒饭，拿着从旅游办事处找来的地图在这里自助游览。

Ao Nui（Nui湾）

靠近Bakantiang。这里是一个宁静的小海湾，在晚霞的映照下，非常美丽。

活动

划长尾船旅行

Lanta Longtail / Sun Island Tours
私人包船，岛屿旅游，沙滩露营，钓鱼。
地址：9/1 Moo 1
电话：+66 8 7891 6619
www.lantalongtail.com

Tailor Made Marine Tours
在兰达岛可以包船进行周边游、悬崖跳水、沙滩烧烤、浮潜游泳及海上皮划艇等，都是不错的选择。
地址：兰达老城的橘色房子
电话：+66 8 3104 3109

Rapu Sea Kayaking
可以在海上划皮划艇，到红树林地区旅游。
地址：10/5 Moo 2
电话：+66 8 9287 1749

潜水

岛内本身没有潜水地点，需要乘船到潜水地。兰达岛靠近Hin Daeng和Hin Muang，因此这里深受潜水爱好者喜爱。

Dive & Relax PADI Dive Resort
地址：223 Moo 2 Phra Ae, Saladan
电话：+66 8 4842 2191
info@diveandrelax.com

Atlantis Diving
地址：18 Moo 1, Saladan
电话：+66 75 684081
info@atlantis-diving.net

Blue Planet Divers
地址：3 Moo 1, Saladan
电话：+66 75 684165
scuba@blueplanetdivers.net

Ko Lanta Diving Center
地址：1/3 Moo 1, Saladan
电话：+66 75 684065
info@kolantadivingcenter.com

Lanta Diver
地址：197/3 Moo 1, Saladan
电话：+66 75 684208
scuba@lantadiver.com

Lanta Diving Safaris
地址：289 Moo 1, Saladan
电话：+66 8 7889 6802
manta@lanta-diving-safaris.com

Lanta Scuba
地址：242 Moo 1 Saladan
电话：+66 75 668231
lantascuba@gmail.com

Pimalai Divers
地址：99 Moo 5, Kantiang
电话：+66 75 607999

骑大象旅行

在山上骑大象游览兰达岛国家公园。

独木舟

兰达岛东面拥有丰富的红树林，可以划着独木舟在山洞中探幽。

钓鱼

乘坐私人长尾船和渔民一起享受钓鱼的乐趣。这里有马林鱼、旗鱼、梭子鱼、笛鲷鱼和金枪鱼等。

烹饪

除了潜水，兰达岛很多地方都提供泰国烹饪课程的教授。厨师们教授学员学做大家喜爱的任何菜肴，如冬阴功汤（Tom Yum Goong）、青椒咖喱（Sweet Green Curry）以及腰果鸡（Chicken with Cashew Nuts）等。

Time for Lime

每天黄昏时分，这里都提供专业和充满乐趣的泰国烹饪课程，开课时间是16：00，介绍如何制作咖喱酱、咖喱螃蟹（主要是海鲜类）等，1800泰铢。
地址：72/2 Moo 3 Klong Dao
电话：+66 75 684590
www.timeforlime.net

购物

Hammock House

装饰独特，是泰国手织Mlabri的部落，有岛上最大、最好质量的吊床供选择，很值得一看！
地址：72/2 Moo 2
电话：+66 75 697098
www.jumbohammock.com

饮食

兰达岛上的海鲜价格合理，美味十足。人们可以找到各种各样的鱼、蟹、多汁凤尾明虾、巨型牡蛎、鱿鱼和龙虾等。兰达岛有各种各样的餐厅，大多数是针对游客的：海滩前提供美味和廉价的泰国海鲜，而平房前的海滩上，也有众多有趣的用餐地方。

Baan Laanta Bay View Restaurant

位于Kantiang湾，它是岛上最好的新鲜海鲜烧烤地点。新鲜鱿鱼、巨大的虎虾、龙虾一应俱全，所有的鱼类和海鲜都是每天在当地新鲜捕获的，还有烤土豆和沙拉吧提供免费服务。同时，也可以欣赏Kantiang湾的美丽景观，甚至可以到沙滩上浪漫漫步！Aqua Bar，是一个鸡尾酒酒吧，提供岛上最新鲜、最美味的鸡尾酒——芒果（Daquiri）及新鲜酸橙（Margueritas）！

Sunset Restaurant

一间非常小的餐厅，位于Klong Dao海滩，靠近 D.R. Lanta Resort 旁边的Mooks bar。这里的泰国食物是Klong Dao海滩最好且最便宜的。

Abdul's Pancakes

位于Saladan Moo 1,在Lanta Diver对面。强烈推荐他们的巧克力、香蕉法式薄饼和鸡肉法式薄饼。

Cook Kai

从Klong Nin海滩穿过街道即到。这里采用全木材的建造装饰，户外用餐区和酒吧十分宽敞。这里的泰餐是这个区域最好的，每日特色菜肴会公布在出口处。这里还教授泰国烹饪课程。

River Restaurant

一间友好的、家庭经营的餐厅，位于Narima度假村南。菜单非常不错，提供大量泰国美食和西方食物，芒果沙拉非常棒。这里备受家庭喜爱。

Thai Cuisine

这里供应美味的泰国菜、中国菜以及其他菜式，此外还有酒吧服务和一个小的手工艺精品店。

Time For Lime Restaurant & Bar

泰国知名的专业烹饪学校，它还拥有一段海滩和一家树顶餐厅。在这儿，您可以品尝美食，欣赏夕阳，享受微风拂面。餐厅名声的口口相传，使越来越多的人来到这里品尝美味食物。餐厅很大气，提供著名的莫希托鸡尾酒。餐厅的平房也可出租，全年开放。

Restaurant Manao at Relax Bay Resort

几年来，一直位于放松湾的一间餐厅。餐厅以泰语"Manao"或柠檬命名，全年开放，提供美味的法国和泰国食物。到了那里一定要尝一尝当地新鲜的King Prauwns或每日菜肴。

The Seven Seas Wine Bar & Restaurant

位于Pimalai度假村内，这家餐厅有不错的海景和后厨，菜单也很丰富。

地址：99 Moo 5, Ba Kantiang

电话：+66 75 607999

www.pimalai.com/dining3.asp

酒吧

兰达岛没有太多派对式的夜生活，但对许多人来说，兰达岛还是有其吸引人且放松的夜生活的。

Charlee Barleys

友好的酒吧/餐厅，位于Klong滩中心平房。这是一个伟大的地方，可以满足所有人群以及旅客的需求，有时还有国际客人的现场音乐表演。

■ Mooks Bar

位于Klong Dao海滩，在D.R. Lanta Bay Resort和Sun Fun & Sea Bungalows之间，是个不错的放松地点，您可以在海滩上畅饮，倾听雷鬼音乐，或许电视上还有体育赛事现场直播。

■ Korner Bar

在长滩南端较远地方，在放松湾前。酒吧内提供便宜的饮品，演奏美妙的音乐。氛围非常不错，营业至很晚。

■ Lanta Pavilion/Sunset Restaurant

这是兰达岛上较棒的餐厅之一，有一流的泰国食物，欧洲食物、印度食物和墨西哥食物也很不错。在繁忙的季节里，这里每晚都有新鲜的海鲜烧烤。营业时间为09：00—22：00。

地址：Khlong Khong beach（7-Eleven便利店北500米）

电话：+66 75 667079

www.lantapavilion.com

■ Where Else / Feeling Bar

酒吧提供印度和泰国食物，干净、友好，最重要的是氛围安静轻松。

www.lanta-where-else.com/

■ Time for Lime's Beach Bar

这儿有酷酷的爵士乐和令人轻松的音乐。

地址：72/2 Moo 3 (Klong Dao海滩南端)

电话：+66 75 684590

■ Oscar's Bar

海滩上有浮木阳台。

住宿

兰达岛有三个旅游季：淡季、旺季和高峰季。

高峰季:12月末～1月初，一些度假村是在4月的宋干节（泰国泼水节）左右，价格会有25%～50%甚至更大的涨幅。圣诞节和新年前夕许多度假村会要求一个强制性的宴会费用，大概相当于一晚的住宿费。

旺季：从12月～次年2月，不包括高峰季。

淡季：4、5月～10月，比起旺季，淡季期间许多度假村会有50%的降幅。

如果不是在旺季，您很容易就可以在Saladan码头附近找到住宿的地方。Klong Dao和长滩（两个北部的海滩）附近的住宿，一间简单的空调平房或酒店房间现在大约1200泰铢/晚。南部较远的地方提供免费的住宿接送，住宿价格会更加便宜，100泰铢就能住上一尘不染的海滩小木屋，还带浴室，但从住宿地进城需要大约20分钟。当然，您也可以租一辆摩托车，费用为250泰铢/天。

Klong Dao海滩

Ancient Realm Resort & Spa

是管理良好的海滨度假村，提供14个精美主题的空调平房，工作人员态度友好，海滩酒吧餐厅环境良好，价格合理，可以免费无线上网。房间价格777泰铢/晚起。

电话：+66 8 7998 1336，+66 8 6280 8218

传真：+66 75 684016

www.ancientrealmresort.com

Maya Lanta Resort

酒店是位于沙滩上的建筑。有美食花样（兰达标准的）餐厅，房间价格为2645泰铢/晚。

www.mayalantaresort.com/

ChaDa Beach Resort & Spa

可以享受豪华兰达精品度假，沙滩海滨翡翠套房3500泰铢/晚。

地址：278 Moo 1

电话：+66 75 668124-7

传真：+66 75 668123

www.chadalanta.com/

DR Lanta Resort

带餐厅、酒吧和游泳池。房间价格1800泰铢/晚，空调平房价格2000泰铢/晚。

地址：206 Moo 3

电话：+66 8 1081 5679

传真：+66 75 684383

www.drlantaresort.com/index.htm

Lanta Summer House

典型的海滩边平房别墅度假村，三床式空调平房，池畔空调房约1300泰铢/晚。度假村餐厅物美价廉，食物丰富，味道很淡（不辣），工作人员漂亮、友好。

地址：208 Moo 3

电话：+66 75 684099

Royal Lanta

奢华别墅，是泰国风格建筑，这里有美丽的别墅游泳池，还提供洗衣服务，平房3700泰铢/晚。

www.royal-lanta.com/

Southern Lanta

一个较大的度假村，共有100间平房，带泳池、餐厅和海滩边酒吧。平房价格在1800～15000泰铢/晚之间。

电话：+66 75 684174，+66 75 684177

传真：+66 75 684174

www.southernlanta.com/

Time for Lime bungalows

是私密和友好温馨的地方，有8间舒适的平房，提供免费Wi-Fi服务。房间价格750泰铢/晚起。这里的主人是挪威人，也是兰达动物福利社的组织者。

www.timeforlime.net/

长滩

Chaw Ka Cher Tropicana Lanta Resort

僻静的度假酒店，拥有热带花园。房间价格2000泰铢/晚起。
地址：352 Moo 2
电话：+66 75 637970
传真：+66 75 637404
www.chawkacherresort.com/

Good Days Lanta Chalet and Resort

风扇平房900泰铢/晚起，空调房1400泰铢/晚。
地址：183 Moo 2
电话：+66 75 684186
传真：+66 75 684187
www.gooddayslanta.com/

Lanta Longbeach

带游泳池和餐厅，空调平房1700泰铢/晚起。
地址：172 Moo 3
电话：+66 75 684198

Lanta Nakara

是奢华的兰达长滩酒店姐妹店（相同的管理），酒店有一个游泳池和餐厅。空调房平房2500泰铢/晚起。
地址：172 Moo 3
电话：+66 75 684198

Relax Bay Resort

酒店被绿色植物包围，内有浪漫的泳池，是法国—比利时经营方式的度假村，拥有自己的沙滩（1公里长）以及泰国—法国餐厅。风扇房1300泰铢/晚起，空调房1900泰铢/晚起，均含早餐。
地址：111 Moo 2
www.relaxbaylanta.com/

Sanctuary

是精心设计的竹平房，餐厅有印度及泰国食品，房间内有蚊帐。风扇木屋800泰铢/晚。

Starwin Resort

是美丽的花园和廉价的度假村，风扇房距离海洋200米，250泰铢/晚（淡季）。
地址：186 Moo 2
电话：+66 8 1891 3055

Klong Khong海滩

Lanta Full Moon Bay View Resort

一个奇妙的地方，工作人员很友好，住宿价格低廉，提供洗衣服务，食品和饮料都很不错。在休息室可免费上网，游泳池旁还有很多阴凉的地方可以休息、阅读。海滩很安静，非常接近住宿地。风扇平房550～800泰铢/晚，空调房1000泰铢/晚起。
地址：261 Moo. 2 Saladan
电话：+66 8 9647 6525
传真：+66 75 667143

Klong Toab海滩

Lanta River Sand Resort

泰式平房900泰铢/晚（没空调）。
电话：+66 75 662660
www.lantariversand.com/

Klong Nin 海滩

Charlee BARleys

宽松的环境，木制的背包客小屋，250～350泰铢/晚，风扇房有自己的卫生间，位于海滩最好的部分，没有岩石，24小时可游泳。

Kantiang湾

Baan Laanta Resort & Spa

湾景餐厅“Aqua Bar”位于海滩之上。度假村有按摩和水疗等不错的选择。不要错过Aqua Bar的鸡尾酒。传统泰式别致豪华别墅3500～5500 泰铢/晚，距离海滩仅几步之遥，空调、大阳台（带有太阳椅）、热水淋浴器，冰箱、电视，海湾内泳池，设备齐全。淡季提供特殊折扣。7-Eleven便利店位于主街道之上，附近的“Indigo Gekko”可以买到不错的纪念品、服装及珠宝。
地址：72 Moo 5, Kantiang Bay
电话：+66 75 665091

Anda Lanta Resort

定价过高的豪华滨海小屋，以前的Waterfall Bay Resort，有卫星电视和互联网接入，但是没有客房服务和电话，淡季开放。房间2300泰铢/晚起，平房4500泰铢/晚起。
电话：+66 75 665018
传真：+66 75 665020
www .andalanta.com/

Bamboo Bay Resort

风扇房500泰铢/晚起，空调房1300泰铢/晚起。
地址：Aow Mai Pai
电话：+66 75 665023
www.bamboobay.net/

Kantiang Bay View Resort

“Why not?” 餐厅直接位于沙滩，是木制平房，环境良好，在Ban Sala Dan与Ao Kantiang之间提供免费接送服务。旺季500泰铢/晚，淡季400泰铢/晚，风扇平房600泰铢/晚，空调房1500泰铢/晚。
地址：9 Moo 5
电话：+66 75 665049

Lanta Sand Resort & Spa

有48间平房，别墅7000泰铢/晚起。
地址：279 Moo 3
电话：+66 75 684633
传真：+66 75 684636
www.lantasand.com/

Pimalai Resort & Spa

自2001年起，这里就成为世界小型豪华酒店成员，提供PADI潜水中心和烹饪课程服务。价格9500泰铢/晚起。
地址：99 Moo 5
电话：+66 75 607999
www.pimalai.com/

Klong Jaak海滩

Sun Moon Bungalow,Klong Jaak

这里是岛屿南端较安静的地方。简单干净的平房，坐落在静谧的花园之中，美丽而安静的海滩就在前面。大约500泰铢/晚。

Kaw Kwang海滩

LaLaanta Hideaway Resort

有20间宽敞的平房，设施包括两间海边游泳池、按摩浴缸、海滩酒吧、泰/西餐厅，以及海滨用餐区。所有平房包括空调、卫星电视、迷你冰箱及免费无线网络。1200泰铢/晚起。
地址：Mai Pai
电话：+66 75 665066
www.lalaanta.com/

兰达老城

Lanta Buri Resort

靠近老城医院。这里有9间独立房间，每间都带有淋浴卫生间、有线电视、风扇或空调。房间环绕着一个带有小池塘的

可爱花园。厨房供客人使用，有充足桌椅，用餐区在户外。
电话：+66 8 4052 7758

Mango House Seafront Villa

芒果楼临海别墅，其套房和房间是柚木装修，非常典雅。经典的深色硬木和丰富多彩的中国丝绸融合，现代艺术与自然创造灵感，赋予客人美妙的享受。每月租金6000泰铢。
电话：+66 8 6948 6836

Orange House

家庭旅馆这两层棚屋位于海边，具有150年的历史，老柚木店屋位于老城区街道，内有2间套房，提供宽敞、舒适的长期或短期住宿。每间套房有淋浴卫生间，一间大卧室，可欣赏兰达岛最壮丽的景色。房价根据季节和停留时间而变化，约500泰铢/晚。
电话：+66 8 3104 3109

Thumrin Thana Hotel www.thumrin.co.th Add: 69/8 Huai Yot Rd. Muang, Trang

董里 TRANG

董里
TRANG

泰国南部地区的董里府（ตรัง，Changwat Trang），西北邻甲米府（กระบี่，Krabi），北面是洛坤府（นครศรีธรรมราช，Nakhon Si Thammarat），东面邻博他仑府（พัทลุง，Phatthalung），东南侧邻沙敦府（สตูล，Satun），西南面是安达曼海。董里府有美味的烤猪、优雅的蓝楹花、水下珊瑚礁、迷人的沙滩、奇妙的瀑布和热情的人民，这里还是泰国橡胶树种植第一城。

概况

最早在二万五千年至三万年前就有人来到这一片土地上生活。历史记载中最古老的王国叫做立蝈王国（Kingdom of Ligor），该国于公元1200年左右建都于附近的三王台（Ban Thai Samor）。泰王国实行君主立宪制后，当时董里即成为一个自立的郡府。

这里曾经是一个贸易港口。第一棵橡胶树就被种植在这儿。当董里还是荒芜一片的时候，1899年，许沁美先生从马来西亚带来第一棵橡胶树种子，播撒在董里的土地之上，从此橡胶树密密麻麻，繁茂生长，至今为止，董里的橡胶已经成为泰国一种重要的商品。董里除了在与周边（Nakhon Si Thammarat）便利化的贸易和通信上扮演主要角色之外，还是泰国南部的一处贸易枢纽。之前鲜有游客来此游览，直到最近，董里才开始推广其国际旅行业。

地理

董里的边界北到Nakhon Si Thammarat省，南到沙敦省和印度洋（安达曼海），东到Phatthalung省，西到印度洋和甲米府。董里是一座沿海城市，沿印度洋拥有199公里漫长而美丽的海岸线。另外还有两大主要河流流经董里府，一条是起源于Khao Luang山脉的董里河（Trang River），另一条是起源于Banthat山脉的Palian河。

董里在地理上具有与甲米府（Krabi）和攀牙府（Phang-Nga）相同的优势，这其中包括令人激动的岛屿、惊人的海滩沿岸以及巍然耸立的内陆石灰岩山脉。该省由安达曼海上的一个群岛组成，共拥有46个岛屿。其中，12个在Kantang，13个在Palian，21个在Sikao。参观游览董里最佳的时间是在12月份和5月份期间。

区域

董里距离曼谷大约828 公里，占地面积4941平方公里，被分为9个区域：Kantang，Huai Yot，Yan Ta Khao，Palian，Sikao，Wang Wiset，Na Yong，Ratsada和Samran海滩区域。

城市与其他区域的距离：

距离Na Yong 10 公里，Yan Ta Khao 23 公里，Kantang 24 公里，Huai Yot 28 公里，Sikao 33 公里，Hat Samran 45 公里，Palian 47 公里，Ratsada 47 公里，Wang Wiset 60 公里。

到达

自驾车

从曼谷出发走4号公路到春蓬再转41号公路，经过苏叻他尼到董里，全长828公里。

从曼谷出发走4号公路到春蓬，经过罗勇、攀牙、甲米到董里，全长1020公里。

从沙敦走404~416号公路到董里，全长140公里。

从合艾走4~407号公路到董里，全长148公里。

从普吉岛走4~402号公路经过攀牙、甲米到董里，全长312公里。

乘火车

快速、特快列车每天17：05和18：20从曼谷火车站（Hua Lamphong）开往董里，时长15小时，全程870公里。

欲了解更多信息，请拨打1690、+66 2 2237010、+66 2 2237020或董里车站电话：+66 75 218012，或访问www.railway.co.th。

乘巴士

空调巴士每天从曼谷南巴士总站开往董里，全程需时12小时。

更多详细信息请垂询+66 2 4351199-200，或者董里巴士总站电话：+66 75 218718，或者访问网站：www.railway.co.th。

从董里出发的巴士往来于以下邻近省府：合艾（普通车），沙敦（一等车和普通车），甲米（一等车和普通车），兰达岛（一等车）以及普吉岛（普通车）。

另外，这里还有一些小型面包车从董里开往其他主要城市，包括合艾（约80泰铢），苏叻他尼（约130泰铢），兰达岛（约120泰铢），Hat Jao Mai（约50泰铢），Pak Meng（约50泰铢）以及Sakao（约25泰铢）。

此外，还有一些私人巴士服务，即Sap Paisan Tour，电话：+66 2 8946040-1和Sri Suthep Tour，电话：+66 2 8946166-8。

在董里，所有汽车租赁公司都提供最好的汽车租赁交易，很多旅行社也提供此项服务。

乘飞机

Nok Air航空公司每日在曼谷和董里之间直航，大约需时1小时20分钟。

欲了解更多信息，请拨打1318，+66 2 6272000垂询，或访问www.nok-air.com。

乘客运面包车

在此地区游览可以乘坐巴士、小巴或者是从旅游公司租用面包车。这里有一些公共的客运面包车从邻近省市开往董里，车上人满就会发车。

摩托车（Tuk-Tuk）

董里有摩托三轮车(Tuk-Tuk)和摩托出租车可以运载游客在市中心游览，乘坐摩托车出租车在城镇周围转悠转悠，需要10～20泰铢，而嘟嘟车（Tuk Tuks）大约需要约15泰铢。摩托车可以在镇上各种商店中租到。

这里有四个主要终点站。去往Sikao海滩地区，例如Pak Meng海滩、Chang Lang海滩或者Ban Chao Mai海滩，可以在Tha Klaang路Tha Klaang市场对面乘坐客运面包车。去Huay Yod、Rassada或Tung Song，可以在Thammarin Thana酒店附近Huay Yod路上的教堂处乘坐客运面包车。去往Tha Khao、Palian、Thung Yaaw或Samran海滩，可以在Rassada路体育馆附近乘坐客运面包车。游览Kantang的老城，可以在董里火车站附近Kantang路乘坐客运面包车。

乘船去往岛屿

董里有三个主要码头，它们是Pak Meng码头、Ban Chao Mai 码头以及Kuan Thung Kuu码头。

Pak Meng码头位于同名的海滩，是船舶的主要码头。从这里有行程规律的船只开往所有主岛。如果您选择的岛屿比较偏僻，那么您就要选择自己租船前往了。Ban Chao Mai码头和Kuan Tung Kuu码头同样也有行程规律的船只或可出租的私船。

文化

不同于其周围的邻近地区，董里以信奉佛教为主。大多数镇民和在那里工作的人都是华裔，然而，在农村地区，大多数居民是泰国穆斯林。

嵌入式的蜡染艺术

虽然起源于马来西亚，如今却成为董里当地的一种工艺品。

Manora或者Nora

泰国南部当地的一种艺术形式。这项表演舞姿优雅美丽，演唱者即兴演唱歌词。因此，要求表演者必须是思想灵活的人，在唱词的过程中能够快速找到韵律，歌词、舞蹈和服饰要有意义。辅助乐器包括鼓、钹、锣以及响板。现如今，Nora已发展成一种现代乐器。

皮影戏

泰国南部非常流行的一种艺术形式。皮影是以皮革为材料制成的一个个栩栩如生的戏剧人物形象，如隐士、地主、男主角、女主角、巨人和小丑等。这些人物形象都由幕后表演者操控，他们通过控制人物脖领前的一根主杆和两根耍杆来使人物做出各种各样的动作，由此观众可以从大屏幕上看到皮影活动的样子。皮影戏以演唱或叙事的手法表现故事情节，使用的乐器通常相似于Nora，还加入了So UU和So Duang（弦乐器）作为补充。

Li-kae Pa

也叫作Li-ke Bok或者Li-ke Rammana。Li-ke Pa在泰国的穆斯林中很受欢迎。这种表演形式不同于通常的Li-ke，因为表演者穿着不同类型的服装，仅需3个演员在一套完整的剧中表演，演奏音乐的乐器通常包括2~3个手鼓、钹、锣和笛子。然而，剧中的情节会根据地点名称的变化而相应地变化。

活动和节日

董里旅游节（Trang Tourism Festival）

这是在旅游旺季开始时董里的一项公共关系活动。活动一般都在每年1月的第三个星期举行。

■ 董里水下婚礼典礼（Trang Underwater Wedding Ceremony）

这项特色活动于每年的情人节期间（2月13、14、15日三天）在董里举行。活动内容包括：董里机场的新郎新娘欢迎仪式（泰国人和外国人）、城镇居民在街头欢迎婚礼游行队伍的到来、嫁装游行、乘坐长尾船前往潜水地点。婚礼在海滩上进行，用代表祝福的海螺圣水洒在新婚夫妇手掌心。随后新婚夫妇双双潜水至12米深处在结婚证书上签字。

详细信息请联系董里商会（Trang Chamber of Commerce）电话：+66 75 210238, +66 75 225353，泰国旅游局董里办公室电话：+66 75 215867-8，或者浏览网站：www.tat.or.th/festival，参加水下婚礼典礼的新婚夫妇请参阅网站www.underwaterwedding.com。

■ 董里美食节（Trang Food Festival）

为了宣传董里府著名的美食，每年的3月30日至4月3日董里都会在Mueng的Somdech Phra Srinagarindra Park 95（Khao Pae Choi）举办这项盛事。届时会有很多董里著名餐厅摆出小吃摊，提供美味且价格优惠的食物。食物品种繁多，包括中式、泰式和当地特色菜肴以及海鲜。美食节另外还安排吃喝大比拼以及各种形式的娱乐活动。

■ 董里蛋糕节（Trang Cake Festival）

这个节日来源于一个事实，即董里人以制作美味的蛋糕而出名。董里的蛋糕上没有糖霜，拥有多种口味如香橙、咖啡、三香味等。节日定在每年的8月。在董里，蛋糕也是一种馈赠亲友的理想礼品。

■ 董里烤猪节（Rang Roast Pork Festival）

这是董里的一项旅游推广活动，每年9月举行。节日以令人垂涎三尺的烤猪肉（经董里特色秘方烤炙的猪肉）为特色。猪肉皮香、酥、脆，肉嫩，味道非常不错。猪肉发酵中经香草烤熏后再特制烧烤。董里的烤猪肉每天都会销售得很好，是人们早餐配咖啡或宴会席上必不可少的特色菜肴。

■ 中秋节（Moon Festival）

这是Palian区Tambon Thung Yao中国人的一个传统节日，按照中国年历在每年的9月末10月初的月圆之日举行。

素食节（Vegetarian Festival）

董里华人的一个传统节日，在每年10月左右的满月夜举行。泰国的华人后裔有些是素食主义者（不吃肉类和某些特定种类的蔬菜），节日期间，他们穿着白色的衣服达9天9夜。他们认为这样会为自己带来好运和美德。在持续的9个日日夜夜里，他们本着“中庸”的精神外出，给予家庭祝福。

佛陀游行董里文化节（The Buddha Image Procession and Trang Cultural Festival）

节日的目的是为了保存、恢复和传承当地古老而独特的传统和习俗。举行时间是在第十一个农历残月的第一天和第三天（佛教大斋期结束）。活动内容包括佛像船漂浮竞赛、当地体育比赛、南方风格的民间艺术和文化表演、音乐会、娱乐活动、董里产品销售以及佛像游行等。

四轮驱动汽车竞赛（Four-wheel Drive Vehicle Competition）

泰国南部大自然探险 - NAS挑战赛是泰国的一个越野联合会赛事，成员来自泰国和其他国家的越野赛车俱乐部，如马来西亚、新加坡、印度尼西亚等，每年有超过100辆车参赛。比赛时间定于每年的11月，比赛场地使用董里城镇和董里其他地区的道路。

Taphao贝壳节（Taphao Shell Festival）

旨在促进对自然和环境的保护。该节于每年的11月在Pak Meng海滩举行，是一个收集Taphao贝壳的竞赛。

董里海钓鱼大赛（Fishing Competition at the Trang Sea）

活动于每年12月左右在董里府和甲米府举行。活动安排了10多个类别的捕鱼赛事。

H.M.国王的生日庆典和红十字会交易会（H.M. the King’s Birthday Celebrations and Red Cross Fair）

这是董里每年的一项重大活动，自拉玛七世国王统治时期一直延续至今。它定于每年12月5日至15日在董里Mueang的Thung Chaeng体育场举行。活动包括公共部门和私营部门机构的展览、食品和产品的销售、音乐会、娱乐活动、海军红十字活动等等。

游览

董里城区

Phraya Ratsadanupradit Mahison Phakdi Monument

这座纪念碑的修建是为了纪念董里府前统治者，他最初引进并开展了橡胶种植，使得现今的泰国南部遍地都种植了橡胶。他是一个十分具有远见的人，还发展壮大了董里的基础设施建设、农业、畜牧业、教育系统等，并规定了地方行政结构，对董里的繁荣发展作出了巨大的贡献。该纪念碑设立在市政公园内，距离市政厅大约1公里。

Sa Kaphang Surin

位于董里市，距离Wian Kaphang路上的省委大会堂2公里。这个自然池塘大约有80000平方米。混凝土桥梁横跨池塘中心三个美丽相连的凉亭。周围区域是公共公园，动物园就在Phraya Ratsadanupradit 纪念碑不远处。

Somdech Phra Srinagarindra Park 95（Khao Pae Choi)

距离城市3公里。公园拥有迷人且壮观的风景。

Phra Non Song Khrueang Nora

位于Phu Khao Thong寺庙，在Moo 1，Tambon Nam Phut距离城里大概20公里。佛像呈圆寂姿态，最与众不同的特征是它的头，以Nora舞头饰（叫作Throet）装饰，这被视为舞蹈神圣而高贵的装饰，源于南泰本地特色。

Na Yong

Khao Chong Wildlife Development and Conservation Promotion Station

位于距离城市21公里处，这里是泰南最吸引人的地点之一。这里到处都是绿色的树木、涓涓溪流以及壮美的瀑布，如Ton Yai、Ton Noi和Ka Chong。这里是泰国第一自然与野生动物研究基地。另外，“自然研究轨迹”是一处研究自然轨迹的理想地。沿路的标识牌为您提供了周围环境的信息。“博物馆和展览大厦”拥有对自然和自然资源保护的展览。更多信息您可以从Moo 7，Tambon Chong，Na Yong，P.O. Box 4，董里获取。

■ 水禽公园（Khlong Lam Chan）

位于Khlong Lam Chan野生动物保护区，距离城市17公里，然后向右上Ban Ka Chong-Ban Hat Lao路（4124号公路）再前进大约1公里即到。公园中巨大的沼泽地是众多水禽的家园，特别是在每年的1月—3月，许多鸟会在此栖息。公园里一片宁静，适合放松、游览。门票在国家公园野生动植物保护部野生动物保护区行政科获取。

■ Na Muen Si Woven Cloth

董里Na Muen Si，Tambon最著名的产品。目前有一些妇女Na Muen Si编织小组依然保持着该区域的这一编织遗产。游客可以在她们的办公地点观看小组现场编织工作，这一地点在Na Muen Si路大约5公里处，距离Tambon Na Muen Si当地遗产博物馆大约300米。而这个当地文化中心保留着许多当地艺术和手工艺品，另外还有大约300件古代用具和手工艺品也在此展示。具体信息请联系Na Yong社区发展办公室。电话：+66 75 242431

■ Tham Khao Chang Hai

距离Ban Na Muen Si的Na Yong市场5公里。洞穴内有大量形状各异的钟乳石和石笋。

■ Namtok Ka Chong

在Khao Chong植物园内，位于Na Yong，距离区域办公室大约7公里。雄伟的瀑布从高山和岩石上一泻而下。这里非常受当地人喜爱，每天都有大量游客前往参观。

Kantang

博物馆（Phraya Ratsadanupradit Mahison Phakdi）

距离Kantang市200米，在1号，Khai Phithak路。这里是一处非常重要的历史遗址，它曾是“老董里统治者的房子”或者说是Phraya Ratsadanupradit的房子，前董里府统治者的房子。此房是两层木制建筑，内部有一座主人的蜡像。Na Ranong家庭现在照顾这间房子。博物馆（除周一）每天都对公众开放(公众假日开放，但在第二天关闭)。需要导游的团队参观必须提前联系。电话：+66 75 251100

泰国的第一棵橡胶树

位于去往Kantang的沿途上，这棵树代表了Phraya Ratsadanupradit于1899年在橡胶园种植的第一组橡胶树。

Khuan Tamnak Chan Public Park

位于Mueang Kantang，占地250英亩（1011714平方米）的公园拥有美丽环境。现在种植了大量的树木和装饰性的植物，绿意盎然，非常舒适。这里还为游客提供了休息的凉亭和停车场，另外在公园还可以欣赏到海景。

Yong Ling海滩和San海滩

在去往Chao Mai海滩的路上，行驶2公里可到达Yong Ling海滩。这座弯曲的海滩与松树林平行。在海滩的尽头是一座高山，山上有洞穴可以通过，进而到达悬崖，悬崖上有更多的洞穴和岩石，与山城包围的沙丘相似。这座沙滩是游泳和休闲的好去处。这里还有公园总部和游客服务中心。

Yao海滩

在Tambon Libong岛。这个长长的沙滩遗址从鲨鱼鳍状的山脉一直延伸到北部，海滩上种植着一排排松树，宽广的海滩上可以露营和住宿。

Chao Mai海滩

To Nae山上的钟乳石和石笋洞穴，在Chao Mai村附近。从Yao沙滩乘坐小船经Chao Mai运河大约需要15分钟即可到达。小划艇可以经过洞穴到达青翠的红树林，Chao Khun洞穴就在附近。游客可以步行登上洞穴欣赏其美丽的全景。

Libong岛

在Tambon Libong，这是董里最大的岛屿，占地40000平方公里。岛屿周围有海牛等大量泰国哺乳动物。它也是各种当地和迁徙鸟类的家园，冬天尤其多。Libong岛是Libong群岛野生动物保护区的一部分，公园总部就位于这里。公园拥有很多海角和海滩，比如Tup海滩，Laem Chu Hoi，Laem Thuat和Laem To Chai。在退潮时，人们可以从Laem Chu Hoi步行穿行海滩到达Tup 海滩。大多数居住在这里的人是穆斯林。从Libong岛可以看到Chao Mai海滩和Chao Mai海角的美丽景色。游客也可以从Yao Ban海滩Chao Mai码头乘船到达这里。船每小时开出一班，需30分钟即可到达。船只的租金为400泰铢/船。岛上提供住宿。详情请联系Libong群岛野生动物保护区，P.O. Box 5，Kantang，董里。电话：+66 75 251932。

Kantang Hot spring

位于Moo 7，Tambon Bo Nam Ron，距离Kantang大约1公里。这处自然温泉常年恒温60℃，是人们健康旅游的好去处。

Muk岛和Morakot洞穴

董里最突出的部分。Muk岛大部分被高耸的悬崖占据。位于岛屿东面的是一座渔村，那里至今仍然保持其原著岛民的生活方式。游客可以步行游览岛屿。岛上的西边是Tham Morakot，这是一个令人眼花缭乱的海上洞穴。如果想要进入洞穴，您必须通过一个小洞口，大约80米。透过外部的光亮，翡翠般清澈的水使得您可以看到洞穴的内部，这是不寻常且惊人的大自然之美。进入溶洞的另一边，您可以看到一个干净的白色沙滩包围着高陡的悬崖，同时，您还可以坐在浅海之上享受一番。Muk岛上有私人经营者提供住宿。

去Muk岛，游客可以从Sikao的Pak Meng码头乘船前往，需时40分钟。船只租金大约2000~3000泰铢/天。岛上有住宿提供。

Chueak岛- Waen岛

在Muk岛和Kradan岛之间非常小的一座岛。它们充满了浅水和深水珊瑚以及各种各样的鱼类。游客可以从Pak Meng码头出发，船只有规律地开往Muk岛和Kradan岛。全程需时50分钟，如果包船的话需要花费2000～3000泰铢/天。

Kradan岛

董里最美丽的岛屿。该岛占地2428114平方米，其大多数岛屿（5～6个）属于Chao Mai海滩国家公园管辖，其余属于私人。岛上为游客提供不错的餐厅和住宿。Kradan岛最吸引人的特色是其细腻的粉状白沙滩以及水晶般清澈的海水，让您可以一览水中美丽的珊瑚礁。各种各样五彩缤纷的鱼栖息在浅水珊瑚丛中。Kradan岛在Muk岛和Libong岛的西边，游客可以从Pak Meng码头或Chao Mai乘船前往Kradan岛，全程需要1个半小时。船只租金2000～3000泰铢/天。

Sikao

Chao Mai海滩国家公园

一个覆盖Kantang和Sikao的海洋公园，海岸线大约20公里长。公园总部在Chang Lang海滩，在Tambon Mai Fat，距离城市大约47公里。以陆地为基础的公园景点还包含一些海滩，比如Pak Meng海滩，Chang Lang海滩，San海滩，Yao海滩，Yong Ling海滩，Chao Mai海滩，所有地点都可以开车到达。而且，还有7个其他岛屿也属于该公园管辖，它们是Muk岛，Kradan岛，Chueak岛，Pling岛，Waen岛，Meng岛和Chao Mai岛。该地区在1982年10月14日被改称为国家公园。公园还有海洋自然公园教育中心（Marine Natural Park Education Centre），电话：+66 75 213258和游客服务中心。岛上提供住宿。

欲了解详细信息请联系国家公园司皇家林业部，电话：+66 2 5797223，+66 2 5795734或Chao Mai海滩国家公园，地址：Moo 5，Tambon Mai Fat，Sikao，P.O.Box 9，电话：+66 75 213260。

乃岛或Hai岛

该岛确切地说是位于甲米府Lanta岛区域，但是因为从董里更容易到达这里，它就被划分为董里的旅游目的地。岛屿拥有白色的沙滩和清澈的海水以及环绕的美丽珊瑚。从Pak Meng码头乘坐小船大约需要1个小时即可到达。一条小船的租金为1500泰铢（10人）、6000~10000泰铢（20~40人）。岛上提供住宿。

Rajamangkala水族馆

距离城里大概30公里。巨大的建筑是Rajamangkala科技大学渔业学院董里校区。水族馆共拥有61个展览区，不包括鱼塘，其中既有淡水鱼类也有海洋鱼类、两栖类以及现实中的红树林模型。

水族馆每天办公时间开放，详情请拨打电话咨询：+66 75 274169, +66 75 274151-4011或登录www.fishtech.rit.ac.th。

Hat Pak Meng

在Moo 4, Tambon Mai Fat，距离城里40公里（4046~4162号公路）。美丽平静的5公里沙滩呈半月状。海滩被可爱的松树环绕，各类大小岛屿装点着海洋。董里当地人喜欢来到这里放松，在餐馆品尝辛辣美味的海鲜。来自Pak Meng码头的船只可以运载游客前往乃岛（Ko Ngai）和其他附近岛屿游览。

Palian

Sea tour of Palian

Palian海岸线非常美丽，体现了安达曼海的非凡之美。著名的沙滩包括Chao Samran和Ta-se；有趣的岛屿包括Ko Sukon，Ko Phetra，Ko Lao Liang Nua和Ko Lao Liang Tai。

Mu Ko Phetra国家公园

Palian区和沙敦La-ngu区的一个海洋公园。这个地区在1994年12月31日被

宣布为国家公园，其构成的岛屿有Ko Phetra，Ko Khao Yai，Ko Lanti，Ko Lidi，Ko Bulon，Ko Lao Liang和Ko Praoma，游客可以从沙敦（Satun）的Pak Bara码头进入。这里最适合游览的时间是12月至次年4月。公园总部提供游客住宿。

更多信息请咨询国家公园司（National Parks Division），电话：+66 2 561 4292，分机724-5 或 The Mu Ko Phetra 国家公园，位于Moo 4, Tambon Pak Nam, Langu，电话：+66 74 781572，+66 74 783008。

Koh Lao Liang

这两座岛是孪生岛，位于Koh Libong和Koh Petra之间。碧蓝的大海环绕Koh Lao Liang，这两座岛屿间的海水很深，两座岛都是巨大的石灰石山，山的两面都很陡峭。这里还有细腻而美丽的白色沙滩，着实让人着迷。

Koh Takiang

是位于董里南部群岛上的一座小岛。这座小岛拥有仅100米长的沙滩，剩下的区域被岩石和山丘覆盖。这个地区还有一座灯塔。

Koh Petra

是一座岩石山，有很多高耸的峭壁和海鸥。这座岛屿的东部是Petra沙滩和Kam沙滩。巨大的岩石分隔两个沙滩，沙滩全长500米，但并不是很宽。

Ko Sukon

位于Palian，距离海岸仅3公里。岛上拥有很多可爱的沙滩。另外，当地著名的还有美味的西瓜，在3、4月份供应充足。到达这里，可以乘坐巴士或面包车；距Mueang大约35公里，在Palian的Tha Kham Pier乘坐渡轮，船只每天两班，分别在10：00和14：00驶出，全程需时40分钟，船只租赁700泰铢，可坐10人。另外还可以在Ta-se Pier乘船，在国王区使用404号公路，到Ban Na交叉口右转，再行驶18公里，之后左转行驶大约7公里即到，全程需时20~30分钟。岛上还为游客提供住宿。

Namtok Ton Te

距离城市45公里，向右上Ban Kachong-Ban Hat Lao路（4124号公路），行驶大约27公里，向左再前进1公里即可到。这座巨大而美丽的董里瀑布水流从320米的岩石上飞流直下，壮观无比。水流源头是Banthat山脉，各种热带植物覆盖周围地区。游客可以驱车在一年四季中的任何时候来到这里参观游览。

Namtok Ton Tok

从Ton Te 瀑布沿着步行道行进1公里，细流流经大小岩石。在Ton Tok可以欣赏到Ton Tae美丽的风景。

Huai Yot

Khao Pina

位于Tambon Na Wong，距离城镇大约45公里，在Phetchakasem路，离主路2公里。这座中空的山看起来像是一个倒炒锅。位于山脚下的是Wat Pina寺，拾阶而上可以看到洞穴景象。岩石上是Tham Champa庇所。

Tham Le Khao Kop

位于 Moo 1，Tambon Khao kop，距离Phetkasem 路上的区域办公室大概7公里，位于这条路左边的700米处。这座洞穴属于真正的自然奇迹，涓涓细流流经洞穴，洞穴本身看起来是座很高很陡峭的悬崖，岩石层次分明。一条来自Banthat山脉的水渠分成三条水路到达Khao kop，其中两条环绕山脉，另外一条在山脉之下流入洞穴。洞穴中钟乳石和石笋长约4公里。目前，Tambon Le Khao Kop行政组织提供小船队参观游览洞穴美景，这里逐渐成为一个生态旅游和探险活动的场所。6人费用200泰铢，每人30泰铢。电话：+66 75 500088，+66 75 500117。

Yan Ta Khao

泰南植物园（Southern Thailand Botanical Garden）

这个新的旅游目的地特别适合那些喜好研究自然和植物的人们。公园内部有游客服务中心、植物园、香草园、植物图书馆、植物博物馆和一个技术会议中心。公园最特色的部分是拥有许多自然的小路，您可以经过拥有许多有趣植物物种的森林或低矮的丛林。这里还提供住宿。电话：+66 75 218435。

Namtok Sai Rung

行使大约17公里向右转上Ban Ka Chong-Ban Hat Lao路行驶大约15公里，然后向左转看到瀑布的指示牌后继续向前行驶大约4公里即可到。这座单一层次的瀑布从高耸的悬崖倾泻而下。飞溅而下的瀑布通过阳光的照射变成五彩缤纷的彩虹，非常漂亮。

Namtok Phrai Sawan

一座17层分段的中型瀑布。到达这里后，向右转上 Ban Ka Chong-Ban Hat Lao路再行驶20公里。看到左边的瀑布的标示牌后再向前行驶大约4.5公里即可到。游客可以向前行走5公里，在瀑布周围进行漂流旅行，也可租用橡皮船。

Namtok Lam Plok

一座大型的6层瀑布。从这里人们可以看到若干岛屿以及 Palian河口的风景。Khlong Lam Plok Hydroelectric 水电站项目就位于这里。

Ratsada

Tham Phra Phut

可以从Ban Ka Pang右转，再行驶约10公里，然后在十字路口右转继续行驶大约7公里即可到达。洞穴内部有一个大型斜倚佛像，还有一个泰国南部舞者庄严风格的站立佛像。此外，还有一些物品如瓷器、漆器和陶器等。这些东西的来源以及这座寺庙的历史都笼罩着一层神秘感。

Tham Phraya Phichai Soangkram

在Ban Nai Wang, Tambon Nong Bua，这是一处天然美丽的洞穴，拥有大量的钟乳石和石笋，到处都是野生动物，特别是“Hoi Lo”和可以食用的蜗牛。

Hat Samran

位于Tambon Hat Samran，距离城市大约59公里，在Ban Na交叉口处向右转再行驶22公里即可到。这个海滩拥有厚厚的松树林，还可以看到各大小岛屿近海的美丽风景。岛上气候温暖，全天暖风拂面，是人们度假的首选之地。游客来到这里可以品尝新鲜的海鲜，观看当地渔民的真实生活景象。

游玩

董里，作为南安达曼省的一个商业中心，有着悠久的历史。葡萄牙建筑集中在Kantang路和Lang Talad路。您还可以花些时间在拉玛六世大街上逛逛，更不要忘记在当地咖啡馆尝一尝董里式的早餐，有各种点心、著名的董里烤猪、米粉辛辣汤以及一杯传统的咖啡。

徒步

对于那些热爱徒步的人们来说，董里不会让他们失望。董里是一个原始森林的避风港，拥有充满异国情调的野生动植物和20多个隐蔽的瀑布。这里总结了一些偏僻的徒步路线，包括：

Tontok瀑布—Bantra Ranger Center（适中）
Huaysom—Sahaipakao Camp—Chedchan瀑布（艰险）
Tontok瀑布—Sakai Village—Klongtok瀑布（适中）
Sairung 瀑布—Nanmuang—Khao Rutu（艰险）
Tonte瀑布—Khao Chedyod（艰险）

潜水

董里提供给潜水者美丽的珊瑚礁、令人惊讶的清水湾以及丰富多彩的海洋生物。但是，大多数潜水者并不知道董里的潜水条件与邻近的甲米、攀牙和普吉岛不相上下。因此，董里非常适合那些想要远离城市喧嚣的游客。

Chaomai国家公园：这个区域长20公里，据说拥有世界上最佳的潜水地点之一。在董里的40个岛屿中，Kradan岛被认为是最令人震惊的。其他受欢迎的潜水岛屿还包括Chueak岛、Ko Ma和Ngai岛。想潜水的人们要提前在浅水中心了解相关详细信息。

观鸟

Libong岛是最适合观鸟的地点。

高尔夫

打高尔夫球来 Sri Trang 高尔夫球俱乐部是您最好的选择。
地址：Prayarassadanupradit Army, Tambon Lam Phura, Huay Yod
电话：+66 75 203319，手机：+66 8 1891 4907

水疗&按摩

董里的主要温泉疗养按摩地有：
董里珍银大酒店 Sabai Gaya 泰式按摩，电话：+66 75 223223, +66 75 211211
Sivara Spa，地址：Amari 董里海滩温泉疗养度假村，电话：+66 75 205888
Rueansuanchan Massage& Spa，地址：14-6 Rakcham 路，Mueang
电话：+66 75 220775
Spa at koh Ngai Fantasy Resort & Spa，电话：+66 75 210317

饮食

在省城，游客应当品尝一下 Rama VI 路上的 Kang Som 餐厅和 koteng 餐厅提供的具有当地特色的美食。董里火车站附近 Thumrin 酒店的咖啡厅为您提供更多简单的美味佳肴。这家咖啡厅氛围很好，价格合理，是一处非常不错的放松和品尝香醇咖啡的好地方。在 Pak Meng 沙滩有一些摊位烹制丰盛的海鲜，强烈推荐您尝尝当地地道的 Tao Teiy 鱼。

Sikao

Lay Trang餐厅

经营者是当地和善的一家人，主厨是慈爱的老板娘，手艺非常棒，主要经营海鲜，清蒸石斑鱼、咖喱蟹、大虾、冬阴功汤、面面的芋头泥，绝对让您大饱口福。老板还开办了同名的酒店，女儿在上海复旦大学读中文。这里有非常温馨的家庭气氛，董里当地朴实的民风尽显其中。
营业时间：08：00—22：00
地址：54/22 Moo 4 Mai Fat, Tambon Pak Meng (Pak Meng码头)
电话：+66 75 274027-9
手机：+66 8 1904 8185

Puko Pla岛

主要经营海鲜，营业时间：10：00—21：00
地址：Hat Pak Meng 171 Moo 4 Tambon Mai Fat
电话：+66 75 274006-7

Kru Kid

主要经营海鲜，营业时间：10：00—22：00
地址：Hat Pak Meng 170 Moo 4 Tambon Mai Fat
电话：+66 75 274100

Mueang Trang

The Terrace at Thumrin Thana Hotel

提供现场乐队表演、啤酒和鸡尾酒以及美味食物。
营业时间：17：00—01：00
电话：+66 75 223223

Balcony

营业时间：11：00—22：00
地址：80/15 Ratsada
电话：+66 75 210083，手机：+66 8 1273 4627

Ban Suan Mueang Trang

主营泰式美食，营业时间：11：00—21：00
地址：21 Moo 1 Tambon Na Ta Luang
电话：+66 75 211574，手机：+66 8 1825 4070

Ban Suan Sudaphon

主营泰国食物，营业时间：10：30—22：00
地址：66/25 Rak Chan
电话：+66 75 226070

Ban Suwimon

主营泰国食物，营业时间：10：00—22：00
地址：113/3 Wian Kraphang，Mueang
电话：+66 75 218653，手机：+66 8 1083 0477

Cha Ngao

营业时间：11：00—24：00
地址：Pleanpitak
电话：+66 75 222469

Kantang

Khao岛海鲜

主营海鲜，营业时间：10：00—22：00
地址：Mu Ban Hat Yao, Tambon Libong
电话：+66 75 203033

Krua Na Thong

主营海鲜，营业时间：10：30—23：00
地址：45/2 Kuan Thong Si，Tambon Kantang
电话：+66 8 9724 2913

Pu Nim

主营海鲜，营业时间：10：00—22：00
地址：6 Moo 4 Tambon Kantang Tai
电话：+66 75 254066，手机：+66 8 1125 6459

Rim Nam Restaurant

主营海鲜，营业时间：11：00—20：00
地址：Ratsada，Kantang
电话：+66 75 251327

Rim Suan

主营泰国食物，营业时间：10：00—21：00
地址：Pa Mai，Tambon Kantang
电话：+66 8 4627 9944

Hat Yao海鲜

主营海鲜，营业时间：09：00—20：00
地址：54 Moo 6 Tambon Libong，Chao Mai Pier
电话：+66 75 207930

Huai Yot

Chin Dam

主营泰国食物，营业时间：09：30—20：30
地址：167 Phetkasem，Tambon Huai Yot
电话：+66 75 271238

Che Aeng

主营泰国风味食物，营业时间：10：00—21：00
地址：Phetkasem，Tambon Huai Yot
电话：+66 75 271155

Che Wan
主营泰国食物，营业时间：10：00—21：30
地址：77-79 Thet Sa Ban 5，Tambon Huai Yot
电话：+66 75 271192

Man Seng Lung
营业时间：06：30—14：00
地址：Phetkasem
电话：+66 75 271105

Palian

Daw Talay
经营海鲜，营业时间10：00—23：00
地址：21/4-5 Tambon Tha Kam
电话：+66 75 241122

Sek Sa Lam Pok岛
营业时间：09：00—20：00
地址：22 Moo 10 Tambon Palian (Lam Pok waterfall附近)
电话：+66 75 203604-5

Ruam Mit
经营海鲜，营业时间：09：00—20：00
地址：31/29 Moo 1，Tambon Tung Yao
电话：+66 75 288062

Yan Ta Khao

Ka Tang
经营泰国食物，营业时间：10：00—22：00
地址：176 Moo 1 Palian，Tambon Yan Ta Khao(Yan Ta Khao 市场附近)
电话：+66 75 240655

Lit岛
营业时间：09：00—14：00
地址：24 Pi San，Tambon Yan Ta Khao（Yan Ta Khao 市场附近）

Krua Chai Klong
经营泰式美食，营业时间：10：00—22：00
地址：100 Moo 1 Worakiree，Tambon Yan Ta Khao (Yan Ta Khao市场附近)

Na Yong

Khao Pub Pa

提供泰国食物，营业时间：10：00—20：00
地址：Moo 7 Phattalung，Tambon Khao Chong
电话：+66 8 7891 5007

Ko Kang

提供面食，营业时间：10：00—14：00
地址：107/2 Moo 2 Phattalung，Tambon Na Yong Neua

Nong Som

营业时间：10：00—22：00
地址：Phattalung，Tambon Na Yong Neua

Hat Samran

Hat Samran Resort

主要提供海鲜类食物，营业时间：08：00—22：00
地址：199 Moo 5 Tambon Hat Samran

Ton Por

主营海鲜，营业时间：08：00—22：00
地址：178/1 Ban Na-Hat Samran，Tambon Hat Samran
电话：+66 75 208208

酒吧

The Terrace（啤酒花园）位于董里珍银大酒店，电话：+66 75 223223，+66 75 211211

Casper 位于Huai Yot路，有现场音乐表演。

Cha Ngao位于Ploen Pitak路，酒馆&餐厅，有现场音乐表演。

Say yes pub位于Thammarin Thama酒店，在董里是非常受欢迎的迪斯科舞厅。

Wunderbar位于火车站附近，主人是德国人和泰国人，提供非常不错的西方和泰国美食，拥有许多奶酪和比萨，同时还提供许多德国杂志和曼谷邮报。

住宿

在董里城镇有很多酒店，并且还有许多度假村位于Pak Meng海滩、Chang Lang海滩、Kradan岛、Libong岛、Mook岛、Sukon岛。

Mueang Trang

董里珍银大酒店（Thumrin Hotel）

酒店位于董里的市中心，共拥有289间房间，提供现代装饰装潢和舒适的居住环境。有豪华房、高级房以及套房，每个房间都可以望见城市和远山的风景。14间功能性房间可以同时容纳30~2500位客人进行大型会议等活动。酒店还承办每年的董里水下婚礼活动，每年的2月13、14、15日三天来自世界各地的新婚夫妇聚集到这里，参加一年一度的特色婚礼仪式——水下婚礼，非常有趣。房间价位大约在2000 ~50000泰铢/晚。

地址：69/8 Huay yod，Tambol Tubtiang

电话：+66 75 223223，+66 75 211211

传真：+66 75 223288-90

www.thumrin.com

Thumrin Hotel

这是董里珍银大酒店的连锁酒店，三星酒店，房间价格适中，干净整洁，设施齐全，距董里火车站步行仅需5分钟。

地址：9 Satannee，Tambol Tubtiang

电话：+66 75 211011-14

www.thumrin.com

Center Point Inn

客栈共拥有80间客房，房间内干净整洁，基本设施齐全，价格在400~800泰铢/晚之间。

地址：108/84 Huai Yot，Tambon Thap Tiang

电话：+66 75 223383-6；传真：+66 75 223381

KoTeng

共拥有56间客房，房间价格在180~380泰铢/晚之间。

地址：77-79 Rama 6

电话：+66 75 218622，+66 75 218148

M.P. Resort

度假村共拥有251间客房，房间价格在1200~3000泰铢/晚之间。

地址：Phatthalung，184

电话：+66 75 214230-45；传真：+66 75 211177

曼谷电话：+66 2 2514200-1，+66 2 2512069；传真：+66 2 2539586

我的朋友（My Friend）

共拥有35间客房，房间价格在450~680泰铢/晚之间。

地址：25/12 Sathani，Tambon Thap Tiang

电话：+66 75 225447，+66 75 225984

传真：+66 75 225976

娜娜小屋度假村（Na Ka Chalet Resort）

共拥有20间客房，房间价格在600~700泰铢/晚之间。

地址：28/4 Moo 1，Tambon Na Ta Luang

电话：+66 75 210988，+66 8 9197 1919

传真：+66 75 222469

www.nakachalet.com

Palian

Ko Suk Sa Lam Pok Resort Fishing park

共7个房间，价格在500~600泰铢/晚之间。

地址：22 Moo 10 Tambon Palian

电话：+66 75 20 3044-5，

手机：+66 8 6597 8783，+66 8 1875 1077

■ Ton Te Resort

共6间客房，价格在350~700泰铢/晚之间。
地址：175 Moo 12 Tambon Palian
电话：+66 75 269156，手机：+66 8 9874 1488

■ Sukon（Sukon Island Palian）

■ Sukon Island安达曼海滩度假村

共10间客房，价格在900~1650泰铢/晚之间。
地址：176/1 Moo 1 Sukon（办公室: 113/20 Ratsada)
电话：+66 75 218990，+66 75 210602
传真：+66 75 218990

■ Sukon Beach Bungalow

共拥有20间客房，价格在600~1850泰铢/晚之间。
地址：174 Moo 1，Sukon(办公室：22 Sathani，Mueang)
电话：+66 75 211457，+66 75 207707，+66 8 1228 3668
传真：+66 75 207706

■ Sukon Beach度假村

共50间客房，价格在1000~1600泰铢/晚之间。
地址：140 Moo 1 Sukon（办公室: 298/15 Huai Yot Road, Mueang）
电话：+66 75 219679，+66 75 211460
传真：+66 75 215648

■ Sukon Cabana Resort

共17间客房，价格在800~1600泰铢/晚之间。
地址：117 Moo 1 Sukon（办公室：160/3 Moo 10 Trang-Palian, Mueang）
电话：+66 75 225894
手机：+66 8 9724 7890，+66 8 9724 2326
传真：+66 75 224985
www.sukorncabana.com

■ 董里岛屿度假村（Trang Island Resort）

共6间客房，价格在750~1200泰铢/晚之间。
地址：Hat Sai Yao，Tambon Sukon（办公室：110 Moo 4 Tambon Ta Sae，Hat Samran）
电话：+66 8 1978 8100；传真：+66 75 217717

小海洋（The Small Sea）

5间客房，价格350泰铢/晚。
地址：31/1 Moo 3 Tambon Sukon
电话：+66 8 9727 7761，+66 8 1535 8283

Huai Yot

Wang Suan Kaew

共8 间客房，价格为400泰铢/晚。
地址：Km.21 82/3 Moo 3 Ban Nam Pri. Tambon Pak kom
电话：+66 8 9867 0511，+66 8 9196 3091

Kantang

Kradan Island Beach Resort

共54间客房，价格在800~2000泰铢/晚之间。
地址：Kradan岛（办公室：66/10 Tambon Thap Tiang，Mueang）
电话：+66 75 590270；传真：+66 75 211391
www.kradanisland.com

Libong岛（Libong Island, Kantang）

Le Dukong Libong Resort
共10间客房，价格在250~800泰铢/晚之间。
地址：Libong岛15 Moo 5
电话：+66 8 7972 7228，+66 8 1124 6569，+66 8 9159 9239，+66 8 1912 4312

Libong Beach Resort

共28间客房，价格在500~1200泰铢/晚之间。
地址：Libong岛，18/1 Moo 5（办公室：18/3 Moo 6 Tambon Ban Kuan，Kantang）
电话：+66 75 22520，手机：+66 8 1747 4600
传真：+66 75 225205
www.libongbeachresort.com

Libong Nature Beach Resort

共20间客房，价格在800~1500泰铢/晚之间。
地址：Libong岛（办公室：P.O. Box 8.Hat Yao. Kantang）
电话：+66 75 207934，+66 75 203012，+66 8 1894 6936

Muk岛(Muk Island, Kantang)

Family Resort

共8 间客房，价格在300~400泰铢/晚之间。
地址：123 Tambon Libong
电话：+66 8 9868 1799，+66 8 1747 9117

Hat Farang Bungalow

共11 间客房，价格为400泰铢/晚。
地址：108 Moo 2 Tambon Libong
电话：+66 8 7884 4785

慕克岛查理海滨度假村 (Koh Mook Charlie Beach Resort)

三星特色酒店，富有董里传统的文化气息。酒店的房间均有空调、网络连接、保险箱、淋浴、迷你酒吧等，更会提供标准的服务。有80间客房，价格在700~2500泰铢/晚之间。
地址：164 Moo 2 Tambon Libong
电话：+66 75 203281-2，+66 75 217671-2
传真：+66 75 200072

慕克岛花园（Ko Muk Garden）

共13间客房，价格在300~500泰铢/晚之间。
地址：164 Moo 4 Kantang
电话：+66 75 211372，+66 8 1748 3894
+66 8 9872 3412

Lao Liang岛 （Lao Liang Island, Kantang）

Lao Liang Resort

共40间客房，3天2晚的价格在4300~8500泰铢/晚之间。
电话：+66 8 6311 1232，+66 8 3711 1192
曼谷电话：+66 2 7300935-6

Kantang

Hat Yao Nature Resort

共有20间客房，价格在400~1500泰铢/晚之间。
地址：Hat Yao P.O. Box 8，Hat Yao，Kantang

电话：+66 75 203012，+66 75 207934
手机：+66 8 1894 6936
传真：+66 75 207526
www.trangsea.com

Kao岛度假村

共4间客房，价格为800泰铢/晚。
地址：54/1 Moo 6 Tambon Libong
电话：+66 75 203033。

Mod Ta Noi Resort

共15间客房，价格在500~1700泰铢/晚之间。
地址：113/2 Moo 2 Tambon Libong
电话：+66 75 252992，手机：+66 8 1272 6308

Sinchai Chao Mai Resort

共6间客房，价格在300~600泰铢/晚之间。
地址：Hat Chao Mai 63/1 Tambon Libong
电话：+66 8 1396 4838

Sikao

Nature Farm Resort

共有20间客房，价格在600~800泰铢/晚之间。
地址：Kuan Kun P.O.Box 8，Hat Yao，Sikao
电话：+66 75 207934，手机：+66 8 1894 6936
传真：+66 75 207934

Waree Park Resort

共有11间客房，价格在600~1000泰铢/晚之间。
地址：78 Moo 3 Tambon Kala se
电话：+66 75 293052，手机：+66 8 6957 4350
传真：+66 75 293052

Amari Trang Beach Resort

共有144间客房，价格在3500~15330泰铢/晚之间。
地址：Hat Changlang199 Moo 5 Hat Pak Meng-Hat Changlang，Tambon Mai Fat
电话：+66 75 205888；传真：+66 75 205899

Changlang Resort

共22间客间，价格在500~1800泰铢/晚之间。
地址：131/1 Moo 5 Tambon Mai Fat Changlang Beach
电话：+66 75 213369，+66 75 213603

Lay Trang Resort

共30间客房，价格在800~5000泰铢/晚之间。
地址：Pak Meng Pier 54/22 Moo 4 Tambon Mai Fat
电话：+66 75 274027-8，+66 75 274227-8
传真：+66 75 274029
www.laytrang.com

Mai Resort

共17 间客房，价格在350~550泰铢/晚之间。
地址：189 Moo 4 Tambon Mai Fat
电话：+66 75 274234
手机：+66 8 9725 4369，+66 8 9727 0031
传真：+66 75 274234

Hat Samran

Ton Po Resort

共4间客房，价格在300~450泰铢/晚之间。
地址：Hat Samran 178/1 Moo 12 Tambon Hat Samran
电话：+66 75 208208，手机：+66 8 9728 3135

乃岛（Ngai Island）

Co-Co Cottage

共28间客房，价格在800~4000泰铢/晚之间。
地址：109/77 Moo 9 Tambon Khok Ro
电话：+66 75 224387，手机：+66 8 9724 9225
www.coco-cottage.com

■ 乃岛梦幻度假村（Ngai Fantasy Resort & Spa）

度假村充满大自然的和谐，并且提供了现代便捷的住宿，员工友好、专业、热情，是您度假的不错选择。共60间客房，价格在2190~6000泰铢/晚之间。

地址：Ngai岛

电话：+66 75 210317，+66 75 211045

岛上电话：+66 75 216339

■ 乃岛天堂（Ngai Paradise）

共18间客房，价格在400~800泰铢/晚之间。

地址：Ngai岛

电话：+66 75 218535，+66 75 211260，+66 75 216420，+66 75 203024

■ 乃岛度假村（Ngai Resort）

共80间客房，价格在1000~6500泰铢/晚之间。

地址：Ngai岛

电话：+66 75 590035，+66 75 206924-5

饮食

通常来看，泰国南部的食物以辛辣而闻名。因为其大部分的菜肴起源于马来西亚、印度尼西亚和印度。南部最受喜爱的菜肴包括印度风味的穆斯林咖喱(massaman)，鱼咖喱酱米粉(Khanom Jeen)和鸡肉（birayani）。

董里美食有董里特色烤猪（Mhu Yang Trang）、董里蛋糕，更有独特的董里早餐。

当地的咖啡店(Ran Gafae) 拥有它们自己的特色菜单，建议您可以尝试一下，比如加糖黑咖啡（Go pii）、加奶咖啡（Go pii-Or）（如果您不喜欢甜的，可以点Mai Waan）、速溶奶油咖啡（Gafae Ron）、咖啡混合茶，同时还提供浓缩牛奶（Go-pii Chaum）、加糖斯里兰卡茶（Ceylong）。

当地特产

董里的一些当地特产是非常受欢迎的纪念品，如Suea Toei或Suea Panan (露兜树叶编织的草垫)、Muk (袋状小容器)、光皮革制品（箱包、鞋子等）、草编的香蒲茎、由Thep Tharo木材雕刻的木材制品、帕拉橡胶玩具以及‘Na Muen Si’当地织布。当地食物包括董里烤猪、董里蛋糕、‘Khao Chong’咖啡、‘Kapi’或虾酱等。欲了解详细信息，请联系董里府工业厅（Trang Provincial Industry Office），电话：+66 75 218699；董里社区发展办公室（Trang Community Development Office）电话：+66 75 218267，+66 75 215109；www.trang.go.th。

Mueang

Anny Book

经营泰国手工艺品。
地址：Ratchadamnoen，Mueang
电话：+66 8 1397 4574

Cake Benchamit

出售美味的董里Mueang蛋糕。
地址：Kantang，Mueang
电话：+66 75 211804

当地产品中心 (Local Products Centre)

经营董里OTOP产品。
地址：在董里总督官邸附近
电话：+66 75 215395

Sri Trang Batik

主要经营蜡染织物。
地址：Chem Pan Ya，Mueang
电话：+66 75 214125

Huai Yot

Cake Kuk Ming

出售董里Mueang 蛋糕以及当地点心。
地址：5,6 Phetkasem，Tambon Lam Phura，Huai Yot
电话：+66 75 284080，+66 75 284118

Yan Ta Khao

Plan Toy

主要出售帕拉橡胶玩具。
地址：8 Moo 8 Tambon Tung Krabue，Yan Ta Khao
电话：+66 75 280200-4

夜生活

董里的夜生活丰富多彩，在城镇中迪斯科深受年轻时尚人群的喜爱。泰国民俗和经典音乐的现场演出也十分精彩。有很多卡拉OK俱乐部，K歌者可以唱给所有人听，也可以三五一群在私人包间尽情歌唱。烤肉餐馆播放音乐，提供酒水，营业至凌晨。在Pak Meng海滩还有些酒吧。泰式酒馆不同于西方，它们通常都很大，客人可以享受非常不错的现场音乐，演唱者都是非常漂亮性感的女性或帅气的男性，他们通常还伴有调皮的舞者。

医疗

全省城镇有两家医院可以提供一流的服务。

董里医院

地址：Khuan Han，Tambon Thap Thiang，Mueang
电话：+66 75 212241-3，+66 75 218018

Watanapat医院

地址：Phattalung，Tambon Thap Thiang，Mueang
电话：+66 75 218588

董里Ruampat医院

地址：kokkhun，Tambon Thap Thiang，Mueang
电话：+66 75 218988

在董里所有地区，您都可很容易找到诊所和药店。董里对于退休人员或者想要逃离喧闹城市的人们来说是个理想的隐居所，这里宁静、和平，没有世事的纷纷扰扰，唯有简单、平淡。除了宜人的天气，当地人也很友好、热情，犯罪率超低，消费也很适中。

联络

当地电视、卫星电视频道均可使用。英文报纸和杂志在一些书店也可以买到。固定电话、卫星电话和移动电话系统可在素可泰府市区和乡村地区使用。酒店、度假村和网吧等也均有英特网络可使用。每个区都有邮政局。

旅行社

董里拥有很多旅游公司提供旅游服务和活动，例如，划独木舟、潜水以及各种游览套餐等。游客可以从泰国旅游局董里办公室获取相关旅游公司名单。

电话：+66 75 215867-8

www.tourismthailand.org

Hat Samran

董里岛屿游览——Trang Island Tour

提供了一种旅游新形式。服务人员具有丰富的知识，为游客游览北董里海、南董里海、Dang -Ravee群岛、koh Rok、koh Tarutao和koh Lanta提供优质的服务。

地址：110 Moo 4，Tambon Ta- se，King Hat Samran

电话：+66 8 1978 8100；传真：+66 75 207716

www.trangislands.com

Kantang

自然游览旅行——Nature Tour and Travel

地址：43 Moo. 6 Libong, P.O.Box 8 Kantang

电话：+66 75 207934，+66 75 203012

Nong Tour

地址：75 Moo.2 Tambon Kuanthani，Trang-Kantang

电话：+66 75 263261；传真：+66 75 263261

董里微笑游览（Trang Smile Tour）

地址：267/45 Trang ka pum，Tambon Kantang，Kantang

电话：+66 75 252201，手机：+66 8 9587 9483

Yong Yong Tour

地址：69/3 Moo 6 Baan Hat Yao，Tambon Kantang，Kantang

电话：+66 75 207525

Sikao

安达曼海游览（Amdaman Sea Tour）

地址：54/19 Moo 4，Tambon Mai Fad，Sikao
电话：+66 8 9724 1225

Meang Travel

地址：54/4 Moo 4，Tambon Mai Fad，Sikao
电话：+66 75 274122

Jaravee Tour

地址：54/5 Moo 4 Tambon Mai Fad，Sikao
电话：+66 75 274046

Lay Trang Travel

提供三天两晚、两天一晚、每日的游览套餐供游客选择，同时还组织骑单车、乘独木舟、浮潜等户外活动。
地址：54/22-23 Tha Teab Ruae Hat Pak Meng
电话：+66 75 274027-8, +66 75 274227-8
传真：+66 75 274029
www.laytrang.com

Pak Meng Resort

推出两天一晚、三天两晚、四天三晚的董里游览套餐，其中包括各种水上活动、岛上游览等各种董里特色活动。
地址：60/1 Moo 4，Tambon Mai Fat，Sikao
电话：+66 75 274111-2
www.pakmengresort.com

Mueang

董里旅行（Trang Travel）

在董里Thumrin酒店里，位于火车站附近。经营飞机票预订、各种旅游套餐预订、汽车面包车租赁等业务。
电话：+66 75 219598 -9
传真：+66 75 211290

■ 潮麦旅行（Chao mai Tour）

提供机票预订，空运、酒店预订以及出租服务，安排岛屿游览等各种活动。

地址：15 Sathani
电话：+66 75 214742，+66 75 216380
传真：+66 75 217340

■ Jitlada Tour

地址：66/25 Sathani，Tambon Thap Thiang，Mueang
电话：+66 75 215933；传真：+66 75 216110

■ K.K Travel and Tour

地址：40 Sathani .Tambon Thap Thiang，Mueang
电话：+66 75 211198，+66 75 223664
传真：+66 75 211441

建议线路

第一天：夜间从曼谷乘坐火车，清晨抵达董里，在当地的咖啡店享用点心。然后前往Pak Meng码头乘船到达精美绝伦的koh Mook翡翠洞（Emerald Cave）参观，之后到度假村入住休息。晚上，享用一些当地的海鲜餐。

第二天：乘船到Kradan岛，潜水欣赏水下美丽的珊瑚和海洋生物，然后来到Chueak岛浮潜。之后回到Pak Meng返回董里城镇，在董里城镇过夜，享受当地现场音乐。

第三天：早晨品尝美味的董里早餐特色菜肴——烤猪肉。用罢早餐前往Tham Le Khao kob，参观钟乳石和石笋洞穴。下午，前往甲米（Krabi）游览。

注意事项

参观董里的最佳时间是在每年的11月到次年4月之间，在此期间当地的天气会比平时凉爽些，并且很多岛屿都刮干燥的东北风，白天天空湛蓝，夜晚繁星密布。沿着海滩下行可以享受温柔的海风。6月至11月是该地区的雨季，降雨比该国的其他地区平均降雨量还多。在此期间，很多岛屿刮潮湿的西南风，是旅游淡季，游客会发现很多东西都会比较便宜。全年海洋温度保持在温暖的29℃。

董里府办公室：+66 75 218516, +66 75 218960
董里医院：+66 75 212241-3, +66 75 218018
Watthanaphaet医院：+66 75 218585
董里Ruampat：+66 75 218988
警察局：+66 75 218019, +66 75 211311
旅游警察：155
董里火车站：+66 75 218012 (预订办公室: +66 75 213082)
邮政局: +66 75 218521, +66 75 218361, +66 75 218021
Nok Air航空：+66 75 212229
董里机场：+66 75 218224, +66 75 211150
Kantang入境事务处：+66 75 251030
董里水警：+66 75 251130
Hat Chao Mai 国家公园：+66 75 213260
董里旅游企业协会：+66 75 215580
泰国旅游局董里办公室：+66 75 215867-8

可以做的事情

要从有信誉的公司购买宝石类贵重物品；要随身携带零钱；当进行丛林徒步行走时要随身携带饮用水，因为天气会非常炎热，人们需要及时补充水分；购买商品时一定要与小贩讨价还价；要确定您的潜水指导是获得完全潜水许可的。

不要做的事情

不要乘坐没有救生衣的船只；不要单独走进丛林；不要在夜间去海滩散步或游泳；不要滥用任何药物/麻醉剂；女性不要赤裸地呆在沙滩上；男性不要上身裸露在外乱逛，除非是在沙滩上。

离开

董里到相邻省府的距离：甲米131公里，合艾148公里，攀牙221公里，素叻他尼226公里，普吉312公里，春蓬378公里。

苏梅岛 KO SAMUI
醉爱苏梅
บริษัท นิวซัน ทัวร์ เซอร์วิส จำกัด
泰国新光假期
NEW SUN TOUR SERVICE CO.,LTD.
TICKET & TOURS
HOTEL BOOKING CENTER
MINIBUS FOR RENT

■ **Four Seasons Resort Koh Samui**

www.fourseasons.com/kohsamui/

Add: 219 Moo 5, Angthong, Koh Samui, Surat Thani 84140, Thailand

曼谷包 Bag Sale Shop

■ MAN GU BAO & 曼谷包 (Bag Sale Shop)

全苏梅唯一一家曼谷包专卖店。

地址: 94/27 Moo 3 Bophut Chaweng Noi Koh Samui Suratthani 84320

电话: +66 77 230983, +66 89 4730665

苏梅岛
KO SAMUI

概况

苏梅岛，是位于泰国西南部海岸克拉地峡的一个岛屿，通常被当地人称为苏梅，距离曼谷南700公里，距离泰国南部东海岸线大约8公里，接近素叻他尼市。

苏梅岛是泰国的第三大岛屿，面积228.7平方公里，人口超过5.5万（2008年）。它拥有丰富的自然资源，沙滩、珊瑚礁、椰子树，风景美不胜收。2008年6月，苏梅岛正式成为一座独立的城市（以前的苏梅岛属素叻他尼省管辖）。

历史

苏梅岛位于泰国湾，素叻他尼市东北部约35公里处（北纬9°，东经100°）。岛上最宽处约21公里，最长处为25公里。这里有一个51公里长的沿海公路环绕着岛屿。它被大约60个其他岛屿包围着，其中大部分由安通国家海洋公园（the Ang Thong National Marine Park）的岛屿组成，还包括帕岸岛（Ko Pha Ngan），涛岛（Ko Tao）和南园岛（Ko Nang Yuan）。

苏梅岛大约是个圆形，跨越15公里。岛屿的中央部分是不适于人居住的山区丛林（Khao Pom峰635米），由一条单一的道路把各地区连接在一起。该岛可能在15世纪以前就有人居住，他们是来自马来半岛和中国南部的渔民。它的名字在1687年就出现在中国地图上，当时叫做Pulo Cornam。苏梅岛这个名字本身很神秘，不知是何时兴起的。或许，它是一种本土树木“mui”名字的延伸；Samui还有可能来源于Saboey这个词，原意是安全的港湾，而中文只是音译成苏梅岛，使它原有的意思丧失了。Ko在泰国语中是“岛屿”的意思。直到20世纪末期，苏梅岛才成为一个单独且自给自足的社会团体。20世纪70年代初，岛内一直没有道路，从岛的一面到另一面共15公里，旅程要通过中部的山区丛林，需要跋涉一天。

岛屿呈现给公众的是未受污染的形象，经济的增长不仅带来了繁荣，也改变了该岛的环境和文化。2008年世界游轮大会上，维多利亚女王丘纳德游轮（可容纳2000多名乘客）在苏梅岛码头靠岸，这标志着苏梅岛正在成为一个热门的旅游目的地。

旧都在那通（Nathon），在岛屿的西南海岸，是捕鱼和岛屿间运输的主要港口。那通是区政府的所在地，以及苏梅岛的商业中心，沿着中央大街，古老的中国商店带着异国情调。每个苏梅岛的主要海滩，随着近几年大量酒店、餐馆和酒吧的兴起，逐渐被视为一个小镇。苏梅岛被分为7个小区，包括安通群岛和其他一些附近的小岛屿。

现在，苏梅岛经济发展主要以旅游业、出口椰子和种植橡胶为主。它拥有自己的国际机场——苏梅岛机场，每天有来自曼谷、香港、新加坡、马来西亚和其他东南亚地区的航班往来。

气候

苏梅岛同泰国南部其他地方一样，只有两个季节。雨季从5月到12月，旱季从1月到4月。这里的气候属热带，一般降雨量会很大，但持续的时间不会很长。

海滩

苏梅岛最受欢迎的商业化海滩是查汶（Chawen）和拉迈（Lamai）。北部海滩有湄南（Mae Nam），波普（Bophut），大佛海滩（Bang Ruk，Big Buddha），Choeng Mon海滩，它们毗邻村庄，更加安静。西海岸的海滩仍然比较沉寂，少有游客前往。

以西海岸的那通（Nathon）顺时针开始，主要海滩有：
那通（Nathon）——苏梅岛的口岸和管理中心，对长期居住的游客很有吸引力。
湄南（Mae Nam）——位于北部沿海的一个安静而美丽的海滩。
波普（Bophut）——能看到渔夫的村庄，尤其受到来自欧洲避冬客人的欢迎，游客数量增长迅速。
大佛海滩（Bang Ruk）——在东北沿海，可以看到曼谷航空飞机的起降。
Choeng Mon——安静的北部海滩。
查汶（Chawen）——岛上最大、商业最发达的海滩，是豪华旅馆和背包客小旅店的奇妙混合体，当然还有喧闹的夜生活。
拉迈（Lamai）——第二大海滩，比查汶拥有更多的背包客。
南部海岸——小海滩很多，如Ban Hua Thanon、Na Khai、Laem Set、Bang Kao和Thong Krut等。

节日

斗水牛节

在苏梅岛，一个非常著名的节庆是斗水牛节，就像泰国的新年和宋干节。西班牙的斗牛会导致多头牛毙命，而斗水牛是无害的。斗水牛举行的季节要根据一些古老的习俗和仪式而定。届时水牛会以彩带和金色的叶子图案装饰一新。在竞赛持续两轮之后，僧侣会向它们喷洒圣水，而获胜水牛的主人通常会得到百万泰铢的奖金。

十星苏梅艺术节

一个循环性的文化活动，汇集了众多艺术爱好者，包括泰国当地和国际艺术家以及他们的最新原创艺术作品。活动举办长达两个月，常在岛上各种高档度假村和五星级场馆举办，着眼于建设先进的苏梅岛社会，迎合高层次消费者，营造宽松的社会氛围。活动还会推荐介绍艺术家，组织轻松的讨论，对其作品进行欣赏。他们中的部分艺术品也会出售，出售所得全部捐赠当地的慈善机构。

保龄球锦标赛

保龄球锦标赛在每年5月举行。

阿维斯苏梅网球公开赛

苏梅岛每年7月举行业余网球公开赛。

渔村节

为期5天的庆祝活动，充满了极大的乐趣。有著名艺术家现场表演，还有大量美味的食物。当地的许多旅馆还为客人提供住宿。

铁人三项活动

国际铁人三项联盟每年在这里举办活动。这一活动吸引了超过500位来自全球各地的参与者。这项活动在吸引了竞争者的同时也吸引了不少游客。当地群众也会积极参与，为参赛者呐喊助威，非常有趣。

苏梅岛帆船赛

苏梅岛帆船赛每年也有巨大的吸引力。这项赛事始于2002年，是国际公认的，并已成为一个重大的帆船比赛项目，当地人和游客都会积极参与。泰国帆船协会组织的这项受欢迎的帆船节活动，在国际帆船联合会享有很高的声誉。

满月舞会

曾几何时靠帕岸附近的Had Rin海滩是一个秘密的港口，现在，Had Rin充斥了平房、酒吧、比萨店，甚至7-Eleven超市。每个月的满月之日，这里会举办一个巨大的派对，现在已经成为国际知名的锐舞派对。所有来参加派对的人可以尽情畅饮，还可以跟随来自世界各地的著名DJ舞曲狂欢。实际上，每次都有将近10万人参加这个派对。

到达

苏梅岛的附加国内离港费为300泰铢，国际离港费为500泰铢。如果您途经曼谷飞往国际目的地，离港费仅为200泰铢，因为曼谷国际离港费已经包含在您的曼谷机票中，而在苏梅岛，这些费用是不包括在机票价格中的。

乘飞机

苏梅岛机场（USM）是一个私人机场，位于岛屿东北部，最初由曼谷航空公司兴建，其也是主要经营者，在很长一段时间里，这是从其他地方抵达苏梅岛的唯一机场。2008年4月起，泰航开始运营曼谷到苏梅的航班，几乎每小时一趟，其票价以泰国水平来看是比较昂贵的，提前预定的价格大约在2000～3500泰铢之间，而未经预约的票价则会高出一倍。每日普吉岛飞往苏梅的航班价格为2200泰铢。此外还有每周4班来自清迈的航班；每周2班来往于香港的航班。

除曼谷航空之外，来自马来西亚吉隆坡的Berjaya Air和槟城（Penang）的Firefly萤火虫航空都有航班至此。

对于中国游客可以申请落地签证。机场地面接送非常方便。乘坐一辆小巴只需20分钟就可到查汶海滩，每人100泰铢；一辆快速出租汽车的价格在150～300泰铢之间。请务必先谈好价钱，因为许多驾驶员拒绝使用计价器。Samui机场提供巴士接送服务，通过互联网售票和付款。

www.samuishuttle.com

另外一个更加便宜但不太方便的选择是飞到素叻他尼或春蓬，然后换乘车和轮渡到达苏梅岛。

乘船

素叻他尼有很多轮渡服务直接到达苏梅岛，包括快船（每日3班，大约3小时，花费150泰铢）和夜间慢船(需要6～7个小时)。靠山路上的旅行社提供此类服务。部分快艇和轮渡还会到帕岸岛和涛岛。

Lomprayah（www.lomprayah.com）提供曼谷到苏梅岛的一项联合巴士快船服务，时间为11个小时，费用大约850泰铢(1000泰铢往返)。

巴士停在华欣和春蓬，然后转乘轮渡快船，经过南园岛、涛岛和帕岸岛，最后到达苏梅岛。巴士和轮渡有空调，非常舒适。

从素叻他尼火车站，乘坐联合巴士/渡轮到达苏梅岛，花费约为200～300泰铢。选择此种方式，需要先坐60分钟的巴士，再乘坐90分钟轮渡横穿而至。联票可在火车站和许多代理点购买。

乘出租车

正如泰国的其他岛屿，小型摩托车可用于出租。相对于附近的其他岛屿，苏梅岛的道路系统非常发达，并有大量的出租车行驶在路上。苏梅岛的出租车服务是一项公共的士服务。

乘公共汽车

皮卡车/公共客运小货车（songthaews）可以作为团体的士。票价每人20泰铢。倘若您希望自己亲自驾驶，那么应提前商谈好价钱。

乘摩托车

在苏梅岛，摩托车出租随处可见，价格在每天120～700泰铢左右。建议在信誉较好的公司租车，以防上当受骗。

自行车

苏梅岛出租自行车非常便宜，每天花费不超过2US$。

景点

人们来到苏梅岛的原因相当简单，就如同鲁宾逊漂流记中的梦幻热带岛屿一般，可以让人们暂时遗忘大城市恼人的压力，彷佛置身无忧的天堂中，因此不断有游客前来。

安通国家海洋公园

安通国家海洋公园修建于1980年，其中包括42个岛屿，以石灰石山丘、热带雨林、僻静的海滩和大量野生动物为特色。这里也被称为黄金盆地（the Golden Basin）。苏梅岛安通国家海洋公园也以众多活动项目而著名，如潜水、步行和游泳等。类似的岛屿还有附近的Koh Sam Sao、Koh Prayad、Koh Hin Dap和Koh Kha。

苏梅岛Khunaram寺

这座寺庙是岛屿上最著名的寺庙，其展出的僧人木乃伊直立坐在一个玻璃棺材中，信徒为它供奉鲜花和香烛。这具木乃伊实际上是一个先前非常受尊敬的寺庙住持，也是一位能够预测自己死亡的冥想大师。

苏梅水族馆和虎园

水族馆海底世界里有各种热带鱼类和其他水生动物，如海龟和五颜六色的珊瑚。虎园是孟加拉虎和金钱豹的家园。如果您有胆量，您可以近距离接触这些野兽并拍照。每天开放时间：09：00—18：00。

苏梅岛兰索尔宝塔

这座宝塔位于兰索尔寺，是苏梅岛最重要的一个神龛。建筑外部是黄色的瓷砖，仿佛被金色的光环所环绕，给人留下十分深刻的印象。

大佛

大佛修建于1972年，是一座15米高的佛像，位于岛北Phra Yai寺龙梯的上方。

祖母和祖父石

矗立在拉迈海滩的南端，是一个游客偶然发现的，热心的当地人还会给您讲述关于它的美丽传说。

山区丛林（The mountain jungle）

岛屿内部的山区丛林是一个出色的一日游目的地，这里有传说中的花园、瀑布，还有实际运营中的橡胶种植园和最令人惊叹的安通群岛景色。丛林中道路有些险阻，通常游客团队都需要由一个经验丰富的本地苏梅岛驾驶员或导游带领前往游览。

查汶海滩

最大、最著名的海滩，查汶通常被划分成三个部分：北部查汶、中央查汶和小查汶。查汶海滩是苏梅岛东海岸最长的海滩。海滩非常美丽，吸引了许多年轻旅客和家庭度假者。海滩长约7公里，白色沙滩。它与碧蓝的海浪和翠绿的珊瑚礁毗邻，海湾非常平静。离海滩很远的地方，有两个小海岛，其中一个可以游泳过去，并在浅水中浮潜，而另一个海岛则需要航行过去。查汶海滩的中部是比较拥挤和喧闹的。许多小贩提供饮料、水果、冰淇凌和需要您大胆尝试的泰国食物，还有各种各样的本地工艺品和泰国纪念品可以选择。在旺季，这里温度通常在25～28℃之间。海滩上柔软的白沙滩和碧绿的大海相映，景色十分迷人。海滩两旁林立着众多的高级饭店、度假村、较经济的小木屋和各国口味的餐饮料理，还有潜水学校以及风格各异的酒吧等，一旁的商店街比苏梅岛最大的城市那通(Nathon)还要热闹。在这里，白天可以玩水上活动，晚上则可以到夜店流连到深夜。

拉迈海滩

苏梅岛第二大海滩。海滩南部的三个小沙滩，最适合游泳，到附近无论吃喝还是购物都很方便。往北部，水不够深，不能游泳，再往北步行，变的更加狭窄。海滩也更安静，尽头是岩石陡峭的陆岬。

湄南海滩

宽广的海滩长达7公里，海滩上有白色沙子和椰子树。这里比较宁静，然而海水并不是那么清澈。Mae Nam 的实际意思是母亲河。

波普海滩

这里更像个渔村，位于苏梅岛北部沿海。波普（Bophut）是一个大的行政区，包含查汶，是少数几个保留了本地传统泰国华人民俗的地方，波普（Bophut）最近也有新的旅馆和宾馆在建设，其传统的核心还是以渔村著名。海滩东部的发展超过西部。但是，不同于南部的查汶这里努力阻止泰国式的夜生活，它的商业元素瞄准了欧洲的家庭度假。老式店铺坐落在拥挤狭窄的街道旁，转换成现代的餐馆和咖啡厅。海滩大约2公里长的白色海岸线由可可和椰子树装饰，非常美丽，不仅如此，小海湾还非常安静，让人无比放松。

Choengmon海滩

位于苏梅东北，距离查汶海滩仅10分钟路程。这里非常完美，适合休闲放松。

Big Buddha Beach

大佛海滩位于苏梅岛东北部，良好的游泳场所和美丽的景色让游客流连忘返。该地区在过去几年已有很大发展，现在这里有餐馆、商店和酒吧。

Na Thon

岛上的主要海滨驻地，有商店、餐馆和旅行社。

Namtok Hin Lat

乘车前往这个瀑布非常方便。

Namtok Na Mueang

南蒙瀑布，流水环绕着紫色的岩石倾泻而下，非常壮观。

Ban Lipa Yai

这个村种植着众多高品质的水果，包括红毛丹、榴莲、山竹以及著名的枇杷果。

Old House

这座中国式的房子，有近200年的历史，代表了苏梅岛的文化特性。目前，主人已开放此房，供游人参观。

Laem Sor Pagoda Ko Samui

这尊佛塔位于Laem Sor寺，是苏梅岛最重要的圣地之一。建筑上的金色瓦砾闪耀着夺目的光环，相当耀眼。

Samui Butterfly Garden/Insect Museum

蝴蝶园位于岛屿东南部，拥有大量不同种类的蝴蝶，其中有0.25米宽的蝴蝶。游客还可以进入附近的昆虫博物馆观看各种罕见的昆虫和蜂房。

秘密花园

这座美丽的花园是由一位76岁的苏梅岛果农于1976年修建的。花园周围是郁郁葱葱的丛林、石山以及人类雕塑装饰。由于花园是岛上的最高点，还可以俯瞰到非常美丽的景色。组团游览花园，大约需要2个小时。

猴子表演秀

这个表演秀在位于Bophut海滩后面主路的开放影院里上演，另外还有大象表演。

活动

您可以在苏梅岛的查汶体育馆和拉迈体育馆欣赏到泰拳拳击表演。

岛上还有许多吸引人的动植物景点，包括鳄鱼农场、猴子剧场、大象徒步旅行乐园、蛇养殖场、水族馆和蝴蝶园等。

大多数来到岛上的游客都会在安通国家海洋公园进行一日游。

帕岸岛每到满月的时候都会举行一次满月舞会（full-moon party），因此来苏梅岛的游客常常会加入到这个从黄昏持续到黎明的充满活力的活动当中来。

苏梅岛水上运动的装备很普遍，其中包括大量潜水店。多数潜水的行程

安排在附近的安通国家海洋公园或涛岛，那里比苏梅岛的沙滩更美丽。您可以预定潜水旅行套餐，这些潜水店大多数在查汶海滩。潜水小船通常从波普（Bophut）海滩起航。

潜水及浮潜

苏梅岛的水质清澈，虽说不是最好的（10～30米），但浮潜和潜水在安通国家海洋公园仍然很受欢迎。人们可以欣赏到水下山脉、珊瑚公园、海底岩层、软硬珊瑚和鲸鲨等壮丽景观。

Big Blue Diving Samui
地址：17/38 Moo 3，Chaweng,Tambon Bophut
电话：+66 77 422617, +66 77 422780
传真：+66 77 422617

Coral Grand Divers
地址：37/50 Moo 3, Chaweng,Tambon Bophut
电话：+66 77 414334
传真：+66 77 414335
www.coralgranddivers.com

航海

帆船航海开始变得流行，在苏梅岛赛船会（www.samuiregatta.com）的成功带领下，很多来自新加坡和香港的船主不远千里来到这里参加一年一度的比赛。乘坐单帆游艇航海和观赏日落的巡航现在变得已经很普及了。

www.kiaorathailand.com

高尔夫球

这里有一个18洞的高尔夫球场，在苏梅岛被称为Santiburi Samui Country Club。它以其优美的自然景观和高山球道而倍受人们喜爱。岛上也有几个高尔夫商店。

保龄球

Major Bowl Hit
地址：1/7 Moo 6, Tambon Bo Phut,
在特易购莲花超市旁。
电话: +66 77 427315

Living Bowl Center
地址：查汶海滩路，查汶中心202
电话: +66 77 413258

沙滩排球

在查汶和拉迈海滩可以进行沙滩排球运动。

独木舟

这是游览安通国家海洋公园的独特方式。建议您寻找一个有诚信的旅游运营商报名参加。

射击

苏梅岛射击场有9毫米手枪和左轮手枪，甚至还有著名的AK-47。

蹦极

位于查汶湖Reggae辅街。苏梅岛蹦极提供酒店免费接送服务。

地址：查汶海滩雷鬼巷
电话：+66 77 414252

观鸟

苏梅岛的原始森林是观鸟的最佳地点。该地区是一些稀有鸟类的筑巢地。

步行&骑大象

由于其景观和热带雨林的多样性，无论是步行还是骑大象，您都可以探索苏梅岛。徒步旅游是游览安通国家海洋公园的最好方式。Na Muang 瀑布的上面有一个漂亮的绿色自然水池，您可以徒步顺着陡峭的台阶，攀登大约30分钟即可登顶。这里也有一些经营大象跋涉业务的旅行社，他们可以把您带到瀑布的下游。

Santiburi Samui Country Club
地址：12/15, Moo 4, Mae Nam, Suratthani
电话: +66 77 421700-8
传真: +66 77 421709

Samui Golf Club and Driving Range
Samui Ring Road
地址：North 123/1, Moo 1, Tambon Bo Phut Suratthani

Lamai Driving Range
地址：22/6 Moo 6, Tambon Maret, Koh Samui, Suratthani
电话：+66 8 1090 7213, +66 8 6282 0749
传真：+66 77 418995

迷你高尔夫
Mini Golf International Ban Plailaem
地址：79/53 Moo 5, Tambon Bophut
电话: +66 8 1787 9148

Treasure Island Mini Golf
地址：166/79 Moo 2, Tambon Bophut
电话: +66 77 413267, +66 8 1892 1416

台球和撞球

在苏梅岛的海滩上有一些台球俱乐部，他们深受当地人喜爱。而西方游客喜爱的撞球活动也可以在岛上的酒吧找到。在大多数酒吧，撞球可以免费玩。

滑浪风帆

在苏梅岛，一些旅游公司进行各种帆板讲习班和培训班课程。

林冠飞越

苏梅岛林冠冒险穿越森林的活动，地点安排在Bophut海滩，联系电话：+66 77 414501。

钓鱼

您可以钓马林鱼、旗鱼和金枪鱼。大多数捕鱼旅行从Tong Krut岛西南角出发。

骑马

苏梅岛的马与欧洲标准一致，它们冷静、耐心和训练有素，路线在查汶海滩的特易购莲花超市附近。

风筝冲浪

这是一项令人兴奋的时髦活动，苏梅岛兰花度假村的苏梅岛风筝中心为初学者提供了全套课程。每年进行这一活动的理想时间是从11月至次年3月。

电话：+66 77 424017-501

彩弹游戏

游戏在湄南海滩的山上进行。有大量枪型可选，比如M16或卡拉什尼科夫冲锋枪等。

学习泰国烹饪

这里有很多学校提供基础的泰国烹饪技能教学，让您最起码能在家做一顿传统的泰国饭，有的培训甚至达到专业标准。一些酒店的泰国餐厅也为客人提供烹饪学习课程。

SITCA (苏梅泰国烹饪学校)
地址：46/4 Moo 3, Soi Colibri, Tambon Bo Phut
电话: +66 77 413172, +66 8 1970 7497
传真：+66 77 413434
www. sitca.net

The Blue Banana Thai Cooking Classes
地址：2 Moo 4 , Tambon Bo Phut
电话：+66 77 245080
www.thaibluebanana.com

Thai Cooking Class (Santiburi Dusit Resort)
地址：12/12 Moo 1, Samui Ring Road, Tambon Mae Nam
电话：+66 77 425031–38
传真：+66 77 425041
www.koh-samui-hotels.net/santiburi-dusit-resort/

泰拳（Thai Boxing）

泰拳或Muay Thai在苏梅岛的受欢迎程度有上升趋势。苏梅岛的许多体育馆也都上演激烈的泰拳表演，这一独特的武术深深地植根于泰国文化和传统之中。

冥想（Meditation）

泰国冥想的方式可以帮助治疗那些患有幻听、喜怒无常、狂躁或缺乏耐心的人。这项内容可以在任何一间寺庙或休养地进行。

The Samudra Retreat Samui

对于没有课程费的冥想，Dipabhavan Meditation Center有3天、5天的课程可供选择，由Ajahn Poh教授。

地址：24/73, Moo 5, Bophut

电话：+66 77 428100

传真：+66 77 428133

瑜伽（Yoga）

Absolute Sanctuary Yoga Retreats & Teacher Trainings

在这里可以进行经常性的瑜伽训练，适合初学者，包括每日学习班、用餐和按摩放松。该度假村进行瑜伽的学习和相互交流活动，并邀请世界知名的瑜伽教师为热衷瑜珈的爱好者举办讲习班。

电话：+66 77 601190

www.absolutesanctuary.com

Kamalaya Yoga Synergy Retreats

瑜伽初学者可以学习基础的动作、呼吸练习以及冥想，这样不仅能帮助治疗身体上的疾病，也可以修身养性，调节人们的身心。

电话：+66 77 429800

www.kamalaya.com/

购物

泰国传统的手工艺品和纪念品，像泰丝、纪念品、古董、漆器、绘画，还有珠宝、金饰、银饰、佛像等都可以在苏梅岛找到。一些7-Eleven、Family Mart（日本连锁店）和地方便利商店遍布查汶。大百货公司如万客隆（Makro）、特易购莲花（Tesco Lotus）、Big C都以合理的价格提供一系列的商品可以满足您的所有需求。

本地特色产品

除了椰子，苏梅岛也以丝绸、手工艺品和宝石著名，这些都可以很容易的从信誉良好的店铺和公司购买到。同时还有漆器、银器、陶器、铅锡合金、陶瓷、木雕刻品、黄铜制品、黄金和度身订制的西装。

这里有几家商店是非常值得一提的。在以大佛寺为基础的众多商店中，有一家没有名字的小银饰店，由一个金属工匠经营，他自己制作出很多独一无二的银饰系列。他还把各种各样造形的水晶和珍贵的石头镶嵌在项链、手镯和戒指上。在这里您还可以购买绿松石、琥珀、珊瑚、青金石和许多其他有色的石头。

在查汶，东方画廊（Oriental Gallery）是一个最古老和最值得信赖的名字，这里出售传统风格的家庭装饰品和真正的古董。最近，他们搬到了中央苏梅岛海滩度假村的购物街，在查汶海滩路南端附近。电话：+66 77 422200。

苏梅先生画廊（Mr Samui Gallery），在拉迈海滩地区市场下游，集美术馆、珠宝店及餐厅于一体。一些珠宝首饰设计师还在店里展示他们的作品。有时，这家店看起来有点像阿里巴巴的宝藏，而不是传统的珠宝店。电话：+66 77 424630 。

在去往祖母祖父岩的路上，会路过印度支那商店，这里提供泰国传统木雕和其他家庭装饰物品。电话：+66 77 427590 。

饮食

苏梅岛的特色食品是众所周知的椰子，其他美食也非常可口。通常在旺季，海鲜需求往往超过当地供应。较大的海滩上拥有众多国际食肆。

泰国南部的食品一般以其辣味闻名。大部分的菜肴来源于马来西亚、印尼和印度食物。南部最受欢迎的菜肴包括印度风格的穆斯林咖喱（massaman），鱼咖喱酱米粉（Khanom Jeen），鸡肉（birayani），热门的地方食物是咸蛋和可口的红毛丹。

岛上的双重价格非常普遍：有些餐馆提供两个菜单，一个是针对游客的，另一个是针对泰国当地人的，针对当地人的价格仅为外国人的1/4。标准的主菜肴在低调的泰国餐厅应在100泰铢（海鲜除外）上下。因此，如果感觉价格不合理，您可以选择到其他地方。一定要检查实际付账和菜单上的价格是否一致。

岛上大多数的吃喝地点都聚集在主海滩上，例如查汶海滩和拉迈海滩。酒店和度假村在海滩上拥有很多一流的地段，因此享受海滨正餐就如同在酒店中用餐一样。他们为您提供世界上深受喜爱的泰国食物，在主海滩还有一些令人惊奇并且少有的“纯粹”的泰国餐馆。

Poppies

用餐环境浪漫，餐厅就在同名旅馆内部，已经存在将近10年。在这期间以其创造性的烹饪赢得了众人的喜爱。提供泰式食物和国际性食物。人均消费大约400泰铢。

地址：查汶路

电话：+66 77 422419

Zico's

一间巴西风格的餐厅，拥有各种各样的美食供您选择，夜晚的狂欢表演会让您倍感轻松。

地址：查汶路南

电话: +66 77 231560-3

Gringo's Cantina

国际性餐厅，是岛上比较稀少的墨西哥餐厅，餐厅在查汶海滩路小街的一面，外面写着苏梅的“Tex Mex”食物。主餐消费在200～300泰铢之间。

地址：在The Islander 餐厅的后面

电话：+66 77 413267

Mr Samui Gallery

在拉迈海滩，这家折衷主义艺术和珠宝画廊连同餐厅提供真正的泰国食物，包括泰北的咖啡。三角形斧头形状的枕垫，累了您可以靠在上面，非常的舒服。主餐每人花费大约在100～200泰铢之间。

电话：+66 77 424630

Il Tempio

苏梅到处都是意大利比萨餐厅，但Il Tempio在拉迈算是比较出名的一家。餐厅拥有露天的泰式风格亭阁，其他的都是纯正的意大利风味。人均消费约在250～300泰铢之间。

地址：124/88拉迈海滩

电话：+66 77 232307

Renu Grill House

这是一家露天海鲜餐馆，提供葡萄酒和新鲜的海鲜食物。

电话：+66 77 424523

■ Sunset House

这家餐馆正好在那通镇的水上，提供泰国食品和海鲜。不同于岛上的其他“日落”餐厅，这家餐厅面朝西，是观赏日落的绝佳地点。正餐每人消费在200泰铢左右。

■ Big John Seafood

在岛屿的西海岸，Taling Ngam沙滩附近。这儿有丰富的夜间娱乐：观赏日落、畅饮、新鲜的海鲜大餐，饭后还有现场音乐会表演。餐馆还附带有酒店的接送业务。

地址：Tong Yang海滩

电话：+66 77 423025

夜总会

查汶海滩到处是夜总会，充满了狂欢喧闹的音乐和异国情调的鸡尾酒。电子音乐很受欢迎。这里最大的俱乐部是绿色芒果，它是以一条街道命名的。

www.thegreenmangoclub.com/green-mango-club-samui.html

卡拉OK

在卡拉OK，您可以选择包房或主休息室给大家唱一曲听听，这里有泰国歌曲和国际歌曲，可能还会遇上漂亮的空姐们坐下来进行愉快的交谈。卡拉OK尤其受亚洲北部的游客欢迎。

酒吧

苏梅岛有无数种饮品选择，从查汶海滩名字响亮而傲慢的旅游酒吧到Bophut烛光浪漫的酒吧。本地啤酒80泰铢（Singha, Tiger, Chang, Heineken）。葡萄酒尤其昂贵，每瓶2000多泰铢。

在苏梅岛喝酒的地方要分成两种：一种是露天的啤酒吧，更多的是一种西式的酒馆，一家人到那里喝上几杯再点上点儿吃的，非常惬意。

查汶海滩，尤其以其啤酒酒吧著名，那里有漂亮的女服务员，她们通常来自泰国东北部。啤酒酒吧在查汶海滩到处都是。酒吧内还有游泳池和其他流行的酒吧游戏。在“娱乐区”夜生活的正式截止时间为凌晨1点（实际通常介于01 ： 00和02 ： 00）。

朗姆酒厂

这里有一个酒厂，位于岛屿南端的辅路上，可以酿出5种口味的朗姆酒。在甘蔗成熟的季节，酒厂还提供参观游览和免费品尝活动。这些产品的口味全部是天然的，有甘蔗、柠檬、橙、菠萝、椰子等。非常值得您前往参观，品尝正宗的泰国朗姆酒。工作人员非常友好。

Tropical Murphys

在繁忙的查汶海滩路中央，热带的墨菲是岛上唯一一家爱尔兰酒吧餐厅。新鲜材料制作的美味菜肴，每天拥有不同的菜单供食客选择。酒吧的营业时间是21：00—02：00，以活跃的运动酒吧为特色，提供各类酒类的同时，您还可观看体育赛事。

地址：14/40, Moo 2, Tambon Bophut 84320

电话：+66 77 413614

E-mail：paul@tropicalmurphys.com

www.tropicalmurphys.com

Frog & Gecko

在Bophut渔村宁静的上方，这家英国人经营的酒馆在海滩上演奏20世纪50、60、70年代的音乐，提供英式早餐和上好的印度食物菜单，同苏梅岛的其他受欢迎的酒馆一样，它也有一个大屏幕的电视，客人在畅饮的同时还可以观看体育赛事。酒馆周三晚上的Pub Quiz很著名。

电话：+66 77 425248

The Three Monkeys

在中查汶海滩，国际风情的三只猴名字来源于它的三个主人，Pat、Jod和Dome。菜单上标有泰国和国际性菜肴，还提供一杯免费酒。这里有免费的台球娱乐，还可以免费上网。

电话：+66 77 422584

传真：+66 77 422584

www.3-monkeys.com

Co-Co Blues

如果现场音乐可以燃起您的激情，那么来到这里过夜生活的您是幸运的。除了音乐，这里还为您提供美味的食物和非常广泛的酒水选择。

地址：查汶海滩路

电话：+66 77 414354

White Monkey Bar
一个活跃、受欢迎的地方，位于拉迈中心，有舒适的音乐和撞球桌。
电话：+66 86 7933880

Kangaroo Bar
以其拳击场著名，周末这里的拳击表演居然是女拳手，很有看头。
地址：拉迈主街，苏梅中心
电话：+66 77 418740

Black Jack
另一家英式风格的运动酒馆，有撞球桌，楼上有开放的阳台，在那里坐着很凉爽。同苏梅岛的其他酒馆一样，您也可以在这里看到英国足球顶级联盟赛事。
电话：+66 77 413214

Safari Pub
在拉迈主街南边，是观看体育赛事的好地方，还可以喝酒、打台球，没有人可以纠缠您，您可以自由自在的在这里畅饮娱乐。
电话：+66 89 28910-03

The Pub
这是海滩另一面的英式风格酒馆，周二晚上有烤肉晚会，很受当地人欢迎。
电话：+66 77 245091

Billabong
酒吧在迷人的Bophut 渔村，也是深受人们喜爱的夜总会场所。冲浪爱好者或体育迷一定会爱上这里的。
电话：+66 77 430144

住宿

苏梅岛拥有60000多个房间，在这里住宿完全不是问题。困难是要决定选择哪个合适的海滩歇脚。如果您想经历丰富的夜生活，那么就选择查汶海滩或拉迈海滩。如果您想远离喧嚣，找个安静祥和的地方放松一下，那么就选择湄南海滩或南海岸。Bophut比较折中，对于那些喜爱安静和宁谧的游客来说，Choeng Mon是个不错的选择。Nathon则是苏梅岛中心的一部分。

低预算

al's hut Beachfront resort

位于美丽的查汶海滩中心，简单整洁的房间非常适合背包客。价格在1500～2200泰铢/晚之间，含早餐。

www.alshutresort.com

Ban Don Hotel

酒店价格低廉，房间整洁，300泰铢/晚起。大多数房间没有空调或热水，门口处有一个餐厅。酒店紧挨着Ban Don路和Na Mueang路。

Tapee Hotel

位于Chonkasem路，是一个中预算的酒店。房间分空调房和风扇房两种，300～500泰铢/晚。

电话：+66 77 272575

传真：+66 77 282433

www.tapeehotel.com

中预算

100 Islands Resort and Spa

770～1200泰铢/晚。房间干净、宽敞，设施齐备，包括空调、冰箱等。还有游泳池、水疗和餐厅。餐厅位于城市中心之外。如果驾驶员不知道地方，您就告诉他们在特易购莲花超市附近。

电话：+66 77 201150

www.roikoh.com

Princess Park Hotel

房价在650～900泰铢/晚之间。

地址：19/19 Leangmuang Rd.

电话：+66 77 405989-92

www.princessparkhotel.com/

S.R. Hotel

共有78房间，价格在 450～1200泰铢/晚之间，含早餐，员工非常友好，所有房间都提供免费Wi-Fi、有线电视、迷你冰箱、空调和私人浴室。双人房630泰铢/晚。酒店非常接近特易购莲花购物中心。

地址：1/69 Sri Wichai Rd.

电话: +66 77 275064-5

传真: +66 77 221958

The Passage Samui

度假村娱乐设施包括私家沙滩、室外游泳池和健身俱乐部等。其他设施和服务包括全套客房服务，配有迷你吧、直拨电话、空调、冰箱及咖啡/茶壶等，但只能淋浴。价格4900泰铢/晚起。

电话：+66 77 421721

传真：+66 77 421727

www.thepassagesamui.com

Nora Lakeview Hotel

前身是Lakeside Residence（湖边住所），位于查汶海滩的心脏地带，周围步行就可以到娱乐场所，从机场乘车到这儿仅需5分钟，2 分钟就可走到查汶海滩。3000泰铢/晚起。

地址：18 Moo 2 ，Bophut Chaweng

电话：+66 77 230234

传真：+66 77 231720

www.noralakeview.com

the Ark Bar Garden Beach Resort

度假村坐落在暹罗湾白色的沙滩上，总共拥有60个房间，所有房间都装修高雅，内部带有空调、热水淋浴、有线卫星电视、迷你酒吧，提供客房早餐服务。每个房间还有一个私人的阳台可以远望景色优美的花园。

地址：159/75 Moo 2，Bophut Chaweng
电话：+66 77 422047
传真：+66 77 422047
www.ark-bar.com

Como Resort

度假村位于苏梅岛安静的大佛海湾海滩，您可以非常方便的乘船到达。共11间平房，在高级房和家庭房中还提供电视和DVD。双人标准房1300泰铢/晚(淡季)，1500泰铢/晚(旺季)。

地址：58 Moo 4, Bophut
电话：+66 77 425210
传真：+66 77 425210
www.samui-hotels.com/comoresort/

Samui Mermaid Resort

服务友好，价位合适，苏梅美人鱼度假村是您在苏梅岛热带天堂的完美家园。度假村共拥有80间宽敞的房间，许多都可以看到海景、带有空调、有线电视和迷你冰箱，这儿还有两个游泳池。度假村的海豚餐馆提供精美的泰式菜肴和国际类食品，价格在800～1800泰铢/晚之间。

地址：Big Buddha Beach，34 / 1 Moo 4，Bophu
电话：+66 77 427547
传真：+66 77 425282
www.samui-mermaid.info

Varinda Garden Resort

这是一间家庭经营的度假村，坐落于高高的山上，在那里可以瞭望到拉迈海湾令人震惊的风景，客房内充满自然风情，有三种不同奢华程度的房间供客人选择：豪华套房、套房和高级房。房间住宿标准高，价格合理，设施齐全。价格在1900～4300泰铢/晚之间。

地址：82/3 Moo Maret
电话：+66 77 424284
传真：+66 77 232296
www.varindasamui.com/

高预算

The Diamond Plaza hotel

这是苏梅镇最好的酒店。您可以乘坐橙色火车站巴士到达这里。每间豪华客房和套房是典雅的泰国装饰风格，舒适、方便，所有重要设施齐备。价格为1062泰铢/晚起。

地址：83/27 Sriwichai rd., Moo 2 Makamtia District
电话：+66 77 20533
www.diamondplazahotels.com/

Kirikayan Resort

价格在6550～52000泰铢/晚之间。位于苏梅岛Maename区北部，度假村拥有客人们所期待的高品质服务和豪华住宿环境以及周围自然浪漫的情怀。
地址：Maenam soi 1
www.kirikayanresort.com/

Al's Resort

位于查汶海滩，拥有43间设备齐全和简单设计的房间。房间价格在2430～7440泰铢/晚之间。
电话：+66 77 422154, 231650
传真：+66 77 231654, 230756
www.alsresortsamui.com/

Central Samui Village Hotel

坐落在山坡较高位置，别具特色的独立式建筑不但宽阔，明朗且通风采光。度假村设施齐全且装饰华丽，深木色地板完美的结合了温馨的色彩。房间价格在2729～4400泰铢/晚之间。
地址：Tambon Maret 6111 Moo 2
电话: +66 77 424020
传真: +66 77 424022-2

Samui Peninsula Resort & Spa

邻近苏梅岛多数热闹场所，拥有132间装潢精美、设备舒适、高雅的客房。如果是正在度蜜月的新婚夫妇，酒店还会安排结婚宴会等各种活动，让人们充分感受异国风情的婚庆典礼。
www.samuipeninsula.com

Anantara Resort & Spa

坐落于宁静的沙滩和波光粼粼的泰国湾沿线。酒店内的房间分为豪华房、豪华带有阳台的房、安娜塔拉套房以及皇家安娜塔拉套房。每种房型都是非常的奢华，入住在里面是一种甜美的享受。
地址：99/9 Bophut

电话：+66 77 428300-9
传真：+66 77 428310
www.anantara.com

Samui Buri Resort & Spa

酒店提供无与伦比的舒适性，并且结合了独特的泰国文化。这里是摆脱繁忙的日常生活的天堂。酒店房间内设施齐全，带阳台。5550泰铢/晚起。
地址：Maenam 26/24 Moo 4
电话：+66 77 447275
传真：+66 77 447281
www.samuiburi.com

Villa Lawana Resort & Spa

度假村拥有122间房，每个房间和套房都非常的大气，并且带有良好的通风系统。室内装修精美，设备齐全。8500泰铢/晚起。
地址：Chaweng 92/1 Moo 2
电话：+66 77 960333
传真：+66 77 960111
www.villalawana.com

保持安全

摩托车有点危险，但吉普车、小皮卡车和其他汽车不仅租金合理，也更加安全。如果您喜欢驾驶摩托车，最好戴上头盔，不能酒后驾驶。环岛路有许多大坑，在查汶、波普、拉迈度过快乐时光后，还是叫辆出租汽车欣然回家的好。

不要吃喝陌生人给的饮料或食物。最好的办法是总与朋友呆在一起不分离。在买装满酒水的塑料桶之前，检查酒瓶的封印是否是新的。

穿运动鞋、凉鞋避免被残破的酒瓶扎伤、被烟火灼伤。远离焰火表演，焰火有时会击中附近的游人。如果您想留在满月舞会结束之后再回去，注意，很多人会与您有相同的想法。所以为了安全起见，您要确定自己没上一条超载的渡船。

联络

国际直拨线路在泰国很少，所以人们都选择ADSL。象征性的每月交付，包含电话费大约20US$。泰国还有很多不错的网吧，每小时上网大约需要1US$。

大多数生活在苏梅岛的外国人更加喜爱和渴望英语电视节目。在这里西方的电视频道有BBC, CNN, MTV 和Star Sports等。

泰国主要移动运营商的GSM网络均覆盖全岛，相当不错。虽然漫游是一种选择，但购买当地的SIM卡会为您节省大量的国际长途电话费，而GPRS / EDGE服务是一种更加廉价和方便地接入互联网服务。

Chao Koh Internet

地址：74 Moo 3, Tambon Angthong
电话: +66 77 231039, +66 77 420851

医疗设施

苏梅岛拥有国际上著名的曼谷苏梅医院（Bangkok Samui Hospitals）。这里有很多小诊所和药店，对于小病患者，这就可以应对了。

Bangkok Samui Hospital

地址：57 Moo 3, Samui Ring Road, Chawen

常用号码

紧急呼叫电话：191
旅游警察紧急热线：1155
24小时紧急服务（曼谷苏梅医院）：+66 77 429500
苏梅国际医院：+66 77 230781-2
苏梅旅游警察：+66 77 421281
素叻他尼旅游警察：+66 77 281300
苏梅救援电话：+66 77 421444
海上警察：+66 77 421245
苏梅机场电话：+66 77 425012
苏梅岛入境办公室电话：+66 77 421069
泰国国家旅游局苏梅岛办公室电话：+66 77 421230
注意：077是地区代码

离开

芭堤雅&普吉岛&清迈，曼谷航空有飞往这三地的直飞航班。

■ Koh Mook Sivalai Beach Resort

www.kohmooksivalairesort.com Add: Moo 2 KohLibong.Kantang, Trang

帕岸岛 KO PHA NGAN

帕岸岛
KO PHA NGAN

Ko Pha Ngan（发音Koh pa-ngan），帕岸岛位于泰国沿海东部海湾，在苏梅岛和涛岛之间。帕岸岛以大片的椰树和满月舞会而著名。

概况

Thong Sala，是岛屿的“首都”和主要渡轮码头。

Chalok Lam，是岛屿北端风景如画的海滩。

Haad Chao Phao，位于岛屿西部，被充满活力的珊瑚礁环绕，拥有美丽的海滩。

Haad Mae Haad，宽阔的沙滩连接着Ma岛，这里是国家海洋公园，有帕岸岛上最好的潜水、浮潜地，还有小村庄和各色的度假村、餐馆、酒吧。

Haad Salad，位于岛屿西北部，田园般风光的小海湾，拥有若干高端的度假村。

Thonglang Bay，位于Chalok Lam和Mae Haed之间，这里是一处几乎未被发现的海湾，是人们远离喧嚣，寻找宁静的好去处。

Haad Rin (Hat Rin)，是著名的满月派对（Full Moon Party）的举办地。

Haad Yao，位于Haad Chao Phao北部，蜿蜒漫长的沙滩上，有海滩酒吧和餐馆。

Haad Son，这个美丽的海湾，紧挨Haad Yao。

Sri Thanu，位于Haad Son以南的火山半岛，有海湾和沙滩。

Ban Tai，面向苏梅岛，有漫长而蜿蜒不断的海滩。

Ban Kai，从Ban Tai一直到Haad Rin，这些海滩幽然恬静，距离满月舞会很近。

Thong Nai Pan，是风景如画的东北部岛屿，包含Ao Thong Nai Pan Yai 、Ao Thong Nai Pan Noi这些临近海滩的度假村。

到达

乘飞机

最近的机场是苏梅岛机场（USM），这里有从曼谷和普吉岛的频繁航班，每日还有来自U-Tapao和新加坡的航班，还有一些每星期来往于清迈和吉隆坡的直航航班。

另一个较为接近的机场是大陆上的素叻他尼（URT）。这里有来自曼谷的航班，相当便宜。提前预订1000～1500泰铢，当天预订2000～2500泰铢，飞往苏梅岛3000～5000泰铢。这里还有廉价航空公司（AirAsia和One-Two-Go）提供的服务，比泰航飞往苏梅岛的机票价格会便宜30%～50%，不过，您还要花上几小时搭乘巴士和渡船，才能到达帕岸岛。

乘渡轮

在苏梅岛机场附近很容易找到轮渡码头。轮渡每天很多班次，最后一班接近黄昏。这里每天至少有3班渡轮从苏梅岛的大佛码头直达Haad Rin。渡轮也从Nathon和Mae Nam码头出发开往Thong Sala，一天若干次。

乘巴士和渡轮

最好的方式是乘坐公共长途巴士到达Na Dan渡轮码头，这些是最直接、最快、最可靠、最安全和无障碍的服务。在曼谷南部巴士总站（Sai Tai Taling Chan）可以购买到车票。

公共汽车到达素叻他尼，若干巴士和至少一班渡轮会运送您到达Thong Sala码头；Lomprayah快艇渡轮运营从苏梅岛到春蓬的客运业务。

乘火车、渡轮、巴士的联运业务

从曼谷乘坐夜火车是个有趣的经历。火车到达素叻他尼或春蓬，并且从那里您可以乘坐巴士和渡轮组合到苏梅岛和帕岸岛。如果您想在涛岛停靠一下就要在春蓬乘车，如果想直接到达帕岸岛就要考虑在素叻他尼乘车。所有线路都是泰国南部合艾线，到达春蓬的时间是清晨很早的时候。

推荐：乘坐85次特快列车，大约凌晨4点左右到达，接下来等待渡轮大概需要3小时。

另一方面，如果您继续下行到素叻他尼，您可以多睡3～4小时，之后在白天抵达。

火车—巴士—渡轮联票可以从曼谷的华南蓬火车站提前预订到。有时火车会晚点，您会错过渡轮，但您还得必须为下一班船额外支付船票。因此，联票并不是最好的选择。

如果您是电子预约，火车票可通过邮件提前60天预订。

摩托车

100～125cc的摩托车租赁价格大约150泰铢/天，更大容量的费用在300～1000泰铢/天。外国人或许被要求抵押护照作担保。一些租车公司对划痕或凹痕过高索赔，他们不愿修理，而是宁可替换整个零件，所以一定要提前留意租车合同关于车辆损伤赔付的条款。

醉酒驾驶在西方是非法的，在帕岸岛相当于自杀，所以一定不要醉酒驾驶。驾驶摩托车时，一定要戴好头盔，避免在颠簸中驾驶。要限速、谨慎行驶，这样您受伤害的可能才能降至最低。您也可以租一辆铃木吉普车，这样您在一天之内就可以游遍岛屿。

乘坐小皮卡出租车（Songthaew）

每天乘坐小皮卡出租车在海岛巡游大约100泰铢/人，您也可以和其他游客拼车游览，这样会分摊少部分钱。截至2009年，的士驾驶员制定的固定搭车价格是200泰铢。需要注意的是，帕岸岛上所有的士服务都是由小皮卡出租车提供的。

乘船

乘坐小船漫游海湾，也可以浮潜。乘船环岛游览是一种不错的方式。6小时的包船航行，您可以看到许多漂亮的海滩，大约500泰铢/天 。

景点

Than Sadet-Ko Pha-Ngan National Park

公园名以Than Sadet河命名。这条河流形成了岛上最大的一个瀑布，是泰国国王经常参观的瀑布，特别是拉玛五世，曾14次到访此地。您可以参观美丽的瀑布，深入海岛内部探索。

卧佛寺草药桑拿

它位于7-Eleven便利店Baan Thai分店附近，在岛屿的西南部。不要忘记留下捐赠。在蒸桑拿时要穿纱笼(sarong)，因为泰国是佛教国家，不允许随意裸露身体。

游览Ma岛

是距离帕岸岛西北海岸不远的一座小岛，这里是岛上最好的浮潜地之一。Thongsala和Chaloklum之间的路上有一座美丽的中国寺庙，可俯瞰优美的查龙湾。在从Baan Tai到Thong Nai Pan

的路上还有一个大象营，在这里您可以照相留念或尝试在丛林中徒步旅行。

活动

潜水、浮潜、皮划艇，快艇游览安通国家海洋公园、观看泰拳、垂钓旅游、文化旅游、骑大象等，活动一定能让您享受Ma岛区的自然之美。帕岸岛有很多东西可看，一定会令您难忘。

潜水

帕岸岛周围有适合潜水初学者训练的完美潜水地。从简单的海滩边潜水，到乘船长途旅行潜水，您可以在这里体验到世界上最棒的热带潜水经历。帕岸岛周围的水域非常不错：拥有精美坚实的珊瑚礁和优良的热带鱼类。Sailrock，无疑是在泰国湾最著名的潜水点。位于帕岸岛和涛岛之间，是令众多潜水者惊叹的完美潜水地点。岛上有几个PADI潜水学校，Cyana海滩度假村的Scuba Fun Thailand，位于Woktum湾；Haad Yao Divers是一家小的PADI 五星金棕榈潜水中心，位于Haad Yao；Mae Haad和Haad Chao Phao，在Reefers Dive Resort，位于Haad Yao海滩；Lotus Dive Resort的Sail Rock Divers，位于Chalok Lam；Phangang Divers位于Haad Rin。

满月舞会

如果您想寻找舞会的天堂，没有比Haad Rin更配的上了。海滩酒吧，便宜美味的鸡肉吉士汉堡和狂欢的人群——这就是每月一次的满月舞会。每个酒吧都在跳跃，海滩被红牛、伏特加、舞蹈、冰桶和各种喧闹所包围。如果您不是在帕岸岛满月舞会期间来到此地游览，不用担心，这里还有其他的派对在等着您，如半月舞会(每个月两次)，黑月亮舞会、密林舞等。总之，在帕岸岛您永远不会寂寞。

射箭

您可以在“第一弓箭俱乐部”一试身手，地点靠近Thongsala路。四个射手可以同时进行，服务人员非常友好。

徒步旅行

您可以在海岛所有的地方进行徒步旅行。尤其是Haad Rin 和 Haad Tien之间。许多路线很难搞清楚，因此一定要带着足够的水。

泰拳

在Haad Rin和Thong Sala地区的一些体育馆，提供泰拳课程培训，还有位于Haad Tien (东)校园的“Horizon”，是一个密集的泰拳培训营。Thong Sala和Haad Rin同时也有频繁的表演比赛供观众欣赏。

瑜伽

各地提供瑜伽课程，包括Agama Yoga，位于岛屿的西北，提供一个月的强化课程。在Baan Tai和Shri Kali您也可以学习印度传统瑜伽。www.tantraarchive.shrikali.org

环岛一日游

您可以花费一天在天堂岛，在游览船上观看您感兴趣的有趣事物。一日游游览包括：参观中国寺庙、大象营、瓶子海滩、Thong Nai Pan、Thansadet瀑布、观看猴子表演、进行美妙的潜水……您可以与朋友们尽情享受乐趣。

购物

在Thong Sala 和 Haad Rin有出售您想买到的任何东西，包括您根本不需要的一些。您要设法讲价，这样价格会下来很多。记住：在旅游区的价格通常是在曼谷消费水平之上。帕岸岛上的主要购买品包括吊床(Thong Sala是"吊床之家")以及一些地方艺术家的工艺作品。大多数衣物和您在曼谷看到的一样，但价格更昂贵，因为它是从曼谷进口到海岛上销售的。

艺术画廊，在帕岸岛上日渐增多，大部分经营业务包括各种作品的订制和艺术品复制服务。这些画廊声誉良好，价格合理，艺术家手艺精湛。

Thongsala的Tesco-Lotus有美味便宜的面包房，营业时间：10：00—22：00。

饮食

较便宜且精装的咖啡，餐馆集中在Haad Rin 海滩，如果想吃泰国菜，可以到周围的咖啡馆。最佳的地点在Thong Sala，因为这里是镇中心，集中了所有便宜的美食。

Umi素食餐厅

蔬菜类美食：简单美味的咖喱、沙拉和汤。每日菜单包括意大利、韩国、非洲、地中海和其他世界美食。营业时间：10：00—18：00。

地址：73/10 Moo 1, Thongsala

电话：+66 77 377815

www.umi.r8.org/

Fellini Srithanu餐厅

是一家新的意大利餐厅，有石烤比萨、意大利面、牛排、海鲜、沙拉等，还有很好的葡萄酒供您选择。

■ Ando Loco Thongsala墨西哥餐厅

提供正宗的菜肴，采用进口香料，有岛上最好的龙舌兰酒（Tequilla）和玛格丽特（Margarita）。

■ Me'n'u 五星级度假村Tong Nai Pan Noi餐厅

这里是岛上优秀的用餐地，提供现代欧洲烹调美食，有500瓶葡萄酒酒窖和香槟酒休闲室。

酒吧

Sheesha (Chaloklam)，是时髦的泰式酒吧，很值得一看。

The Livin' Room，可用自己的私人电话订饮料和食品。

住宿

岛上没有比满月舞会和Haad Rin更拥挤的地方了，因此您可以考虑到其他海滩住宿。如果决定住在帕岸岛，那么一定要在满月舞会的前几天就要订房，特别是在旺季(12月～次年2月)。如果您想度个短假，最好事先预订房间。如果您想尝试一下运气,一定要早到，尽可能在白天办妥膳宿事宜。从Thong Sala一直到白色海滩都有便宜的小木屋，向左通过一串安静的海湾，有更多的小度假村。

海岛北部的Chaloklum,Ma岛和瓶子海滩非常有名。Thong Nai Pan半岛位于东北部，穿过一片森林，还有一对特别美丽的海滩。可以尝试选择Haad Yao，Haad Son，Ban Tai，Haad Salad或其他沿线地点住宿。

低预算

Fieldparadise Village，地址：Ban Tai海滩，340泰铢/晚。
Coco Garden Bungalows，地址：Ban Tai 海滩，382泰铢/晚。
Central Cottage，地址：Thong Nai Pan Yai，340泰铢/晚。
Ocean View Beach Resort，地址：Haad Khom海湾，382泰铢/晚。
Coconut Beach & Garden Bungalows，地址：Haad Khom海湾，255泰铢/晚。
Haad Khuad Resort，地址：Haad Khuad，170泰铢/晚。
Mai Pen Rai Bungalows，地址：Than Sadet海滩，340泰铢/晚。

中预算

Golden Hill Resort，地址：Thong Sala，680泰铢/晚。
Pha Ngan Chai Hotel，地址：Thong Sala，850泰铢/晚。
Grand Sea Resort，地址：Thong Sala，850泰铢/晚。
Jungle Bar & Bungalow，地址：Ban Tai海滩，595泰铢/晚。
Phangan Beach Resort，地址：Ban Tai海滩，637泰铢/晚。
Fantasea Resort，地址：Chaloklum Bay，510泰铢/晚。
Bounty Resort，地址：Haad Dao Deuk，467泰铢/晚。

高预算

Rasananda Phangan Island Resort，地点：Thong Nai Pan 海滩，酒店是1层建筑，有44间客房，均有最现代的设备及优雅的环境。
Phangan Orchid Resort，地址：Bankai海滩，1444泰铢/晚。
First Villa，地址：Ban Tai海滩，1019泰铢/晚。
Mandalai Hotel，地址：Chaloklum Bay，1529泰铢/晚。
Palita Lodge，地址：Haad Rin Beach，1529泰铢/晚。
Asia Bungalows，地址：Salad海滩，1105泰铢/晚。
Cocohut Village Beach Resort & Spa，地址：Seekantang海滩，1742泰铢/晚。
Candle Hut Resort，地址：Thong Nai Pan Yai，价格：2082泰铢/晚。

联络

火警：199
警察：191 (+66 77 377114)
旅游警察：1155
帕岸救援中心：+66 77 377118

这里网吧很丰富，而且通常还提供国际长途电话、传真服务和飞行确认业务。总体上网络速度不错。中心区域互联网60泰铢/小时（1泰铢/分钟）。针对游客的店铺通常是每分钟1泰铢，其中许多还提供低利率的预付费服务。装备精良、安静带空调的网吧收费是60泰铢/小时，如果您价比三家，这样的网吧也不难找。同样的店铺有的还可允许用户自己携带笔记本电脑上网。黑白印刷一般为10泰铢/页，彩色印刷为30泰铢/页。

在许多机构、网吧以及宾馆/酒店都有海外通话服务，15泰铢/分钟（或拨打手机25泰铢/分钟）。

帕岸的邮局位于Thong Sala南。除了通常的邮政服务，这里还处理西联汇款交易，有大量的邮箱/保险箱。在平日（公众假期除外）开放时间是08：30—16：30，周六、周日及公众假期开放时间是09：00—12：00，电话：+66 77 377118。

离开

安通国家海洋公园，乘船需要2个小时的路程，一个进行一日游的地方，提供木屋和帐篷。

Sail Rock，流行的潜水目的地，位于帕岸岛和帕岸岛中间。

南园岛是一个紧挨着涛岛的小岛屿，这里以潜水地和浮潜海滩著名。

苏梅岛，泰国第三大岛屿，是泰国边境颇具知名度的度假胜地。

涛岛，这个星球上最大的潜水学校。

Anantara Sikao

www.anantara.com / sikao.anantara.com

Add: 198-199 Moo5, Had Pak Meng-Changlang Road, Changlang beach, Maifad, Sikao, Trang

南园岛 KO NANG YUAN

南园岛
KO NANG YUAN

概况

南园岛是距离涛岛很近的一个小岛。这里是著名的潜水点，拥有非常棒的浮潜海滩（可以用手给鱼喂食）。许多来自涛岛、帕岸岛以及苏梅岛，甚至来自泰国内陆素叻他尼的一日游游客都会到此地游玩。

到达

到达南园岛的唯一选择是乘船，这里有两种船型可供选择：

一种是来自涛岛的长船，单程100泰铢。涛岛浮潜一日游250泰铢，包括来回船票。另一种是Lomprayah双体船，每天两次往返于春蓬与苏梅岛之间。

2006年8月，从苏梅岛出发的单程票价是550泰铢，需要2个小时才可到达，但非常舒适。从苏梅岛来到这里进行浮潜一日游也很不错，1700泰铢。如果您真的非常有兴趣，可以考虑在涛岛待上一晚。

苏梅岛-涛岛/南园岛:1700泰铢(含门票)		
时间	详情	注意事项
06：45-07：00	酒店接送到码头	
08：00-09：30	从苏梅岛出发前往涛岛/南园岛	
09：30-12：00	换船，然后到涛岛/南园岛、Mango湾、Tian Nok、湾、Hin Wong湾、Sairee湾进行潜水或浮潜活动	根据天气情况
12：00-13：00	南园岛餐厅享用午餐自助餐	
13：00-15：00	放松、浮潜、攀登、游览景点	
15：00	返回苏梅岛，回到酒店。	

请注意，如果您打算在岛上留宿，还必须额外支付100泰铢。岛上禁止带入塑料瓶和罐装瓶，这也就意味着液体饮料只能在岛上的餐厅购买，当然一定会很贵。

浮潜和潜水

Easy Divers，电话：+66 77 456798。Easy Divers在岛上有办事处（涛岛和苏梅岛）。如果在这里潜水或者是进行潜水课程，入住南园度假村可享受折扣。

饮食

岛上唯一的餐厅是南园度假村的一部分。餐厅提供泰餐和西餐。菜单中最好的是烤鱼。因为餐厅在岛上是唯一的，所以食物的价格是涛岛上的3～4倍，如果想享用美味又实惠的午餐，您最好乘船去涛岛。

住宿

南园岛上唯一的住宿地点是南园潜水度假村，度假村提供住宿、潜水服务及商店。带风扇的房间1500泰铢/晚；带空调的标准间2000泰铢/晚。

电话：+66 77 456088-93；+66 1 9581766

传真：+66 77 456088

www.nangyuan.com/

游览

岛屿很小，徒步就能转遍整个岛屿。南园岛上十分美丽，而且非常值得一游。如果您真的想留宿在这里，一定要注意以下六点：

比较便宜的房间，特别是在旺季，需要提前预订；

这里的消费很高，食物比涛岛贵4倍、饮品比涛岛贵10倍；

许多房间狭窄的楼梯处可以欣赏到壮美的山景；

房间内没有电话，因此有事情的话只能自己走到前台；

南园岛上没有夜生活(晚上是不可以到涛岛游览的)。

所有房间都有一台电视机，但是实际上只有几个房间的电视有很多频道供浏览。因此晚上最好的办法是在前台免费借个DVD电影观看。

Idyllic Concept Resort (Sunrise Beach,Koh Lipe)

www.idyllicresort.com Add: Moo 7 Koh sarai Muang, Satun

涛岛 Ko Tao

涛 岛
KO TAO

涛岛的字面意思为龟岛，位于泰国南部的泰国湾，这里是世界上最著名的潜水胜地。

概况

如果您想从苏梅岛忙碌和嘈杂的生活中解脱出来，那么这里就是上好的选择。另外，这里还是前往帕岸岛的中转站以及学习潜水的好地方。乘坐一条小船，随着海潮，经过一个小时就能发现天堂，水深达40米。

涛岛的旺季是12～次年3月和7～8月。这里也是泰国人很受欢迎的度假目的地之一，因此在泰国假期的时候，这里几乎完全被预订一空。

到达

游客前往涛岛唯一的选择是乘船。最近的机场在苏梅岛或素叻他尼，苏梅岛机场将涛岛同一些主要城市（曼谷、槟城、新加坡等）连接起来。

来自素叻他尼（南部）

乘坐轮渡从素叻他尼前往涛岛大约需要3小时，从苏梅岛前往需1.5小时，从帕岸岛前往需1小时。如果您乘小船从素叻他尼起程，一种可能是坐隔夜轮渡——大约在23：00发船，次日06：00到达。建议您提早上船找个好位置坐下。

来自曼谷/春蓬（北方）

如果您从春蓬乘坐轮渡出发。众多的代理点出售各种的快慢渡轮船票，最快的大约需要90分钟，最慢的要5个小时。

这些渡轮在春蓬的启航时间是07：00，13：00，23：00和00：00。07：00和13：00的渡轮通常是乘客渡轮（由Lomprayah，Seatran和Songserm经营），深夜的渡轮通常是车辆或货物船只，较慢（5～6小时，05：00抵达），行程也不舒适。如果您到港之后还要乘坐巴士或火车，一定要提前确定好渡轮的时间，因为渡轮的终点站到火车站还需要1个小时的路程。一旦错过了一趟车就会错过一系列行程。

最好的办法是，如果您是来自曼谷，可以预订18：00发车的卧铺火车，03：30到春蓬，然后预订07：00的渡轮。大多数渡轮运营商会在车站接您。

来自其他岛屿

如果您参加来自苏梅岛的潜水旅行团，乘坐高速快船大约需要一小时就可到达。Lomprayah快船公司或Seatran公司运营此业务，省时又便捷。他们每日有两班来自苏梅岛、帕岸岛和春蓬的船只。旺季可网上订票。船内有空调和电影娱乐乘客。

游览

岛上有一条南北向的主路，许多小路从其分支延伸到整个岛屿，还有一些小路位于岛上崎岖的山脊之间。在Sairee村和Mae Haad地区有大量出租车等候游客，但通常要价比较高。

您可以在Sairee海滩、Mae Haad地区和Chalok地区租一辆自行车或摩托车。但一定要小心驾驶，因为这里的土路非常危险。整个岛屿不仅地形危险，租车也十分昂贵，本田车150～200泰铢/天，Sonic 200～250泰铢/天。

建议：最保险的办法是在度假村或住宿平房的前台里租车。长尾船提供到岛内特定海滩的游览。这是到达那些孤立海滩的最舒适方式，但船上有些嘈杂。环岛长尾船价格在500～700泰铢之间，短程旅行价格在100～200泰铢之间。

景点

可以租辆自行车环岛游览。鲨鱼湾（Shark Bay）是个不错的潜水地；南园岛、自由岛、Laem Thian湾，芒果湾、Hin Wong湾和Tanote海湾也是不错的一日游地点，陆路或水路均可到达。大多数地方都可以步行或驾驶摩托前往。如果您租的是一辆普通的摩托车，那么您还需要下车步行继续前进，因为道路崎岖不好驾驶，所以建议最好租辆越野摩托。一些岛屿是私人的，但有些游船可以来到这里的海湾进行浮潜一日游。岛上有很多美丽的景点，如岛屿南部的山顶观景台（John Suwan），北面中心的Two View和Fraggle岩。

活动

在涛岛，对于游人来说，深潜是最大的吸引力所在，非常有趣，在水下您可以看到海龟、梭子鱼、鲨鱼，还有机会看到真正的鲸鲨。这里除了11月，其他时候都很适合潜水。11月，这里的能见度比较差，海浪汹涌起伏。在良好的潜水季节，能见度最好时可以达到40米以上，平均能见度大约在15～20米之间。

2007起这里就有了PADI开放水域考证。PADI训练指南，专业指示，出租设备，乘船潜水，包含保险在内大约需10000泰铢。如果有条件最好找个经验丰富的潜水辅导员。潜水初学者首先在水池边进行大约20项的基本技能训练，然后再去开放水域。辅导员还会带学员到一个偏僻的海滩进行潜水训练，那里可以看到鱼和珊瑚。初学者要根据海浪和能见度调整课程。

最重要：不要远离您的同伴和老师，确认您可以理解一些英文关键词语，以备应急。

PADI五星级潜水中心及度假村

Coral Grand Divers & Resort

位于一个更加安静的地方，比其他潜水店更方便购物，在海滩的末端，度假村是泰式风格。拥有2条潜水船和快艇。

www.kohtaocoral.com，

Easy Divers

很棒的PADI五星潜水店，服务态度友好，有真正的经验丰富的辅导员。这里1个教练辅导6个学员，将趣味性和学习合二为一。

www.kohtaoeasydivers.com

Seashell dive center

一个当地人经营的小型商店，提供船只和渔具，但没有住宿。

www.tour.sawadee.com/samuinet/diving/tao_seashell.html

Sunshine Divers Resort

位于Chalok Baan Kao，阳光潜水是一个五星级的金棕榈潜水度假村，氛围轻松友好。

电话：+66 77 456597

www.sunshine-diveresort.com/

■ New Way Diving

一个最古老且最有信誉的潜水店，这个学校的潜水船06：00离港。这里团队友好，教师专业，提供一些基本住宿。

www.newwaydiving.com/

■ Island Dive Club

位于Sairee海滩中心，包含良好的潜水课程及住宿套餐。潜水店不是很繁忙，这意味着您可能会拥有自己的教练进行一对一的训练或是在一个小团队中进行训练。

www.islanddiveclub.com/

SSI潜水中心

■ Scuba Junction

是涛岛上一个最受人青睐的潜水中心。设备维护良好，潜水条件也非常不错，教练严格按照规则教授，附近有良好的Narakaan平房提供住宿。

www.scuba-junction.com/

■ Carabao Diving Center & Resort

是良好的潜水中心，位于涛岛南的Chalok Baan KAO Bay。这是个不错的地点，安静的海滩有吃有喝。工作人员非常友好且乐于助人，中心提供良好的住宿。

www.carabao-diving.com/

■ New Heaven Dive School

涛岛上拥有10多年经验的潜水学校，教练均有丰富专业的潜水知识。

www.newheavendiveschool.com

■ Master divers (mae haad)

是非常不错的潜水运营商，具有良好的安全记录。

www.master-divers.com

BSAC潜水中心

■ Davy Jones Locker 潜水度假村

位于sairee海滩。小团队，有有经验的指导老师以及高质量的课程指导，开设PADI，BSAC & SSI课程。

www.davyjoneslocker.asia/

■ CMAS潜水中心

Calypso (Tanote海湾)，德国潜水教师授课的潜水中心。受到潜水运动联合会的认证。安静的小屋，有可爱的风景，隔壁是tanote海湾度假村，住宿400泰铢/晚以上。

www.calypso-diving-kohtao.de/

PADI 五星职业发展中心

Ban's Career Development Center和PADI 5-Star IDC Center，是最大潜水中心，有170间客房，2个游泳池和3个巨大潜水船。该度假村位于一个美丽的花

园中，被Sairee海滩包围。
www.instructor-kohtao.com/

Buddha View dive resort

位于宁静的Chalok Ban Kao海滩，在苏梅岛的南部。度假村是一个五星级潜水IDC金棕榈度假村，工作人员友好，设施出色。在晚上还提供优良的烧烤和海滩酒吧服务。
www.buddhaview-diving.com/

Crystal Dive Resort

属于集中培训，每名学生都在专家和辅导员的指导下完成训练。
www.crystaldive.com

Davy Jones Locker

提供潜水长期实习和潜水教练培训，DJL位于Sairee海滩附近，还提供MCA船只驾驶课程。住宿和潜水设备包含在所有课程中。

徒步旅行

想探索海岛的北部和东部偏僻的海湾吗？在2小时的徒步旅行中，通过密林来到芒果湾您几乎不会遇见一个人。休息一下，进行一次浮潜是个不错的选择。

Good Time Adventures
提供攀岩、浮潜等活动。
www.gtadventures.com/

Thailand Gap Internships
提供1～7个月的在Pro HD的实习训练、泰拳、自由潜水、潜水教练训练、潜水长期课程以及技术潜水课程。
www.gapinternshipsthailand.com/

攀岩或密林穿越旅行

可以参加严格的泰国拳训练；在Mae Haad打微型高尔夫球或保龄球；做按摩或瑜伽；学习烹调。

岛屿巡游

2007年1月第一航行特许公司在涛岛开始经营海岛巡航。他们提供全天航海出游、日落巡航、私人航行和安通国家海洋公园徒步旅行等。其他相关活动还有滑水竞赛，风冲浪和航海训练。
www.island-cruises.tk

海洋水下视频培训

3～5天的课程，教您如何在水下进行拍摄，提供专业水平的培训。训练使用的机器是HD摄像机。
www.oceansbelow.net/

泰拳培训

这里有健身房和泰拳营提供泰拳课程。

饮食

这里有丰富的泰国美食，其中包含大量海鲜。烤鱼是当地的热门之一。因为大部分人口是外来者，您会发现这还有许多其他菜肴。泰国食物便宜，25泰铢就可以买到一份新鲜的香蕉煎饼。在低预算的度假村，60泰铢可以喝上一碗蜂蜜甜粥，200～300泰铢可以吃到一份新鲜的意大利面，160～200泰铢可以吃到比萨饼。许多小摊上的新鲜果汁也只有20～30泰铢。

Bhan Thai

Sairee Plaza，紧挨着Cabaret Show。这里提供泰国咖喱食品。

El Toro Restaurant

在Ban's和AC BAR之间，提供美味的德墨料理、比萨和泰国食物。

Lung Pae Restaurant

是便宜、美味的传统泰餐，但同时也有西方食物、烤肉以及鱼类等。推荐沙爹鸡肉串。

电话：+66 8 6287 1039，+66 8 6287 1039

Thipwimarn Restaurant

位于岛屿北部，价格与岛屿的其他地方没什么不同。这里很适合约会。

Safety Stop Pub

位于Mae Haad 海滨旁边的Seatran码头，舒适的英式酒吧带有热带啤酒花园，周末有烤肉，每日有特价。

电话：+66 77 456209

Choppers Bar and Grill

Sairee村，是涛岛上的澳大利亚运动酒吧。这里有现场音乐、体育现场直播赛事，还有广泛的酒类选择和美味的食品。每晚这里都非常热闹。

Cafe del Sol, Mae Haad Square

位于Mae Haad，这里供应正宗的法国和意大利菜，包括自制的意大利面和比萨、熏鲑鱼以及牛排。这里收藏有上好的葡萄酒，以及德国的“Erdinger”白啤酒。

Greasy Spoon

位于Mae Haad，是英式早餐酒吧，可就地吃也可外带。

Farango Pizzeria

位于Mae Haad，Sairee，提供地道的意大利比萨和意大利面，意大利面140泰铢，比萨200泰铢。提供外卖。

La Matta Ristorante Italiano

位于Mae Haad，餐馆提供意大利比萨饼和意大利面，还有免费的台球游戏。这里是涛岛上最古老的餐馆。

Shalimar Indian Cuisine

在Sairee Plaza对面，正宗的印度厨师，食菜以及tandoor。这里食物美味，价格低廉，种类繁多。

电话：+66 77 456740

Noori India

位于Sairee海滩，提供令人印象深刻的印度食品，正宗的厨师使用的是最好的进口香草及香料。尝尝这里的烤鸡肉（Tandoori Chicken），味道好极了。

电话：+66 8 0145 6476

Morava

在Sairee村，当代亚洲设计，提供美味的白日菜单：面包圈和健康果汁，还有精美的餐饮和寿司。

King Crab

位于Sairee海滩，可以选择自己喜爱的海鲜美食，干净又便宜。

Papas Tapas

位于Sairee海滩，是涛岛首屈一指的美食场所。厨师是来自斯德哥尔摩餐厅的米其林厨师，为客人提供美妙的餐前小吃、主菜和甜品，口味设计休闲优雅。

Jesper

这里特制的鸡尾酒，味道非常不错。试试他们的马提尼，曾在国际大赛中拿过第一。

Tongs Thai Food

在airee村，是当地人聚会的经典场所，大餐厅，低价格，食物味道好。

Tukta Thai Food

位于Chalok Ban Kao，提供价廉物美的泰国美食。

Chinese Noodles

位于Mae Haad，这里有泰国最美味的面汤。

Bingo Thai Food

位于Sairee海滩南，提供泰餐及西餐。

Zanzibar

位于Sairee Plaza，有咖啡和面包可供选择。这里的进口奶酪和肉制品是岛上比较知名的，而且价格也比较合理。推荐尝试好时光早餐卷饼，味道不错，还可外带。

酒吧

潜水归来可以在岛上的几个酒吧休息。凌晨1点之后Sairee北端的酒吧就会结束，许多人便来到Sairee南端的酒吧继续夜晚的狂欢。

Fizz Beach Bar and Lounge（Sairee海滩），是轻松的海滩酒吧，提供不错的泰餐。

MOOV，位于Sairee海滩，在InTouch Resort对面，营业时间：16：00—02：00。

Vibe，位于Sairee海滩北，是大气、质朴的海滩酒吧，有焰火表演及新鲜的鸡尾酒。

Khirana，位于Chalok Ban Kao，是可以在海滩上游泳的泳池酒吧。

Lotus Bar，在sairee北，是世界著名的海滩酒吧，总是很热闹！一定不要错过夜晚的烟火秀以及大杯凉爽的饮料。

Dirty Nelly's，在Mae Haad，是涛岛上第一家也是唯一一家爱尔兰风格的酒馆，有现场音乐、丰富的食品选择和现场体育节目。

Queens Cabaret，是定期的奢华服装以及幽默的艳舞女郎的歌舞表演场所。

Trade Winds，位于Sairee村中心，带有泳池，也是定期烧烤和当地人聚会的场所。

AC bar，深夜俱乐部，通常营业到凌晨2点。

In Touch，是Sairee海滩最南面的豪斯音乐所在地，一个星期只开放几次。

Maya bar，与AC Bar非常相像，有同样的音乐，同样拥挤的人群。

The Castle，这里每周都会举办盛大的派对，人多拥挤，但音乐很清新。

住宿

您可以在码头找到住的地方，但是在高峰时期如果不提前预定，住处是很难找的。除非您想睡在海滩上或在价格昂贵的度假村中停留一晚。现在您可以通过互联网方便的预订各种各样的住宿地点。

2009 年8月，两人花费300泰铢可以找到一间24小时供应水电的风扇房，并且在临近海滩的位置有简单的浴室设施。价格贵一点儿的有冰箱、淋浴和空调等设施。高级度假村大约1200泰铢/晚。

涛岛上的主要住宿地在两个区域：Sairee海滩和Chalok Bay。

Sairee海滩

这是涛岛最大的海滩，位于岛屿的西面，一直延伸到渡轮码头。沿着这个海滩您会发现很多潜水学校、度假村、餐厅及酒吧。海滩的南部和中心部分以夜生活著名，北部有大量商店和餐馆，相对比较安静，从酒吧步行很短距离就可到达“黄砖路”（Yellow Brick Road）。

AC Resort

低预算度假村，700泰铢/晚起。提供住宿以及潜水课程。

Blue Wind，位于Sairee海滩北，是海滩上平房。200～1500泰铢/晚。经理员工都很友好，面包店提供优质的食物。

www.ackohtao.com

Charm Churee Villa

精品度假村，适合带孩子的家庭住宿。

www.charmchureevilla.com

Koh Tao Cabana

位于Sairee海滩，有两种主要房型：白沙别墅和木屋平房，价格在2300～4600泰铢/晚之间。

http://www.kohtaocabanaresort.com

Koh Tao Montra Resort and Spa

位于Mae Haad。这里是奢华的温泉精品度假村，有大泳池、按摩水浴、按摩浴缸、国际酒吧餐厅，是水疗护理和室内PADI潜水中心。1500泰铢/晚起。

www.kohtaoluxury.com/kohtaomontraresort/

Ko Tao Resort

所有的房间都有有线电视和一个单独的私人浴室，房间价格1900泰铢/晚起。

地址：位于Sairee海滩

电话：+66 77 456133

传真：+66 77 456419

www.kotaoresort.com/

Sairee Hut Dive Resort

位于Sairee海滩，这个度假村是一个完美的逗留地，适合放松、潜水。1800泰铢/晚起。

电话：+66 77 456000 (住宿)，+66 77 456815 (潜水课程)

■ Silver Sands Beach Resort

位于Sairee海滩，提供风扇和空调平房以及酒店式的房间，紧挨着餐馆、商店以及酒吧。900～1100泰铢/晚。

电话：+66 77 456606

传真：+66 77 456303

www.silver-sands-resort.com/

■ View Cliff Resort

介于Maehaad海滩及Sairee海滩之间，是低预算住宿，500泰铢/晚起。

地址：14/11 Moo 1，Sairee

www.viewcliffresort.com

■ Tommy Bungalow Dive Resort

位于Cape Hpr 区域附近，这里是涛岛上最著名的海滩，1000泰铢/晚起。

www.tommybungalow.com/

■ Chalok湾

Chalok Baan Kao比起Sairee海滩有更加放松的环境，同时可以接触到大范围餐厅、海滩酒吧和烧烤，还有豪华度假酒店住宿以及广泛的低预算的古朴沙滩平房。

■ Buddha View Dive Resort

一个低预算的豪华住宿，非常适合潜水者。有大量优秀的海滨咖啡馆、酒吧和夜间烧烤。400泰铢/晚起。

电话：+66 77 456074

传真：+66 77 456210

www.buddhaview-diving.com/

■ Freedom Beach Resort (平房)

是低预算的海滨别墅，所有房间带空调，房前是两个私人海滩。工作人员很友好。风扇房500泰铢/晚起，空调平房2500泰铢/晚起。

地址：Chalok Baan Kao Bay

电话：+66 77 456596

www.freedombeachresort.com/

■ 其他地区

■ Black Tip Diving & Water Sports Resort

祥和的度假村很适合家庭的浪漫度假或者休闲放松。度假村位于宁静的海滩，适合浮潜。24小时供电，有泳池，可以无线上网。住宿400～2400泰铢/晚。

电话：+66 77 456488，+66 77 456489
传真：+66 77 456489

■ Jamahkiri Spa & Resort

坐落在Mae Haad，是岛中心的主要村庄。在这里，您可以享受温泉豪华水疗，度假村还免费提供接机服务。3900泰铢/晚起。
电话：+66 77 456400
www.jamahkiri.com/

■ Thipwimarn Resort

这个别墅距离舞会举办地非常近，周围有一些商业设施，交通也很便利。价格4400泰铢/晚起。
地址：Haad Sairee 16/7
电话：+66 77 456409

传真：+66 77 456512
www.thipwimarnresort.com

■ Villa Jivarah

私人别墅内拥有两个空调卧室，带露天私人海景浴室，主卧室带私人阳台，晚上可以享受海洋美景和夜晚星空美景。这里拥有观赏满月的绝对精彩视角。房间价格在5900～11900泰铢/晚之间。
电话：+66 8 4654 9794
www.jivarah.com

■ Villa Lipanaa

是私人别墅，坐落在一个葱郁的热带植物花园中，是一群朋友或家人度假的最佳选择，别墅内有两个空调卧室、阳台和日光浴私人游泳池。3950泰铢/晚起。
www.lipanaa.com

■ Aow Leuk II Restaurant & Bungalows

地址：位于Aow Leuk湾山南。
www.aowleuk2.com

■ Koh Tao Coral Grand Resort

有8间小屋，每间33平方米。每个房间都包含一个大型冷风扇、空调和大号双人床，是椰木抛光地板，泰式竹子天花板，有热水淋浴浴室、电视和阳台。房间价格2900泰铢/晚起。
电话：+66 77 456431-4
传真：+66 77 456430
www.kohtaocoral.com

Bundahaya Resort (Pattaya Beach, Koh Lipe)

www.bundhayaresort.com　　Add: 507 Moo 3 Tammmlung, Muang, Satun

合 艾 HAT YAI

合艾 HAT YAI

概况

合艾位于南部海湾沿岸，泰国第四大城市。这是一个非常受马来人、新加坡人及泰国华裔欢迎的旅游度假地，因为有众多的外地游客，所以这里的消费通常很高。

到达

乘飞机

合艾国际机场（HDY）

从机场乘坐出租车到合艾市区大约需要250泰铢，乘坐机场豪华轿车需要300泰铢，乘坐迷你面包车需要150泰铢。在较远的停车场可以找到蓝色敞篷小客车（Songthaew），进市区需要20泰铢。Phet Kasem路连接机场，这里属于4135号高速公路（Sanambin Panij）。Avis提供汽车租赁业务。

航班

这里每天都有亚洲航空、泰国航空的航班来往于泰国曼谷机场。合艾每日还有Nok航空、One-Two-Go航空的航班飞往曼谷廊曼机场。Tiger Airways运营来往新加坡的国际航班，每周三次。

乘火车

合艾连接曼谷和马来西亚吉隆坡的火车线路。

来往于曼谷：每天5列火车来往于曼谷。特快列车发车时间是16:16，17:34和18:05，较慢的列车发车时间是14:18和15:26。火车经过素叻他尼、春蓬和华欣。

3等列车车票可预订，普通列车的软座259泰铢（合艾—曼谷），特快列车价格更高些。车票可直接在火车站购买，在其他代理处购买会征收附加费。

来往于Sungai Kolok：每天到Sungai Kolok有两列火车，发车时间是05：36和07：18。

素叻他尼，3等列车，车票55泰铢，全程需要7小时，沿途可以欣赏农村的壮丽美景。火车站有时间表，列车分为1等卧铺车厢、2等空调&风扇卧铺车厢和3等软座车厢。

乘巴士

合艾有一个大公共汽车站位于戴安娜百货商场附近。您可以从这里乘坐巴士去往泰国南部的其他主要城镇，甚至曼谷。不同类别的巴士运营不同的路线。橙色巴士不带空调，24座的豪华巴士带卫生间和斜倚座位。

来往于曼谷

空调巴士每天来往于曼谷南部终点站和合艾巴士终点站。全程大约954公里，需时12小时。

24座的VIP巴士1065泰铢，从曼谷发车时间是17：00、18：00、19：00和20：00。反方向的发车时间是16：00、17：00和18：00。

32座的1等巴士828泰铢，从曼谷和合艾离开的时间是17：30。

47座的2等巴士从曼谷的发车时间是07：00、17：00和21：45，从合艾发车的时间是08：00、15：30和17：00，535泰铢。

这些巴士由The Transport Co. Ltd.（www.transport.co.th）运营。

乘坐迷你面包车

迷你面包车连接合艾和泰国南部很多主要地点，通常很便宜，且比公共巴士要快捷，但往往拥挤不堪，令人感到不安和危险。根据目的地不同，发车地点也不同。有什么不懂的问题可以询问当地人，他们会很热心的告诉您。

出租车

合艾的出租车（三轮嘟嘟车和摩托出租车）非常多，很多酒店也有出租车提供给游客。在城市内搭乘出租车的费用大概在20～30泰铢。请酒店前台写下您要去地方的泰文地址，然后给驾驶员出示，如果是到城外一定要事先和驾驶员协商好。在旧市场附近可以找到开往城市以外的出租车，但是多人共享，座位满了才出发。

租摩托车

虽然这里没有官方摩托车出租，但您可以在一些商店内租一辆二手摩托车或踏板车。例如，位于4 7Thanon Nipatuthit 1的摩托车租赁店，业主会讲英语，电话：+66 8 1328 7625。通常情况下，他将要求您留下护照作为租用摩托车的证明，250泰铢/天。

租汽车

您可以在机场租一辆Avis公司的汽车。www.avisthailand.com/EN/index.php

游览

景点

合艾市府公园（Hat Yai Municipal Park）

市府公园位于Kanjanavanich路旁，在园区内山石嶙峋，拥有别致的景观，水塘四周则是丛林遍布，令人赏心悦目。在附近山脚下耸立着国王拉玛五世的雕像。在南面的童子军营地前耸立着一座中国玉观音雕塑。

卧佛寺（Wat Hat Yai Nai）

在Phetkasem路，Khlong U Taphao桥附近，这是一座大型卧佛，长35米，高15米，宽10米，名为Phra Phuttha Hattha Mongkhon，这是世界上的第三大斜倚佛，备受泰国和外国游客的尊敬。

合艾瀑布（Ton Nga Chang）

瀑布位于野生动物保护区。这是南部美丽的瀑布之一，距离城市约26公里。瀑布分为7个等级，第三级是最美丽的，它分流成两个小瀑布，类似大象的象牙。人们可以租三轮摩托车2～3小时，花费300～400泰铢到达瀑布，也可以从一个自由市场——Talat Sot Thet Sa Ban——乘坐小巴前往。

活动

泰式按摩

到泰国旅游，不享受一下传统的泰式按摩就不算真正地来过泰国。合艾是泰式按摩最好的地方。其中不错的要数Garden Home Hotel和Hat Yai Central Hotel。房间装璜典雅，舒缓的环境可以让您放松身心，尽情享受。

购物

Kim Yong market

位于Supasarn rungsan。这里是最有吸引力的购物中心，商品种类繁多，包括食品、家用电器、巧克力、美容工具、手表和光碟游戏等。

Suntisook Market Place

位于Nipat utid 1, 2 & 3。这里是合艾另一个非常著名的地方，销售的商品与Kim Yong market雷同。

Lee Garden Plaza

是在泰国青少年中非常流行的购物中心。包括Sizzler，Swensens，McDonalds和Fuji等国际餐饮连锁店。商店内出售书籍、衣服、手机和纪念品等。商场内还有一个电影院和一个游戏厅，其中还包括卡拉OK。

Odean Shopping Mall

是以出售时装为主的购物中心。.

Diana Shopping Mall

这里是销售服装和手机的大本营，也有餐馆和保龄球场。

Tesco Lotus

位于宋卡王子大学（Prince of Songkhla University）附近，是一家大型超市，销售食品、衣服、家庭用品等。超市外也有一些餐馆和小商店。

Central Department Store

合艾最高档的商店。这里有服装、化妆品、书籍、家用电器等，还有一个地下食品超市。

饮食

泰国南部的饮食丰富多彩，合艾的餐饮虽然不能与曼谷相提并论，但这里也有很多各地的美食供人选择。

来自马来西亚和新加坡的华人构成了合艾游客的主要部分，如此多的饮食及酒店主要是用来服务东南亚华人游客的。

Lee Gardens对面（旁边是丽晶酒店），您会看到一个烤肉串的餐厅，每天都会有烤乳猪。大型露天海鲜餐厅拥有很多中国游客，这里的海鲜质量普遍上乘。对于那些喜欢吃“肉骨茶”的游客，您可以找到一个叫做“YA LUN ROU KU CHA”的地方。另外合艾居住着大量穆斯林，因此这里也有很多不错的穆斯林清真食品。从Lee Garden酒店穿过街道是一间穆斯林餐厅——哈密（Hamid）餐厅，这里漂亮、清洁、良好，食物很不错。附近还有一些小餐馆，您可以自己找找看。一些中餐馆提供素食菜肴，镇里有一个小素食餐厅提供很好的豆腐和大豆类食品，烹饪技术可圈可点。

酒吧

合艾的夜生活丰富多彩，酒吧众多，啤酒价格也合理，您不妨享受一番。

Monkey Pub

位于Thamanoonvithi，94，2层，夜总会，有歌舞表演，可开怀畅饮。

Blue Kiss Ice Bar

位于Hoimook，这里的音乐不错，服务质量上乘。

Plaza

Paragaon娱乐城以北100米就到了。这里是一间露天的餐馆和酒吧，2层的花园风景不错，还有瀑布和棕榈树。柔和的灯光引领您前行，泰国食物大约在100泰铢左右，大瓶喜力啤酒90泰铢。

Nakorn Nai

一间时髦的餐馆，可以免费上网。餐馆提供美味的西餐（比萨，意大利面，沙拉，牛排，西式早餐等），价格合理。

The Swan

在Thanon Thamnoon Vithi，电视里总是播放着体育赛事，有些英国酒吧的感觉，啤酒60泰铢。

The Pub

位于市中心，这里有现场音乐表演，舞池在楼上，食物也很不错。

The Post Laser Disc

在Thanon Thamnoon Vithi，带有空调和舞池，这里有合艾最好的乐队，是外国人喜欢聚会的场所，啤酒80泰铢。

Brass Monkey

楼上有迪斯科舞厅和桌球，酒吧紧挨着Brown Sugar酒吧。

Co Art

一个咖啡厅风格的酒吧，在晚上有现场乐队表演，演奏各种国际知名歌曲。

The Corazon

是“拉丁”风格酒吧，但他们很少演奏真正的拉丁美洲风格歌曲。

The West Side Saloon

有一个良好的酒吧美食菜单，是城里唯一明码标价的酒吧（菜单上的价格不包括服务费和增值税）。

Sunrise Coffee

位于Sheutit路，对面是客家华人协会（Hakka Chinese Association）和D-Pan-Panya餐厅。咖啡厅不错，提供咖啡和果汁混合饮料，气氛舒适。

住宿

相比游客自己预定的酒店，城镇周围的旅行社几乎总能提供更好的房间价格。合艾拥有丰富的住宿设施。在合艾旅游的游客，主要是来自马来西亚和新加坡的商旅人士，住宿地点可以很容易找到，但市中心的酒店在周末通常爆满。

低预算

Asian Hotel

酒店较大，服务较好。

地址：55~59 Thanon Nipatuthit 3

Hatyai Rama Hotel

价格低廉的豪华住宿，位于合艾市中心，能提供给您所想要的一切。

地址：Sripoovanart 9/5

King's Hotel

酒店位于合艾商业中心，靠近火车站，附近有中环大百货公司、罗宾逊百货公司、Santisuk & Kim Yong市场等。房间价格400～600泰铢/晚，带有线电视（有英语频道）、热水淋浴、双人床等。

地址：Nithak U Thid 1 Rd. 126～134

Indra Hotel

位于Thamanoonvithi路，靠近Monkey Pub。住宿环境漂亮且不贵，附近有市场和巴士站。

Lousie Guesthouse

挨着火车站、罗宾逊商场。标间很大且带有欧式厕所，员工友善。双人风扇房300泰铢/晚。

Cathay Guesthouse

距离火车站不远。房间简单、带有亚洲式厕所，不过需要自己买卫生纸。出售欧式早餐，提供运输服务。员工很友好。双人风扇房220泰铢/晚。

中预算

Winstar Hotel

这是一个新的商务酒店，具有中国现代风格设计，酒店坐落在戴安娜购物中心旁边。客房设施包括互联网接入、空调、冷热水淋浴、迷你酒吧、卫星电视频道，甚至还有啤酒喷泉花园、Lim Breng餐厅、Star咖啡厅和泰国古式按摩。700泰铢/晚起。

地址：Sripuwanart 54/7

电话：+66 74 465222

Golden Crown Plaza Hotel

2007年开始营业。标准房间非常漂亮舒适，适合商务或者休闲旅行的客人。酒店设施完善，相信可以让客人在此度过一个快乐的假期。850泰铢/晚起。

地址：42-43 Niphatuthit 3

电话：+66 74 363522

Lee Garden Plaza Hotel

酒店的设计富于现代感，有405间高级房间，舒适整洁。1450泰铢/晚，含早餐。

电话：+66 74 261111

President Hotel

漂亮的大房间，带空调，可以免费上网，提供卫星电视以及良好的客房服务。4155泰铢/晚。

地址：Petchkasem 420

电话：+66 74 349500

传真：+66 74 230609

www.siamhotel.net/hatyai/president.php

New Season Hotel

新四季酒店是一间豪华酒店，位于合艾的城市中心。新四季酒店共有112间豪华客房和7个小型套房。房间价格900泰铢/晚起。

地址：Prachathipat，106

电话：+66 74 352888

传真：+66 74 352390

www.newseasonhotel.com/

Sita Beach Resort & Sap (Pattaya Beach, Koh Lipe)

www.sitabeachresort.com Add: Moo 7 Koh sarai Muang, Satun

沙敦 SATUN

沙 敦
SATUN

概况

沙敦府位于泰国南部西海岸，面积较小，与宋卡府和董里府相连，与马来西亚接壤，面临安达曼海。该府拥有一些风景如画的著名岛屿，如Muko Tarutao岛，Muko Adang – Rawi岛和Muko Phetra岛，如今这里已经成为国家公园。这些岛屿上有绿意盎然的森林、丘陵和山岭。当地人多数是穆斯林。沙敦为省会城市，距离曼谷973公里，占地面积2478平方公里，海岸线绵延80公里，这里也是从海上直接前往马来西亚兰卡威岛的最近选择。

岛屿

Koh Bulon Leh，沙墩省的一个小岛屿。

Koh Lipe（丽碧岛），泰国最热门的潜水和海滩度假目的地之一。在泰国最古老的国家公园Tarutao国家公园中。

节日

国际风筝节，每年2月左右举行，地点在沙敦机场，距离沙敦市镇4公里。

Tarutao—Adang钓鱼俱乐部博览会，每年3月左右举行。

沙敦府海洋旅游节，每年12月左右举行，以纪念沙敦海洋旅游季的开始。游人可在11月至4月参观Tarutao国家公园。

浮船漂流传统，沙敦丽碧岛上Chao Le或海上居民的传统，大约在每年农历第六和第十一月中旬举行。它的目的是驱除恶运，以及预测他们新一年的打鱼收成。

到达

乘飞机

乘坐曼谷—合艾的航班，然后再乘坐出租车或者公共汽车前往沙敦（大约98公里）。欲知更多信息，请联系泰国国际航空有限公司(THAI)，电话：1566, +66 2 280 0060, +66 2 628 2000或浏览www.thaiairways.com.

乘火车

乘坐曼谷—Yala，曼谷—合艾，曼谷—Su-ngai Kolok的火车到达合艾火车站，然后再乘坐小面包车或巴士来到沙敦（大约需要98公里）。欲知更多信息，请联系Hua Lamphong 火车站，电话：1690, +66 2 2237010, +66 2 2204334

www.railway.co.th.

乘坐公共汽车

这里有每日的空调巴士从曼谷开往沙敦。公共巴士从曼谷南部公共汽车终点站出发，前往沙敦。欲知更多信息，请拨打电话：+66 2 4355605，+66 2 4351199，+66 2 4347192

www.transport.co.th.

乘车

从曼谷出发，选择4号高速公路，经过Prachuap Khiri Khan和春蓬，然后换到41号高速公路，经过Nakhon Si Thammarat 和 Phatthalung。 从Phatthalung到宋卡的Rattaphum区选择在4号高速公路上行驶，之后右转406高速公路一直奔向沙敦。全程973公里。

游览

沙敦市及周边

沙敦中央清真寺或Mambang清真寺

位于沙敦市中心的Buri Wanit路和沙敦他尼路上。这座清真寺呈现代伊斯兰建筑风格，装饰有大理石和彩色玻璃。该建筑被划分为两个部分：外面是走廊，通向圆顶塔楼，从那里可以眺望沙敦的生动景象；内部是祈祷厅，藏书室位于地下。先前，这里只是单层建筑，现在独特的三层屋顶呈金字塔形状，最小的屋顶在顶上，最大的在底部，盖住整个建筑。地板铺有褐色瓷砖。内部长宽均为13米，整个建筑由四根木头柱子支撑。由于是木质结构，而且空间太小，难以容纳前来祈祷的礼拜者，于是将它推倒后在原址重建，1979年5月新建筑完工。

沙敦国家博物馆– Kuden Mansion

位于沙敦他尼路5巷，在沙敦地政局办事处的对面。这栋两层建筑受西方建筑风格影响，特别是窗户和门，罗马特色明显。屋顶设计成泰国南部风格，覆盖半圆形的陶瓷瓦片。窗户上装配水平排列的细木板条。建筑前面上部的通风口装饰有星形图案，深受穆斯林建筑风格的影响。沙敦前府尹（Phraya Phuminatphakdi）于1902年修建该建筑，作为其官邸。后来用作市政厅，今天作为收藏古董、史前古器物，展示地方艺术和文化的博物馆。博物馆开放时间是每周三—周日09：00—16：00；周一、周二以及公共假日闭馆。门票30泰铢。电话：+66 74 723140。

Khao To Phaya Wang公园

位于沙敦市区的Khuha Prawet路上。这个公园的氛围不同于其他的公园，其周围环绕一座小的石灰岩山，山上有个洞穴和一条小溪，遍布各种树木，公园宁静安详，适合休养。附近区域有食品店。

Wat Chanathip Chaloem寺

位于Phiman分区的Sunlakanukun路。以前这里被称为Mambang寺。这里是沙敦镇的第一座寺庙。修建于1882年，寺庙在1939年更名为Chanathip Chaloem 寺。该庙曾作为佛教徒的精神中心长达一个多世纪。详细信息，请咨询：+66 74 711996。

Laem Tanyong Po and Hat Sai Yao 海岬

位于沙敦海湾口。选择4051号高速公路(到Che Bilang 码头路线)行驶大约8公里。在交叉口转向Ban Tanyong Po，然后继续行驶大约10公里。Laem Tanyong Po是安达曼海突出的一个山岬，那里是一个渔村。漫长的海滩，镶嵌着摇曳的椰树和渔民的房子。在这里您可以亲自体验一下渔民的生活方式。

饮食

沙敦市区

Time，地址：Satun Thani 43/1-2，电话：+66 74 712286

Mukda，地址：154 Khuha Prawet Rd. 154，电话：+66 74 712390

Ban Lanna，地址：Satun Thani 3，电话: +66 74 722022

Nam Thip，地址: Samantapradit 93 Soi 2，电话：+66 74 711242

Nong Ni，地址：Rueangrit Charun 65，电话：+66 74 712277

Nong Beer，地址：Yontrakankamthon,电话：+66 74 722490

Saeng Thian，地址：Khuhaprawet 2,电话： +66 74 711325，+66 74 712210

Sanambin Resort，地址：Yontrakankamthon，电话：+66 74 711990

Ruen Mai，地址：128/6 Soi 17, Satun Thani，电话：+66 74 711199

Tarutao国家公园及岛屿

这里是泰国第一个海洋国家公园。公园以其历史悠久和自然之美而闻名。它位于安达曼海，距离沙敦镇大约40公里，距离Pak Bara码头大约22公里。公园占地1490平方公里。总共51座岛屿，其中有7座大岛，即Ko Tarutao、Ko Adang、Ko Rawi、Ko Lipe、Ko Klang、Ko Batuang和Ko Bitsi。1974年4月19日该区域被宣布为国家公园，1982年被宣布为东盟遗产公园和联合国教科文组织保护区。参观公园的最佳时间是在11月～次年4月。

Tarutao岛，公园中最大的岛屿，占地152平方公里，公园办事处就坐落在此。此岛包括许多海湾、常青森林、大山以及有趣的植物和野生动物物种。岛屿海洋中有各种各样的鱼类，包括4种濒危海龟。词语“Tarutao”在马来语中逐渐变成“Talotrao”，意思是许多海湾。

到达

Pak Bara码头，它位于La-ngu运河口，距离La-ngu区大约8公里，这是与Tarutao岛距离最近的码头，约22公里。距离码头不远处便是Tarutao国家公园游客服务中心。

Satun—Pak Bara码头

从沙敦市区，游客可以到Pak Bara码头游览：
乘车:上406高速公路到 Ban Chalung，左转上416号高速公路（Satun—La-ngu）。从La-ngu区，上4052高速公路一直到Pak Bara码头。

乘巴士: Satun—Pak Bara出租车从曼谷银行沙敦分站的出租车站发车，每天多次。另外还有小型客车和货车从小镇发车。

合艾区—Pak Bara码头

从合艾区出发，游客可以到Pak Bara码头参观游览。
乘车: 上406高速公路到 Ban Chalung, 左转上416号高速公路（Satun—La-ngu）。从La-ngu区，上4052高速公路一直到Pak Bara码头。

乘巴士：这里有从合艾巴士终点站出发的巴士服务，时间是06：10—16：50。巴士在合艾钟楼对面等待乘客。整个行程需要2个半小时。欲了解更多信息，请联络沙敦运输有限公司，电话：+66 74 243797。

乘面包车: 从合艾火车站前的面包车站出发，时间是06：00—18：30，每小时发一辆车。欲了解更多信息，请联络沙敦运输有限公司，电话：+66 74 245655。

从Pak Bara码头—Tarutao国家公园的旅行

在Tarutao旅游季期间（11月—4月），Tarutao国家公园提供船只服务。 Pak Bara码头— Tarutao，每日有船只服务。往返票价每人400泰铢。
从Pak Bara码头出发时间：12：30和15：00
从Tarutao出发时间：09：00和12：00

Adang海上旅行公司的游船出发时间表：

从Pak Bara到Tarutao岛和丽碧岛出发时间：10：30，11：30，15：00，13：30，14：30，17：00
从丽碧岛到 Pak Bara出发时间：09：00，11：30，12：30
从丽碧岛到Tarutao岛出发时间：10：00，12：30
游客前往Tarutao岛，单程票价为250泰铢/人，往返票价为400泰铢/人。到Lipe岛，单程票价为550泰铢/人，往返票价为1000泰铢/人。

丽碧渡轮及快艇有限公司出发时间表：

从Pak Bara到Tarutao岛和丽碧岛出发时间：11：00，11：20，11：30，12：30，13：00，13：20，13：30，14：30
从丽碧岛到Tarutao岛和Pak Bara出发时间：09：30，10：30，11：30，12：00
游客前往Tarutao岛，单程票价为300泰铢/人，往返票价为500泰铢/人。丽碧岛,单程票价为650泰铢/人，往返票价为1200泰铢/人。

老虎线旅游有限公司（特快空调渡轮）

从Pak Bara到Tarutao岛和丽碧岛出发时间：11：30，12：00，13：30，14：00，16：00
从丽碧岛到Tarutao 岛和Pak Bara出发时间：09：00，10：30，11：30，14：00，14：45，15：30
游客前往Tarutao岛，单程票300泰铢/人，往返票500泰铢/人。丽碧岛，单程票650泰铢/人，往返票1100泰铢/人。

码头到岛屿的距离

Pak Bara码头
Phante Melaka湾(Tarutao岛) 22公里
Adang岛80公里
丽碧岛82公里
Tarutao岛
Adang群岛—Rawi 40公里
丽碧岛40公里
Khai岛14.5公里
Adang岛
丽碧岛2公里
Hin Ngam岛2.5公里
Khai岛17公里

Tarutao国家公园住宿

在Tarutao国家公园区，游客可在Tarutao岛和Adang岛住宿，大约有10间房，价格为280泰铢/晚。欲了解更多详情，请联络国家公园野生动物和植物部，电话：+66 25 620760；或联系Tarutao国家公园Pak Bara码头的游客服务中心，电话：+66 74 783485；或联系Tarutao国家公园1号巡逻站，电话：+66 74 729002-3。www.dnp.go.th.
Laen Son：10间客房，价格为280泰铢/晚。
Ao Phante Malaka：10间客房，价格为320泰铢/晚。
Ao Son帐篷: 100泰铢/晚。
联络曼谷国家公园总部，电话: +66 25 795734, +66 25 797223；或联络Tarutao国家公园: +66 74 729022, +66 74 781285

Tarutao岛景点

Phante Melaka海湾

这是一个干净的白色沙滩海湾，可以欣赏到美丽的日落景观。Tarutao国家公园总部位于这里。

Ao Chak海湾

Phante Melaka湾附近的一座小海湾。

Mo Lae海湾

位于距离公园总部4公里处，海湾拥有洁白的沙滩、美丽的椰林、宁静的海滨度假小屋，适合休闲娱乐。Son海湾在位于公园总部8公里的地方。这条曲线形的港湾散布着岩石的海滩。这里是海龟的产卵地。海滩提供露营地、食物和饮料。这里还有一些小瀑布：Namtok Ludu和Namtok Lopo。总之，这里是森林徒步旅行和自然研究的理想场所。

Talo Wao海湾

位于岛屿的东面，提供另一种美丽的落日景观。公园1号巡逻站位于这里。历史上这里是关押政治犯的监狱。现今，公园园区建筑效仿过去，在该地区建造了狱警房子、囚犯睡觉的大厅、一个职业培训中心以及一个容纳700人的墓地等。

Talo Udang海湾

海湾位于岛屿的南面，距离兰卡威岛8公里。公园的2号巡逻站在这里。过去这里曾是拘留Bowondet和Nai Sip政治犯的监狱。

Namtok Ludu瀑布

是一个美丽的小瀑布，位于距离Son海湾3公里的地方。这里是一条从Son海湾到Namtok Ludu的自然小路。

Tham Chorakhe洞穴

这是一个300米深的洞穴。内部有不同形状的、美丽的钟乳石和石笋。乘坐长尾船参观这里需要20分钟。船沿Khlong Phante Melaka (Phante Melaka Canal)巡游，沿岸生长着众多红树林。进洞探索大约需要1个小时，游客要带上手电筒。欲了解更多信息，请与公园的游客服务中心联系。

Pha To Bu观景点

Pha To Bu是高于海平面60米的悬崖。步行20分钟，经过常青的森林就可以来到这里。观景点位于公园总部的后面，可以俯瞰Phante Melaka湾、Bulon岛、Klang岛、Khai岛、Adang岛、Rawi岛和Muko Phetra的海滩以及观赏美丽的落日景观。

Tarutao岛游览

从Phante Melaka湾区域的公园总部，有一条自然的小路通向常青的阔叶林，一直到达Talo Wao湾。这条12公里的小路两旁是浓密的森林和背阴植物。路上您还可以看到许多野生动物，如野猪、鼠鹿以及许多有趣的鸟类物种，特别是犀鸟。

另一条自然小路通向Chak湾、Mo湾和Son湾。步行8公里需要两小时，途经原始的热带雨林，适合观鸟，有犀鸟和燕卷尾等。

巡游周围岛屿，公园会提供带有向导的船只参观沙滩。一日乘船游将会带领游客来到Chak湾观鸟；Son湾白色的沙滩是Tarutao岛最长的海滩之一；还可以探寻Talo Udang 湾的历史轨迹，发现Talo Wao湾的美丽。欲了解更多信息，请咨询岛上的游客服务中心。

周边岛屿

Khai岛，位于Tarutao岛西，在Tarutao岛和Adang岛之间，距离Tarutao岛40分钟路程。Khai岛最著名的天然石拱桥是Tarutao国家公园的标志。Khai岛周围海域有很多珊瑚礁，但公园不允许游客留岛过夜。

Adang岛，Adang来源于马来语中的“Udang”，意思是“虾”，的确，这里富产海虾。Adang上有Tarutao国家公园巡逻站5号站(Laem Son—Adang岛)。岛屿约30平方公里，有美丽的细沙海滩。这里被众多小岛屿包围，如丽碧岛，Dong岛，Hin Ngam岛和Yang岛，其中不乏有理想的潜水胜地。这里的高山被密集的绿色森林所覆盖，还有一个瀑布叫做“Namtok Chon Salat”水流终年。

这里还有一个观景点叫做“Pha Chado,”曾是过去攻击商船的海盗的观测点。如今，它是一个美丽的地方，步行约40分钟可到达顶部，俯瞰Adang岛和丽碧岛上的松树和白色砂石的海角。这里还可以观看到美丽的日出。

如果想在Adang岛过夜，可以联系国家海洋公园，国家公园野生动植物部，电话：+66 25 620760；另外，Tarutao国家公园的电话是：+66 74 783485；Tarutao国家公园巡逻站电话：+66 74 712409，+66 74 728028；网址：www.dnp.go.th.

Adang—Rawi岛，位于Tarutao西南40公里，距离沙敦60公里的地方。这里是卫星岛屿，如丽碧岛、Hin Ngam岛、Yang岛、Dong岛、habang岛等。

Ko Rawi，位于距离Adang岛1公里的地方。本岛面积约29平方公里，有美丽的海滩，海水清澈，非常宁静。这里是Tarutao国家公园6号巡逻站。岛上没有住宿。游客通常会在这里的珊瑚礁享受游泳和跳水。

Sipe岛或Lipe岛，它是位于距离Adang岛南部2公里的一个小岛。这里是Chao Le或海上吉普赛人居住的区域。大多数家庭以捕鱼为生。丽碧岛以自然的珊瑚礁、美丽的海湾以及白色的细沙沙滩为特色。海滩上有私营公司经营的住宿。

Hin Ngam岛，是一个位于Adang岛西南的小岛屿。海滩上有光滑且带有不同形状和图案的黑色石头。岛上有一个岛屿守护神，"任何人敢从岛上带走美丽的石头将会遭到诅咒警告。"

Yang岛或Kata岛，是一个距离Adang岛不远的小岛。这里的海水犹如水晶般清澈，蕴藏着丰富而坚固的美丽珊瑚，如鹿角珊瑚，叶珊瑚，脑珊瑚等。

Chabang岛，这是一个小岛，距离Adang岛20分钟路程。岛屿中心深处的周围是软珊瑚，栖息着海葵和一些色彩缤纷的鱼类。由于海洋深度在15～30米，这个地方很适合潜水。

Dong群岛，是Adang—Rawi群岛外围最远的的岛屿。距离Adang岛大概1小时的行程。然而，这里有浅海和深海两种珊瑚礁。Dong岛周围有大约4～5个卫星岛。其中之一是Hin Son岛，它看起来更像是叠加的岩石。

Muko Adang-Rawi群岛

到达

Pak Bara码头—Adang岛—丽碧岛（Koh Lipe）

船只在12：30离开Pak Bara码头，去往Tarutao国家公园。然后，再开往Adang岛和丽碧岛。船只于第二天09：00再回到丽碧岛。往返票价是每人900泰铢。

Tarutao岛—Adang岛，12：30离开Tarutao岛，09：00离开Adang海湾，旅程需要2小时，往返票价是每人500泰铢。

参观Muko Adang—Rawi群岛上的岛屿，丽碧岛提供长尾船服务。租船费用为1200～1500泰铢/天。

Khuan Don区

Tham Lot Puyu，这是位于Khao Kayang(Kayang山)的一个洞穴，在Puyu分区，距离沙敦城镇15公里。 这个洞穴很像攀牙湾中的一个。Khlong Tha Chin和Tha Chin运河流经此处。侧面布满了红树林。洞内还有一些钟乳石和石笋。游览这里需要两个小时的时间。

Thale Ban国家公园，坐落在Wang Prachan分区的Wang Prachan村，距离沙敦城镇40公里。该公园占地815万平方米，包含了Kupang Pulot和Hua Kraming国家森林保护区以及Pa Khuan Bo Nam Puyu 森林区域。这里于1980年10月27日宣布为国家公园。

Thale Ban国家公园内的景点

Bueang Thale Ban，这是一个位于Chin和Wang Pra山脉中间的淡水湖泊。湖泊占地大约83250平方米。这里淡水鱼和贝类丰富。湖泊周围植物生长密集。公园还为游客提供了湖滨休闲凉亭。

Ya Roi瀑布，瀑布来源于Hua Kraming森林，共有九层。游客们可以在每层的池中游泳。

到达：上4184号高速公路(Khuan Sato – Wang Prachan)继续向前行驶6公里，然后沿着主路再行驶7公里就到了。

Ton Plio瀑布，它源于Chin山。这个大而美丽的多层瀑布从高高的悬崖倾泻而下。

到达：从公园总部上4184号高速公路(Khuan Sato – Wang Prachan)继续行驶大概10公里，接下来再沿主路行驶3公里。

公园提供给游客房子和帐篷。查询详情，请联系沙敦Khuan Don区Thale Ban国家公园办事处，电话：+66 74 722736-7。

到达Thale Ban国家公园：上4006号高速公路行驶80公里，注意在Khuan Don T交叉口左边的方向指示牌，向左转上4184号高速公路继续向前行驶20公里。您还可以选择在合艾钟楼乘坐巴士(合艾-沙敦)，到Khuan Sato T道口下车。然后继续乘坐迷你巴士(Satun—Wang Prachan)前进。巴士每小时发车一辆，费用为每人20泰铢。

泰国—马来西亚边境区或者Wang Prachan检查站，这里距离公园总部2公里。Thale Ban国家公园巡逻队就在这里。再进一步行驶20公里，游客就可以到达Padang Besar,市场出售的商品价格很低廉；也可以参观Kangar，玻璃市的首都，就在距离这里30公里远的地方。检查站开放时间是07：00—18：00。这里每周六和周日都会有早市。欲了解更多信息，请致电：+66 74 722730 -1。

到达：从沙敦城镇出发，上406号高速公路，行驶19公里，然后在距离4184号高速公路61～62公里的地方向右转上4184号公路再行驶20公里。另外您还可以选择在Laem Thong酒店的前面乘坐迷你小巴(Satun—Wang Prachan)，或者在Khuan Sato T道口乘坐Satun—Khet Daen(边境区)的公共汽车；巴士每小时发一辆车，票价是每人30泰铢。

Khuan Kalong区

Thara Sawan瀑布森林公园，位于Pa Khao Ma Mai Yok国家森林自然保护区。该地区于1996年7月23日被宣布为皇家林业部森林公园。雨水充足导致这里拥有丰富的常绿阔叶林。公园拥有一个美丽的3层瀑布，即Ton Tam瀑布、Sai Fon瀑布和Soi Dao瀑布。森林公园距离Khuan Kalong区办事处12公里。五间房子提供露营地。欲了解更多详情，请咨询保护区区域办事处，电话：+66 74 311020。

到达：从Nikhom T-交叉口，经过Khuan Kalong区办事处，转进10巷进入416号高速公路，换到4137高速公路，就可以看到一个方向标志，显示距离到达森林公园还有12公里。

Namtok Panan，位于Thung Nui分区，距离沙敦城镇39公里。瀑布来源于Kaming山，水流终年。

La–ngu区

La-ngu当地博物馆

位于La-ngu – Chalung路Athon Rangsarit寺对面。博物馆是座两层建筑，一层出售当地手工艺品和糖果。上层展示了铜器、陶器、银器、铁杆、纸币、硬币、陶瓷、玻璃器皿、音响、乐器、编织品、手表和风扇等，这些都是Chaiwat Saikun先生的私人收藏。博物馆的开放时间是10：00—16：30，周一和周二闭馆。联系电话：+66 74 781338, +66 74 781382。门票40泰铢。

Muko Phetra国家公园及岛屿

位于泰国南部西海岸安达曼海马六甲海峡附近。Ko Phetra是一个帆船状的岛。大多数地区是带有河谷平原和海滩的高陆山区，占地总面积约494.38平方公里。1984年12月31日这里被宣布为国家公园。公园内拥有森林、山岭、野生动物以及色彩缤纷的珊瑚礁，由Phetra岛、Lidi岛、Bulon岛、Khao Yai岛、La Lo Baen Tae岛、Lao Liang岛以及Ko Prao Ma岛等众多大小岛屿构成。

到达

从沙敦市镇到达Muko Phetra国家公园

公园的总部距离沙敦市镇大约56公里，在Pak Bara码头前约3公里的地方。选择416高速路，在6～7公里的地方向左转，然后再行驶1.4公里。公园就在距离La-ngu区7公里的地方。

游客可在Pak Bara码头租一艘船进行公园其他岛屿的参观活动。去往Ko Bulon参观的渡轮每天从13：30和15：30从Pak Bara码头出发。从岛屿返回的时间是第二天的09：00和12：00。往返旅行每人花费300泰铢。这里没有去往Ko Lidi的渡轮。Pak Bara码头还提供游客包船服务，费用是800～1600泰铢/天。欲知详情，请联系Pak Bara码头旅游企业经营者俱乐部，电话：+66 74 783368, +66 8 1278 1930, +66 74 783338。

公园区域提供房子和露营地。欲知详情，请联系Muko Phetra国家公园总部(Ao Nun): 298 Moo 4, Tambon Pak Nam, La-ngu, Satun 91110，或拨打电话：+66 74 783074。(预约可亲自前往或以书面形式通知)

Muko Phetra国家公园景点

Ao Nun，公园的总部就在这里。Ao Nun位于宁静的海湾曲线内。这里有游客服务中心，提供住宿。

Hat Rawai，这是一片海滩，海滩被松树环绕，这里的景观适合露营。

Ko Lidi Lek，这是一座小岛，位于距离公园总部大约5公里的地方，距离Pak Bara码头7公里。公园的巡逻站就在这里。岛屿上有白色的沙滩。清澈透明的海水非常适合游泳。这里生长着茂盛的红树林，各种水生动物也栖息在这里。露营游客要带上自己的帐篷和食物，因为这里没有食品店。Ko Lidi Yai是紧挨着Ko Lidi Lek的一座岛屿，那里有很多燕巢。若租船联系总部，每只船的租金是700泰铢。

Ko Bulon，位于距离Pak Bara码头22公里的地方。岛上拥有白色的沙滩和水晶般清澈的海水，非常适合游泳。这里也有一些浮潜和潜水地，如Ko Ayam和Ko Hin Khao。在这里，您不仅可以观赏到美丽的日落景观，还可以在沙滩上看到寄居蟹和鬼蟹。

Namtok Wang Sai Thong，这是一处位于Ro Pho Cho路的瀑布，Thung Nang Kaeo —Wang Sai Thong或4137公路，这两条路线均可进入这里：一条是从沙敦La-ngu区Ban Kota T字路口进入（大约6公里），另外一条路线是从位于Thung Wa区Tambon Pa Kae Bo Hin A Saphan Wa T交叉口进入，大约19公里。

这个瀑布之所以很美，在于它的多形石灰石，就如同莲花花瓣一样置于水池的底部。瀑布周围的阴凉地区也很适合休闲。

Thung Wa区

Namtok Than Plio，这是一处瀑布，位于Moo 7, Tambon Thung Wa,距离Thung Wa区办事处14公里。瀑布来源于沙敦和董里省区域的Lung Khroe山。这个两层瀑布的池底部有40米宽，50米长。周围阴凉地区生长着各种植物。

如何到达这里：沿着Thung Wa—Palian路，在35公里处转向Ban Thung Yao Nui, Tambon Thung Wa，然后再行驶8公里。

活动

方案一

沙敦府跳岛之旅（三天两晚）

第一天

09：30

到达Pak Bara码头

乘船去往Muko Tarutao, 安达曼海历史地

11：00

到达Muko Tarutao (Ao Phante Melaka)

欣赏白色的沙滩和钻石般清澈的海水

14：00

了解历史上的这片土地

15：00

前往Ao Talo Wao,以前的监狱所在地

参观以残酷而著名的监狱

17：00

回到Ao Phante Melaka.

休息

第二天

05：00

步行到Pha To Bu观看Ko Tarutao美丽的景色

前往丽碧岛游览

11：30

在去往丽碧岛的途上，参观Ko Khai，

这里是沙敦和Tarutao国家公园的象征

到达丽碧岛，入住酒店(这里有很多度假村)

14：30

来到Ko Yang，在珊瑚礁中潜水

参观Ko Hin Ngam，欣赏大自然造就的美丽石头

返回到丽碧岛

19：30

在海滩享用晚餐

20：00

享受丽碧岛夜晚宁静与祥和的氛围

第三天

06：00

起床享受早晨的清新空气

07：00

在岛上享用早餐

08：00
住在该岛上的当地渔民前来欢迎游客的到来
09：00
旅程结束，重新回到起程地

方案二

洞穴和边境旅游市场（两天一夜）

第一天

06：00
享用沙敦人民的早餐：茶、咖啡、土司面包等
07：30
前往Tham Phu Pha Phet (60公里)
观看壮观的洞穴以及内部美丽的钟乳石和石笋。
13：00
离开，前往King区Manang的Tham Chet Khot
乘坐皮艇沿洞穴内部曲线进洞
16：30
前往La-ngu 区的Namtok Wang Sai Thong
回到沙敦下榻地

第二天

06：00
早餐(当地食物)
07：00
出发前往泰国-马来西亚边境市场，
位于Wang Prachan检查站(距离城镇50公里)
可以逛市场，购物
10：30
前往Thale Ban国家公园(距离边境市场2公里)
欣赏自然湖泊的美丽，观赏公园中栖息的野生动物
12：00
在公园享用午餐
启程返回

旅行小贴士

旅行前要了解下旅行和旅游景点的相关信息，
选择适当的旅行时间。
帮助保护自然和文化景点的旅游资源。
不要违背当地人们的生活方式和传统习俗。
请务必注意旅途中的安全问题。
严格按照当局的意见行事。

住宿

La-ngu区(Pak Para码头附近)

Ko Klang Garden View

共10间滨海独家木屋，价格为250泰铢/晚。
电话: +66 74 783273

Krachom Sai

共有10间滨海独家木屋，价格为150泰铢/晚。
电话: +66 74 781231

Sai Kaeo Resort

有8间滨海独家木屋，价格在250～350泰铢/晚之间。
电话: +66 74 781233

Marina

有16间滨海独家木屋，价格在150～250泰铢/晚之间。
电话: +66 74 781431

Suan Son

有10间滨海独家木屋，价格在200～400泰铢/晚之间。
电话: +66 74 781350

Bara resort

共有22间客房，价格在550～1200泰铢/晚之间。
地址：205 Moo 6 Tambn Paknam
电话：+66 74 783333-4

Bulon岛

Bulon Resort
35间滨海度假木屋,房间价格在200～250泰铢/晚之间。
电话: +66 8 1897 9084

Phangka Bay Resort

有30间客房，房间价格在200～300泰铢/晚之间。
预定办事处在沙敦府镇沙敦他尼路19/6
电话: 01-990-2237

Pan Sand Resort

办事处在Pak Bara，有38间客房，价格在200～1250泰铢/晚之间,同时提供帐篷出租。
电话: +66 75 218035, +66 75 219513

丽碧岛

Li Pe Resort

共70间滨海度假木屋，价格在300～1200泰铢/晚之间。
电话: +66 74 712181, +66 74 723804

Chao Le Resort

有55间滨海度假木屋，价格在250～500泰铢/晚之间。
电话: +66 74 729201, +66 74 732473

Daya Resort

有23间滨海度假木屋，价格在200～350泰铢/晚之间，这里还提供帐篷出租。
电话: +66 74 724013

Andaman Resort

30间客房，房间价格在250～350泰铢/晚之间。
电话: +66 74 729200, +66 74 711313

Pattaya 2 Resort

共20间客房，房间价格在200～500泰铢/晚之间。
电话: +66 74 724013

参观兰卡威岛

Tammalang码头提供参观马来西亚的兰卡威岛的船只服务，距离沙敦城镇9公里。通常提供一日游。详情请咨询泰国渡轮中心有限公司，电话：+66 74 732510，传真：+66 74 732511，或者联系沙敦旅游和渡轮服务有限公司，电话：+66 74 711453, +66 74 721960, +66 74 732409,+66 74 732410, 传真：+66 74 721959。

联络

省办公室，电话：+66 74 711055
警署，电话：+66 74 711025
海洋警署，电话：+66 74 711043
沙敦医院，电话：+66 74 711028

离开

从北部边界可以前往宋卡的Rattaphum区，Phatthalung的Pa Bon区和董里的Palian区。

从南部边界可以前往马来西亚的玻璃市州。

从东部边界可以前往宋卡的Sadao区和马来西亚的玻璃市州。

从西部能前往印度洋的安达曼海。

签证信息
VISA INFO

在中国国内申请者自行办理，需递交如下材料，到泰国大使馆签证处即可办理：

1.旅客必须准备有效期限六个月护照
2.填写旅游签证申请表一式一份，申请表必须本人签名
3.两寸最近照片二张，以及申请费用
4.申请者本人单位的英文担保信（内容包括：申请者姓名；赴泰目的；在泰停留期；该信必须担保申请者按期返回中国，使用印有该单位抬头的信纸打印，并附有该单位的地址及电话，此信还必须加盖单位公章、负责人签字及签字人的姓名和职务）
6.出示已经确认的往返机票，并递交该票的复印件一份

离境卡
FLIGHT NO. 航班号
No. TM. BJ *****
DEPARTURE CARD TM 6
Family name 姓 First name 名 Middle name
Male Female
Passport No. 护照号码 Place of issue 签发地 Date of issue 签发日期
Nationality 国籍
Signature 签字 Person Leaving the Kingdom
NOTICE
1. 请用大写字母填写
PLEASE WRITE IN BLOCK LETTERS AND UNDERLINE FAMILY NAME
2. 每人必须完整填写出境、入境卡各一张
ONE ARRIVAL CARD/DEPARTURE CARD MUST BE COMPLETED BY EVERY PASSENGER
3. 请保存好这部分卡片
在离境时与护照等旅行文件一同向移民官出示
PLEASE KEEP THIS PORTION OF THE FORM IN YOUR PASSPORT/TRAVELLING DOCUMENT AND PRESENT IT TO THE IMMIGRATION OFFICER ON YOUR DEPARTURE
4. 如果在泰地址与表内所填内容有变化，
请于24小时内通知移民部门
IN CASE OF CHANGE OF ADDRESS FROM WHAT IS STATED IN THIS FORM MUST NOTIFY THE IMMIGRATION OFFICE WITHIN TWENTY-FOUR HOURS.
5. MUST NOTIFY YOUR PLACE OF RESIDENCE TO THE IMMIGRATION OFFICE IF YOU STAY LONGER THAN NINETY DAYS AND ARE REQUIRED TO DO SO EVERY NINETY DAYS.
6. ALIEN ENTERING THAILAND AND HAVING INCOME OR ALIEN STAYING OVER NINETY DAYS IN THAILAND WITHOUT INCOME MUST POSSESS A TAX CLEARANCE CERTIFICATE FROM THE REVENUE DEPARTMENT BEFORE LEAVING THAILAND. IF NOT, WILL NOT BE PERMITED TO LEAVE.
FOR OFFICIAL USE 移民官员填写

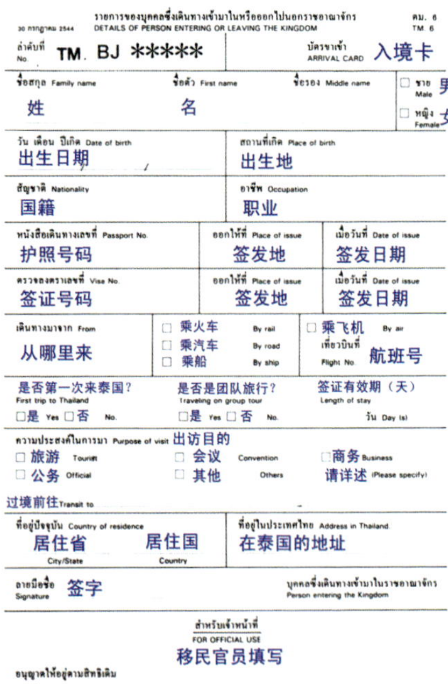
DETAILS OF PERSON ENTERING OR LEAVING THE KINGDOM
TM 6
No. TM. BJ *****
ARRIVAL CARD 入境卡
Family name 姓 First name 名 Middle name
Male 男 Female 女
Date of birth 出生日期 Place of birth 出生地
Nationality 国籍 Occupation 职业
Passport No. 护照号码 Place of issue 签发地 Date of issue 签发日期
Visa No. 签证号码 Place of issue 签发地 Date of issue 签发日期
From 从哪里来 乘火车 By rail 乘汽车 By road 乘船 By ship 乘飞机 By air Flight No. 航班号
是否第一次来泰国？ First trip to Thailand 是 Yes 否 No.
是否是团队旅行？ Traveling on group tour 是 Yes 否 No.
签证有效期（天） Length of stay Day (s)
Purpose of visit 出访目的
旅游 Tourist 会议 Convention 商务 Business
公务 Official 其他 Others 请详述 (Please specify)
过境前往 Transit to
Country of residence 居住省 City/State 居住国 Country
Address in Thailand 在泰国的地址
Signature 签字 Person entering the Kingdom
FOR OFFICIAL USE 移民官员填写

落地签证：旅客须办理落地签证者，请于抵达机场时在“落地签证柜台”（VISA ON ARRIVAL）办理，填妥申请表后，贴上最近六个月内拍摄一寸照片一张，若事先未备有照片，可在柜台旁摄影站拍摄。
泰国素挽那蓬机场海关关于落地签的规定

1.须持有效期不少于6个月的真实有效护照；
2.因旅游原因入境泰国的，签证时间不超过15天；
3.离境时必须要有有效期不超过15天的已付完钱的机票或相关凭证(如机场建设费等)；
4.填表时须写明在泰国的住址，此住址为可追查的,同时向海关工作人员出示订房凭证；
5.准备一张近期（6个月内）拍的照片，尺寸为 4 X 6厘米；
6.申请人员不能是根据泰国移民法禁止入境的人；
7.根据泰国相关法律，旅游签证手续费为1000泰铢/人/次，或200人民币/人/次；
8.入境时随身携带现金金额不少于10000泰铢或2000人民币.如果是以家庭为单位入境的,携带现金金额不少于20000泰铢或4000人民币。做落地签时须配合海关工作人员的检查。

备注：申请落地签证的中国公民必须用英文填写申请表

泰王国驻中国各地使领馆
泰国驻华大使馆(北京)
地址：北京市光华路40号，10060
电话：(86-10) 6532-1749
传真：(86-10) 6532-1748

泰国大使馆驻北京领事馆
地址：北京市建国门外大街永安东里8号华彬大厦1层，100022
电话：(86-10) 8528-8771
传真：(86-10) 8528-9133
办公时间：上午9点至12点，下午1点至5点
签证时间：上午9点半至11点半

泰国国家旅游局北京办事处
地址：中国北京市东城区东长安街1号东方广场E1办公楼九层2室
电话：(86-10)85183526
传真：(86-10)85183530

泰国大使馆驻广州领事馆
地址：广东省广州市环山东路368号花园酒店2层M07
电话：(86-20) 8385-8988
传真：(86-20) 8388-9567，8388-9959
Email：gzthaicg@163.com
签证与认证申请 ：09:00-11:30
签证与认证领取 ：16:30-17:00

泰国大使馆驻昆明领事馆
地址：云南省昆明市东风东路昆明饭店南楼1层，650051
电话：(86-871) 316-8916，314-9296
E-mail：thaikmg@public.km.yn.cn
办公时间：上午9点至12点，下午1点至5点
签证时间：上午9点半至12点，下午1点到5点

泰国大使馆驻上海领事馆
地址：上海市中山东一路7号，200002
电话：(86 21)6323-4095，(86 21)6321-9371，(86 21)6321-9406
传真：(86 21)6323-4140
办公时间：上午9点至12点，下午1点至5点
签证时间：上午9点半至11点半

泰国大使馆驻成都领事馆
地址：四川省成都市人民南路四段42号凯宾斯基饭店办公楼C210-212，610041
电话：(86 28)85192668
传真：(86 28)85125938

签证部
电话：(86 28)85192266
传真：(86 28)85159222
办公时间：上午9点至12点，下午1点至5点

泰国大使馆驻厦门领事馆
地址：福建省厦门市虎园路16号厦门宾馆3号楼别墅，361003
电话：(86-592)202-7980，7982
传真：(86-592)2027981，2058816
E-mail：thaixmn@mfa.go.th
办公时间：上午9点至12点，下午1点至5点
签证时间：上午9点半至11点半

泰国大使馆驻西安领事馆
地址：陕西省西安市解放路77号裕朗国际大厦4层，710004
电话：(86-29) 8743 3393，8743 3320
传真：(86-29) 8743 5355，8743 8980
E-mail：thaixiy@mfa.go.th
办公时间：上午9点至12点，下午1点半至5点
签证时间：上午9点半至11点半，下午2点至4点

泰国大使馆驻南宁领事馆
地址：广西省南宁市金湖路52-1号东方曼哈顿大厦1-2楼，530022
电话：(86-771) 552-6945-47
传真：(86-771) 552-6949
E-mail：thainng@mfa.go.th

泰国驻香港领事馆
地址：香港中环棉花树8号，富威大厦
电话：852-25216481-5
传真：852-2528629
电子邮件：thai-cg@hongkong.super.net

中国驻泰王国大使馆联系方式
使馆地址：泰王国曼谷市叻查达披色路57号，邮政编码：10310
57，Ratchadapisake Road，Bangkok，10310
使馆联系电话总机：0066-2-2450088